GLOBAL ERA AND
CIVIL SOCIETY

글로벌시대와
시민사회

GLOBAL ERA AND
CIVIL SOCIETY

글로벌시대와
시민사회

이종식 지음

머리말

시민사회에 대한 필자의 개인적인 연구생활도 벌써 10년이라는 시간이 지났다. 그 가운데 필자는 직접 시민운동에 참여하며 연구에 힘썼다. 한국 시민사회의 흐름을 나름대로 파악할 수 있는 기회도 가졌던 것 같다. 이러한 경험을 바탕으로 그간의 필자의 연구 활동에서 남겨 놓은 글들을 여기 한곳에 모으는 일을 하게 되었다. 그 결과가 이 작은 책자 하나로 모두 집약했다고는 할 수 없어도 주요한 것들을 어느 정도는 담아낼 수 있었다. 대략 그 내용을 살펴보면, 제1편에서는 글로벌시대와 비정부기구로 기존에 인쇄화하여 발표한 일부의 글들을 보완 정리하였고 제2편에서는 학술지 『내나라』에 그간 발표한 논문들을 모아서 정리하였다.

제1편 글로벌시대와 비정부기구

제1장에서는 글로벌시대의 개념과 그러한 글로벌화에 대한 긍정적 요소와 부정적 요소를 살펴보고, 아울러 그것을 어떻게 수리적으로 정확하게 시각적으로 볼 수 있게 할 것인가 하는 방법론을 모색하는 데에 천착하였다.

제2장에서는 비정부기구의 개념과 국가, 시장과의 관계를 이론

적으로 파악하고자 하였다. 개념과 기준, 오늘날 한국 사회를 비롯해서 지구적으로 시민사회가 대두하게 된 이론적 배경 등을 모색하였다. 그리고 시민사회를 삼분법적 분류에 대한 연구자들의 이론을 추적하였다.

제3장 글로벌시대의 세계정치질서에서는 지구화시대에 정치질서를 연구하는 이론적 주류로서 현실주의, 자유주의, 마르크스주의에 대해 정리하였다. 또한 이들과 그들의 후기학파들, 즉 신현실주의, 신자유주의, 신마르크스주의에 대한 신구학파의 이론 차이를 비교하였다.

제4장 글로벌시대와 비정부기구에서는 글로벌 NGO의 시대의 시작, 글로벌 시민사회의 형성의 이론, 지구시민사회의 운동전략, 글로벌 NGO의 역할, 정부와 국제기구와의 관계 등을 중점적으로 파악하였다.

제5장에서는 글로벌화와 초국가 행위자들과 국제기구에 대해 연구하여 특히 비합법적 집단으로서 초국적 기업, 범죄집단과 게릴라 집단, 마약집단 등을 살펴보고 글로벌시대에는 국가 이외의 초국가 행위자들의 활동이 빈번해지고 있음을 찾아보았다.

제6장에서는 국제연합(UN)과 글로벌 NGO에 대한 관계와 중요성을 조사해 보았다. 국제연합과 NGO의 파트너십 관계, NGO와 UN의 제도적 관계에서 협의적 지위를 살피면서 NGO를 세 가지의 카테고리로 분류하여 UN과의 지위를 설정하고 있다는 사실을 밝혔다. 그리고 주요한 글로벌 NGO들의 활동현황을 살펴보았다.

제7장 글로벌 거버넌스와 시민사회에서는 글로벌 거버넌스의 의미와 거기에서 NGO의 역할, 구체적 사례를 통해 인권과 환경에

관한 국내와 국제 시민사회를 비교해 보았다. 그 과정에서 인권에 대해서는 '한국 인권단체'와 '앰네스티 인터내셔널', 환경에 대해서는 국내 '녹색연합'과 국제 '그린피스'에 대해 구체적으로 살펴보았다.

제2편 한국 시민사회의 문제점과 활성화 방안

제8장 네트워크 혁명과 정치질서의 변화에서는 2010년의 6·2 지방선거를 통한 한국 시민사회와 정치질서의 현실을 살펴보고자 했다. 여기에서는 과학기술의 발달에 따른 정치질서의 변화를 지적하였다. 한국 정치사회의 전통적 질서에서 과학의 접목으로 새로운 정치질서를 모색하고자 하였다. 전통사회에 이어서 산업정보사회를 거쳐서 네트워크사회로 옮겨 오면서 정치는 새로운 질서를 형성하고 있는 가운데 그 재정립의 필요성을 강조했다. 또한 정치집단의 자기중심적 해석에서 벗어나 반성과 성찰이 있는 공동체주의적 정치의제를 찾아 줄 것을 촉구하였다.

제9장 시민사회와 시민정치의 문제점은 필자가 직접 시민사회 활동을 하면서 한국 시민사회를 분석한 것이라서 더욱 관심과 애착이 깊다. 아쉬움이 많은 한국 시민사회의 현황과 조건들이다. 더욱 발전이 필요한 부분이다. 취약한 시민단체의 여건과 발전 방향에 대해 고심을 했다. 한국정치의 변화를 염원하는 시민들의 바람이 안철수 현상으로 그려지고 있음을 파악하였다. 그러나 그러한 현상은 아직 진행 중일 뿐 완성되지는 않은 것 같다. 이 같은 진정한 국민적 정치에 대한 염원은 여와 야, 진보와 보수를 막론하고 절대 필요한 작업이라 생각한다.

제10장 정부의 시민사회정책 평가 부분은 한국행정연구원에서 특별 프로젝트로 연구한 것이다. 당시 이명박 정부의 시민사회와의 소통의 부재를 지적한 것이다. 시민운동이 자체적으로 해결할 수 없는 요인을 외재적·내재적 요인으로 구분하여 연구하였다. 그러나 이명박 정부의 성공적인 다수의 사례들도 언급하였다. 무엇보다도 주민의, 시민의, 국민의 의사가 반영되는 정치의 필요성을 강조하였다.

제11장 시대정신과 새로운 시민상에서는 시민사회운동도 시대의 변화에 따라서 그 시대에 맞는 시민의 고발정신과 같은 변화의 틀을 만들어 내는 것이 필요하다고 판단하여 존 롤스(John Rawls)의 시민불복종(civil disobedience)의 개념을 강조하였다. 그 가운데 과거 지난 시절의 각국의 민주화와 참정권 및 여성운동의 사례를 중심으로 독자들의 이해를 돕고자 하였다.

제12장 시민운동 무엇이 대안인가? 오늘날 한국에서 시민사회운동이 과거의 산업화시대와 민주화시대와는 달리 운동의 뚜렷한 쟁역(issue)이 없다는 것을 지적하였다. 그리고 그 대안을 찾는 일로서 나눔, 사회적 기업, 국제연대, 영성적 삶을 통한 반자본주의적이고 반물질만능주의 활동을 통한 생활시민운동을 구체화할 것을 주장하였다.

개인적으로 필자와 더불어 긴 시간 같이하면서 옆에서 도와준 내자 박경희 여사에게 감사한다. 그리고 두 아들 진우, 준우가 성인이 되어 출가하여 제각각 가정을 이루고 독립하였다. 특히 준우에게서 귀여운 손녀딸을 볼 수 있었던 것이 지금까지 내가 살면서 얻은 가장 큰 결실이요, 보람이다. 오랜 시간 동안 가족 모두가 서로

에게 그리고 우리 사회에, 나아가 국가에 대해 감사하는 마음으로
살기를 희망한다. 아울러 내 인생에 가장 중요한 삶의 좌표를 마련
해 주신 분이 계신다면 그것은 단연 6·25전쟁 때 돌아가신 선친
이시다. 조국이 위기에 처해 있을 때 참전하셔서 조국을 지키다가
산화하신 어른이시다. 그리고 어린 자식 하나를 위해 한평생을 살
다 가신 어머님의 영전에 오늘도 머리를 숙이면서 이 글을 바친다.

　마지막으로 필자를 지도해 주신 학부 시절 금종우 교수님과 박
사과정 지도교수 김영래 교수님, 두 분 교수님께 새삼 감사를 드리
고 싶다. 그리고 이 책을 아끼고 사랑해 주실 독자 여러분에게도
항상 행운이 함께하시기를 기원한다.

2015년 2월 입춘지절 행신 우거에서

이종식

❏ Contents

글로벌시대와 비정부기구

제1장 글로벌시대(Global Era)

I. 지구화시대(global era)란

지구화시대란 단일한 공간의 세계에서 인간생활을 영위하기 위해, 사회관계가 상대적으로 거리와 국경이 없는 단일한 사회공간으로 변화, 조성해 가는 과정을 격고 있는 시대라고 할 수 있다. 솔테는 글로벌화를 다음과 같이 정의하고 있다.

"Processes whereby social relations acquire relatively distanceless and borderless qualities, so that human lives are increasingly played out in the world as a single place."[1]

---

1) Jan Aart Scholte, "The globalization of world politics." *The Globalization of World Politics.* 2001. Second Edition Edited by John Baylis & Steve Smith. pp.14-5.

이 같은 지구화라는 용어에는 적어도 다음과 같은 다섯 가지의 사용 사례가 내포되어 있다.[2]

① 국제화(internationalization): 이는 국가들 사이에 국경을 가로질러 상호작용과 상호의존의 심화 현상을 말한다.

② 자유화(liberalization): 이 현상은 세계경제의 개방과 통합을 위해 국가들 간의 왕래에 대한 정부 주도의 제한들을 철폐해 가는 과정을 말한다.

③ 보편화(universalization): 이 변화현상은 다양한 사물과 경험들이 지구 구석구석의 사람들에게 보편적으로 확산되어 가는 현상이다.

④ 서구화(westernization): 이는 특히 문화 제국주의자들을 중심으로 하는 많은 사람들이 유럽과 미국을 롤 모델(role model)로 하는 지구화, 즉 유럽식화나 미국식화하는 현상을 이야기한다.

⑤ 탈영토화(deterritorialization): 이 또한 지리의 변화에 포착, 즉 영토적 관점에서 장소나 거리, 그리고 국경들은 기왕에 누렸던 압도적 지배력을 상실하는 현상을 들고 있다.

우리는 위에서 사용하고 있는 용례 중에서 마지막 접근방법에 천착하여 글로벌시대(global era)란 많은 사회관계들이 영토적 지리라는 준거로부터 점차 벗어나 한 지구촌에 살고 있는 인간들이 점점 단일한 공간으로서의 세계 속에서 활동하며 그 속에서 살아가고 있는 시대라고 정의할 수 있을 것으로 본다.

---

2) *Ibid.* p.14.

Ⅱ. 글로벌화의 여러 모습(aspects)

지구적 공간에서 일상생활 속에서 나타나고 있는 다양한 현상들을 살펴보면, 지구화하는 현상은 더욱 분명해지고 있다.[3]

1) 커뮤니케이션(Communication)

커뮤니케이션은 computer network, telephony, electronic mass media 등의 발달로 인해 사람들은 자신의 위치에 상관없이(국경에 개의치 않고) 직접 접촉할 수 있다. 예) facsimile의 사용

2) 조직화(Organization)

조직화는 초국경 network로서 작동하는 기업 및 결사체 그리고 규제기관들이 확산되고 성장함으로써 진행되고 있는 현상이다. 예) Nissan corporation, save the children, world intellectual property organization 등은 전 세계를 활동무대로 하고 인류를 잠재적 고객으로 간주하고 상대하고 있다.

3) 생태(Ecology)

생태계는 지구온난화, 성층권의 오존파괴, 지구생태계의 다양성 감소현상 등은 어느 한 나라의 문제일 수 없는 상황, 즉 단일 공간으로서의 세계에서 발생하고, 단일 공간으로서의 세계에 영향을 주는 상황으로 되어 가고 있다.

---

3) *Ibid.* p.16.

4) 생산(Production)

생산관계가 다양한 제조단계는 일개 국민경제 내에서 이루어지는 것이 아니다. 여러 국가는 하나의 생산 라인으로 연결시킨다. 예) 자동차와 초소형 전자산업

화폐와 금융 분야에서도 24시간 내내 세계를 일주하며 개장하는 주식과 채권시장의 출현 현상을 보이고 있다. 예) 신용카드, 달러화, 엔화, 유로화의 화폐사용의 증가

5) 군사영역(Military sphere)

전쟁 무기도 이제는 전 지구를 하나의 전장으로 하는 지구적 무기의 출현현상을 보이고 있다. 예) ICBM, Spy satellite, Iraq 전쟁(위성 원격감지, 초음속폭격, 지구적 mass media 선전, 유엔 활동) 등

6) 일상적 사고(Everyday thinking)

일상적으로 생활하는 것도 이제는 세계를 단일공간으로 인식하게 되었으며, 교통통신수단의 발달로 전신, 전화, 라디오, TV, Internet 등의 활용도가 점차 크게 증가하고 있다. 금융시장의 변동은 날로 달라지고 있으며, 초국가적 체제(transnational regimes), 즉 UN, UN 평화유지군, Oxfam, INGO 등이 우리 생활에 일상화가 되고 있는 것이다.

Ⅲ. 글로벌화의 비판들(qualifications)

이 같은 지구화에 관한 많은 주장과 논의들이 다행스럽지 못하게도 지나친 단순화와 과장 그리고 희망적 사고들로 만연되어 있다는 것이다. 이러한 신화로까지 치부하고 있는 극단적 지구주의(Globalism)에 대한 반론과 비판들을 정리해 보면 다음과 같다.[4]

① 범위에 있어서 세계화가 어디에서건 모든 영역에서 동일한 정도의 경험은 아니다(Globalization has not been experienced everywhere to the same extent).

② 깊이에 있어서 세계화가 문화적 동질의 과정이 아니다(Globalization is not the straightforward process of homogenization that some accounts would have us believe).

③ 원천적으로 세계정치에서 장소, 거리, 영토성의 중요성을 제거하지 않았다는 것이다(Globalization has not eliminated the significance of place, distance, and territorial borders in world politics).

④ 결과적으로 세계화는 단일관점에서 이해해서는 안 된다. 지구화 과정이 미국적 혹은 서구적 음모로 환원될 수 없다는 점이다(Globalization cannot be understood in terms of a single driving force. The process is not reducible to an American or Western plot).

⑤ 지구화는 만병통치약이 아니다. 자유주의자들은 국경 없는 세계의 도래를 보편적인 평등, 번영, 평화, 그리고 자유의 예명이라

---

4) *Ibid.* p.17.

주장한다. 그러나 예외현상도 많다. 가난, 환경악화는 역행하고 있으며 세계화의 부정적인 측면이 더 강하게 나타나는 부분도 많다 [Globalization is not a panacea. Some liberalist accounts (Ohmae: 1990) have heralded the coming of a 'borderless world' as the dawn of universal equality, prosperity, peace, and freedom].

IV. 글로벌화와 국가체제(State-System)

1. 웨스트팔리아 질서(Westphalian order)[5]

① 하나의 국가체제이다. 웨스트팔리아 질서체제는 1648년 이후 300년간 세계질서를 지배할 원칙을 제공해 오고 있다.

② 하나의 거버넌스로서 질서체계를 이루고 있다.

③ 국가는 자국영토 안에서 포괄적이고(comprehensive), 최고의(supreme), 절대적(unqualified), 배타적(exclusive) 질서체제를 이룸으로써 공동주권이나 혹은 집단주권(joint or pooled sovereignty)과 같은 것은 있을 수 없다.

④ 글로벌 국가체제는 역사적 현상이다(historical phenomenon).

---

5) *Ibid.* p.20.

2. 주권의 종언(The End of Sovereignty)[6]

① 국가 주권은 전통적인 영토주의를 전제조건으로 하는 지리적 조건들은 더 이상 통용되지 않게 되었다. 예로써 전자와 다른 흐름의 쇄도(in a deluge of electronic and other flows)는 국경을 초월하여 이동하고 있다.

② 물질적 발전이 국가주권을 침해하고 있다. 세계적 기업, 위성 원격감지, 세계환경문제, 주식 및 채권 거래 등의 문제는 혼자서 해결할 수 없다. 컴퓨터 데이터의 전송, 방사능낙진, 전화통화 등은 국경의 검문을 받지 않고 자유롭게 넘나들고 있다.

③ 지구화는 주권의 문화, 심리적 주요 토대들을 약화시켰다. 초 영토적인 연대들이 공동체들 사이에 형성되고 있다. 특히 여성운동, 횡국가적 관리계급, 레즈비언과 게이 집단, 장애인, 컴퓨터를 매체로 하는 공동체들에서 더욱 두드러지게 나타나고 있다. 국가주권과 민족자결보다는 경제성장, 인권, 생태학적 통합과 같은 가치를 우선시하고 있다는 것이다.

3. 국가의 영속성(The Persistence of the State)[7]

① 지구화가 주권의 종언을 가져왔다고 하더라도 국가의 소멸은 초래하지 않았다. 동유럽과 옛 소련의 연방국가들의 건재는 이를 반증해 주고 있다. 대다수의 국가들은 공무원의 수, 예산, 활동범

---

6) *Ibid.* p.21-2.

7) *Ibid.* p.23.

위, 감시능력 등을 신장시키고 있으며, 자유주의자들은 중앙집권의 주권적 세계정부 출현을 주장하고 있고, 생태주의자들은 지방공동체들의 무정부적 거버넌스의 도래를 주장하고 있지만 그 어느 것도 확실한 것은 없다.

② 세계화에 의해 초영토적 사회공간의 증가로 국가의 활동과 역할변경(possible general shifts) 현상은 국가의 지지기반이 변화했다는 것이다(Under the influence of globalization, the constituency of the state is changing). 즉, 국민국가적 자본보다 지구자본의 이익을 우선 고려하는 경우가 많아진 것은 또한 사실이다. 또한 세계화가 대대적으로 진행됨에 따라 국가는 보다 빈번하고, 보다 심화된 다자간 협의를 진행하지 않으면 안 되게 되었다(The states have not to meet more frequent and more deep multilateral consultations). 그 같은 결과 국가 간의 전쟁의 기회는 감소시켰다(Globalization is reducing the chance of major interstate war).

V. 탈주권 거버넌스(Post-Sovereignty Governance)

국가 이외의 행위자의 출현을 공적 기관의 활동과 사적 기관의 활동으로 구분해 볼 수 있다.[8]

---

8) *Ibid.* p.24-27.

1. 공식적 기관의 활동

1) 국가의 하위 권위체의 거버넌스(Substate global governance): 하향식 변화
- 국가 하위 권위체들: 미국의 각주, 중국의 각성, 한국의 각 도 단위 등의 외교사절단의 활동
- 1985년의 세계주요도시연합, 1990년 지방환경 주도를 위한 국제위원회 등의 제도화
- 지구적 자본이동(global capital flows), 항공공로(air corridor), 원격통신망 (telecommunications webs) 등은 SIN, BKK-FRA를 국내 배후지로 연결

2) 초국가적 지구 거버넌스(Supra-state Global Governance): 상향식 변화
- EU: 2만여 규제조치들을 결정
- UN과 BIS: 범세계적 임무확대
- OECD: 정보, 환경, 조세 등 광범한 지도방침
- IMF & World Bank: 안정과 발전에 관한 본래의 기능에다 100여 개 국가의 구조조정
- WTO(1995): 관세 및 무역에 관한 일반협정(GATT) 강화
- UN, OAU, 유럽안보협력기구(OSCE) 등: 갈등의 조정에 적극 개입
- 1972년 인간환경에 관한 UN 회의
- 국제원격통신연합(ITU): 기술 표준서 1만 쪽을 넘고 있다.

2. 비공식적 기관의 활동

국가하위권위체, 국가, 초국가적 수준의 공식적 기관들의 활동 이외의 활동을 시장(Market)과 세계시민사회(Global Civil Society)로 구분해서 살펴보고자 한다.

1) 시장화된 지구 거버넌스(Marketized Global Governance)
- 지구증권 분야 표준절차와 행동양식은 지구 채권시장 규제
  예) 국제증권거래연맹(1961), 국제증권시장협회(1969), 국제증권위원회기구(1984), Moody's and Standard & Poor(신용평가기관)
- 상업은행: IMF와 같은 공식적 기관과는 별개로 1982년부터 남(South)의 외채과도국가들에서 빈발하는 금융위기 관리에 주도적 역할
- 세계경제포럼(WEF: 1971): '지구공공이익을 위한 기업가 정신' 약 900개의 기업회원을 가지고 있고, 국가 간 갈등 중재
- 포드재단, 소로스재단 등 기업기부재단: 지구정책결정에 적극적 역할 담당
- 세계비즈니스협회(1991): 지구환경관리

2) 지구시민사회(Global Civil Movements): 비공식 비영리의 '제3부문'
- 자발적 결사체를 통해 정책형성과 이 정책이 반영하는 사회관계구조 심화
- 지구화 환경(항공여행, 컴퓨터네트워크, 지구법 등) 개혁

- 그 활동이 훨씬 방대한 인적, 제도적 자원과 함께 막강한 영향
  력을 행사
- 접근하는 문제
- 원주민 인권문제에서부터 HIV/AIDS에 이르기까지 방대한
  Spectrum 형성
- 다양한 세계관
- 자유주의, 무정부주의, 신파시즘, 다수의 전통 및 신흥종교 등
  으로부터 발상
- '여성과 함께하는 새로운 세계를 위한 개발대안(DAWN)' 범세
  계적 네트워크
- '지구적으로 생각하고, 지방적으로 행동한다(think globally and
  act locally)': 지구적 성향을 가지되 행동은 풀뿌리 수준에서 한다
  는 뜻
- '농약행동네트워크(PAN)': 50개 이상의 국가를 통해, 350여 그
  룹들을 망라
- 시민사회행동: 산발적이고, 비전문적인 즉흥적 운동과 장기적
  이고 전문적이며 제도화된 프로그램 모두를 포함
- 다양한 전략 구사: 공식기관들이나 비즈니스 부문과 함께 행동
  하는 것이 적합하다는 운동도 있고, 공식기관과 협력하는 것이
  자신들의 원칙에 위배되는 것으로 허용하지 않는 운동도 있다.
- 생태계의 유지, 인권보호, 재난구조, 복지사업, 공동체 개선 등
  의 분야에서 본질적인 정책혁신에 기여
- 주요 지구 거버넌스 기관들은 비정부기구와 연락사무소를 설치
- 세계은행, 유엔고등난민판무관 등은 NGOs의 도움에 크게 의

존하고 있다.

- 초국가적 규제기관을 통해 중앙정부와 지방정부의 정책을 바꾸려는 자신들의 노력을 전달하고 있다.
- 정치행동에 관한 기존의 개념, 절차, 전술에 대한 도전으로 평가한다.

VI. 국내정치의 제도적 변화와 글로벌화 계산방식

1. Geoffrey Garrett and Peter Lange
외생적 변화에 의한 국내정치제도 변화의 4단계[9]

제1단계: 외생적 변화에 대한 국내경제에서 집단들이 가지고 있는 다양한 선호변화의 단계(Jeffrey A. Friesen and Ronald Rogowski의 기본적 관심사)

제2단계: 사회경제적 제도는 경제집단의 선호변화에 기인하는 분배정책요구에 대한 조건으로 작용하며, 정부정책과 국제경제조건이 다르게 결합된 각 상황과 관련된 거시경제적 결과에 영향을 준다. 이는 제도가 사적 이익요구자의 집단행동을 쉽게 만드는 역할을 한다.

제3단계: 공공영역의 공식적인 정치제도가 정부형태변화에 미치는 영향력에 관한 것이다.

---

9) Geoffrey Garrett and Peter Lange. "Internationalization, Institutions and Political Change" in *Internationalization and Domestic Politics* edited by Robert O. Keohane and Helen V. Milner. New York: Cambridge University Press. 1996. pp.50-54.

제4단계: 정부가 분배정치와 경제적 업무 수행 간에 발생하는 갈등완화를 위해 정치체제의 제도적 구조를 변화시키려는 동기를 가지는 단계(Peter Gourevitch's the second image reversed)

2. 세계화의 구체적 계량화의 방법

오늘날 보편적으로 인정되어 가고 있는 허스트와 톰슨(Paul Hirst and Grahme Thompson), 프리던과 로고스키(Jeffrey A. Frieden and Ronald Rogowski)의 방법과 포린폴리시(Foreign Folicy)가 제시하는 방법을 원용하고자 한다.

첫째, 허스트와 톰슨(Paul Hirst and Grahme Thompson)은 저서 『세계화의 문제(Globalization in Question)』라는 책에서 다소 논쟁적이기는 하나 메디슨(Maddison)의 자료를 인용하여 세계화 계량방식을 제시하고 있다. 경제적 측면에서 국가 간에 거래하는 수출입 총액을 국민 총생산(GDP)으로 대비시켜 보는 산출 방식이다. 즉, 일 국가의 연간 수출입 총액(A)을 그 나라의 국민 총생산액(B)으로 대비하는 방식, 즉 Globalization(G)=A/B와 같은 공식화이다. 그는 이 등식을 이용하여 1913년과 1973년 60년 사이에 있어서 주요 검토대상 국가들의 무역의존도가 다양한 경제의 개방성에도 불구하고 오히려 1913년이 더욱 높았음을 발견하고 놀랐다고 한다. 세계화는 제1차 세계대전 직전이 더 많이 오늘날보다 진전되었다고 지적하면서 오늘의 세계화에 지나치게 열렬한 추종자들에게 냉소 어린 경고를 하면서 1913년은 식민주의 경제라는 시대적 상황의 차이로 그 같은 세계화의 특징을 설명하고 있다.[10] 그의 또 다른 세계경제의 변화의 핵심요소로서 해외 직접투자(FDI: foreign direct investment)와 포트폴리오 투자(Portfolio investment)의 급속한 증가를 특징으로 들고 있다. 이도 같은 방식으로 세계화의 정도를 산정해 내는 방법을 제안했다.

둘째, 프리던과 로고스키(Jeffrey A. Frieden and Ronald Rogowski)는 허스트와 톰슨과 비슷한 방법으로 세계화 수준을 산출해 내고 있다. 그는 먼저 국제화를 "재화, 용역, 자본의 관찰 가능한 흐름과 그러한 국제적인 교환이 외생적으로 점차 용이해져 가는 과정"으로 보고 관찰 가능한 흐름을 계산해 내는 것과 외생적인 용이성으로 인해 국제화가 국내정치제도의 선호가 변화하면서 그것이 제도화하는 과정을 설명하고 있다. 그런데 그들의 연구가 허스트와 톰슨과 다른 것은 해외 직접투자를 국민총생산으로 대비하지 않고 총 국내 자산에 대비하고 있는 점이다.[11]

셋째, 포린폴리시(Foreign Policy)라는 잡지에서는 최근 2001년도부터 매년 연도별 각국의 세계화 지수를 산출해 내고 있다. 세계화를 열세 가지의 핵심지표를 결합하여 산출하고 있다. 크게 네 가지 카테고리로 산출하는데, ① 경제적 지수로서 무역, 해외직접투자, 포트폴리오 흐름, 소득이체, ② 인적 세계화 지수로서 관광객의 이동, 전화 총통화의 개인당 비율, 해외 송금환 금액, ③ 기술적 지수로서 인터넷 사용자, 인터넷 호스트, 서버의 보유 수, ④ 정치적 지

---

10) Paul Hirst and Grahme Thompson, 1999, *Globalization in Question: The International Economy and the Possibilities of Governance*, Second Edition(Polity Press), pp.19-65.

11) Helen Milner & Robert Keohane, 1996, "Internationalization and Domestic Politics: An Introduction" in *Internationalization and Domestic Politics* edited by Robert Keohane & Helen Milner(NewYork: Cambridge University Press). p.4.

수로서 국제기구에 가입 수, 세계평화 활동 참여 건수, 대사관 설치 수 등으로 계량화하여 세계화를 지수화하고 있다.

Ⅶ. 글로벌 민주주의의 도전(Global Democracy)[12]

민주주의는 근대적 거버넌스를 정당화하는 핵심윤리이다. 주권의 원리는 포괄적 권력, 최고의 권력, 절대적 권력, 배타적 권력의 개념인 데 비해, 민주주의의 원리는 보다 제한적(limited), 분산된(dispersed), 조건적(conditioned), 집합적(collective) 권력의 개념이다.

1. 세계화와 민주국가

세계의 민주화 바람에 대한 찬성, 그러나 IMF의 구조조정 프로그램의 채택 여부에 관한 국가의 결정을 두고 시민들이 어떤 의미 있는 견해를 표명한 적은 거의 없다. 국가는 지구자본, 지구생태문제 등과 관련된 집합적 의사를 보장해 줄 충분한 수단을 스스로 제공해 주지는 않는다.

2. 초국적 거버넌스와 민주주의

관심 있는 대중이 이들 기관에 직접 참여하는 일은 거의 없다.

---

12) *Ibid.* 28-30.

세계은행이사회, EU각료이사회, UN안전보장이사회 등 정책결정기구들은 비공개로 개최한다. 즉, 민주적 심사에서 제외한다.

초국적 기구들의 각국 대표들이 세계의 다양한 민족을 위해 발언한다는 점에서 간접대의기구이다. 1국가 1투표권 제도는 형식상 동일한 발언권을 갖는다. 유엔안보리 5개 국가의 영구회원권과 거부권은 비민주적이고 부당하다. 출연금 할당에 기초한 투표권제도를 도입하고 있는 IMF와 세계은행의 경우도 회원국 1/4이 나머지 3/4을 통제하고 있는 실정이다.

초국가 거버넌스의 비민주적 성격은 최근에 점차 반향을 얻고 있다. WTO의 경우 협의제 도입으로 개도국의 발언권이 강화되고 있다. EU의 경우 1992년 Maastricht treaty는 유럽 위원회가 광범한 의견청취와 인민이 뽑은 유럽의회가 보다 확대된 권한을 가질 것을 규정하였다. IMF, World Bank가 외부 심사단에 의한 정책평가 프로그램을 시작하였으나 초국가적 거버넌스에서 민주주의를 신장시키려는 조처들은 여전히 더디게 진행되고 있다.

3. 지구시장민주주의(global market democracy)

자유방임주의자들은 '자유시장'이 인민의 참여와 통제의 지평을 확대해 준다고 주장하는 이른바 돈지갑 투표가 성행한다고 본다. 고도의 특권층만이 세계경제 포럼 같은 기구의 회의에 초청될 뿐이다.

4. 지구시민사회와 민주주의(Global civil movements)

지구화하는 현 세계에서 민주주의를 보장하는 안전판을 시민사회에서 찾는다. 최근 몇 10년 사이에 초국경적 시민행동주의가 괄목할 만한 발전을 이룬 것은 분명하다. 예컨대 여성, 장애인, 동성연애자, 원주민문제 등에서 볼 때 웨스트팔리아 질서에서는 가능하지 않았던 수준의 행동을 취할 수 있게 했다. 그러나 세계에서 극히 적은 비율의 사람만이 이러한 주도적 행동에 직접 관여하고 대다수의 인류는 결사기금, 언어적 기술, 인터넷의 접속, 여타 자원들로부터 배제되어 있다.

불균형적으로 대부분 백인 중심으로 한정되어 있으며, 압도적으로 북아메리카나 서유럽에 주로 거주하는 중산층들의 몫이다. UN의 자문지위에 있는 NGO의 경우 겨우 15%만이 남(South)에 기반을 두고 있다. 민주주의의 미래는 찬반론에 따라 아직도 확연한 구분이 가지 않는 미래가 불확실한 정치체제이다.

Ⅷ. 결론

오늘날의 역사가 정치의 공간적 성격에 있어 중요한 변화를 목도하고 있다. 20세기 중반 이래 지구화의 확산으로 거버넌스의 방식에 중요한 의미변화가 초래되고 있다. 중앙정부의 역할의 변화와 다양한 행위주체가 등장하고, 국제관계의 거버넌스에 대한 인식의 지평은 보다 넓혀서 글로벌정치를 탐구할 필요가 있는 것이다.

〈참고문헌〉

Garrett, Geoffrey and Lange, Peter. "Internationalization, Institutions and Political Change" in *Internationalization and Domestic Politics* edited by Robert O. Keohane and Helen V. Milner. New York: Cambridge University Press. 1996.

Hirst, Paul. and Thompson, Grahme. *Globalization in Question: The International Economy and the Possibilities of Governance.* 2nd edition. Cambridge: Polity Press. 1999.

Milner, Helen & Keohane, Robert. "Internationalization and Domestic Politics: An Introduction" in *Internationalization and Domestic Politics* edited by Robert Keohane & Helen Milner(New York: Cambridge University Press, 1996).

Scholte, Jan Aart. "The globalization of world politics." *The Globalization of World Politics.* (New York: Oxford University Press, 2001, 2nd Edition) edited by John Baylis & Steve Smith.

제2장 비정부기구와 국가, 시장과의 관계

Ⅰ. 비정부기구의 기준과 개념

비정부기구(Non-Government Organization: 이하 'NGO'로 약함)란 정부 조직이 아닌 자발적인 단체로서, 비영리 목적의 불특정한 다수를 위한 단체를 통칭한다.[1] 이러한 기준에 의해 분석해 보면, 비정부기구가 갖추어야 할 핵심 속성으로 비영리 목적이며 불특정 다수를 위한 특수 공익 집단이어야 한다는 점을 들 수 있다.

살라만(Lester M. Salaman)에 의하면 비정부기구와 같은 입장에서 연구되고 있는 비영리단체의 기준을 다음의 여섯 가지로 그 특

---

[1] 김영래, "21세기의 새 정치의 화두-시민운동-", 김영래, 윤형섭, 이완범 공저, 『한국정치 어떻게 볼 것인가』, 서울: 박영사, 2003, 319-343쪽. NGO의 분류기준으로서 그 단체가 목적하는 바가 첫째, 영리단체인가, 비영리단체인가. 둘째, 특정집단을 위한 것인가, 불특정 다수를 위한 단체인가에 따라서 분류된다고 하고 있다.

성을 구분하고 있다.[2]

① 공식적인 제도화(organization)

② 정부로부터의 독립성(private)

③ 이윤배분의 금지(non-profit distribution)

④ 자기 통치(self-governing)

⑤ 자발성(voluntary)

⑥ 공익성(public benefit)

이를 구체적으로 설명해 보면, 첫째, 공익(public interest)집단의
성격을 갖춘 이윤 배분이 금지된(non-profit distribution) 집단이어야
한다. 둘째, 정부조직이 아닌 민간 부분에 의한 사조직(private)이어
야 한다. 셋째, 그 목적이 불특정 다수를 향한 특수공익을 가진 인
본적인(humanitarian) 것이어야 한다. 그리고 넷째, 의도적이지 않고
자발적(voluntary and self-governing)인 단체라야 한다.[3]

NGO의 분류기준이나 정의는 나라와 그 사회의 특수성에 따라
차이가 있을 수 있다. 일반적으로 비영리, 자선, 독립, 자발, 면세,
시민사회 부문 등 다양한 용어가 혼란스럽게 사용되고 있는데, 이
는 각 속성이 집단의 특성에 따라 추가될 수도 있고 제외될 수도
있음을 보이고 있는 것이다.

---

2) Lester M. Salaman, *America's Nonprofit Sector*, 2nd edition, The Foundation Center. 1999, pp.10-11.

3) Leon Gordenker and Thomas G. Weiss, *NGOs, the UN, and Global Governance* (Colorado: Lynne Rienner, 1996), pp.20-21. 이러한 정의에서 벗어나는 특수형태의 예외적인 NGOs가 존재한다. 그 같은 예외적인 것에는 ① 구공산권 국가들이 국가 권익을 위해 만든 정부 NGOs(GONGO), ② 북구와 북미에서 많은 공적 기금에 의존하는 유사형 NGOs(QUANGO), ③ 원조제공자가 지원의 편의를 위해 조직한 증여자 NGOs(DONGO) 등이 있다.

이러한 시각에서 NGO의 개념을 정리하면, NGO란 비정부, 비국가, 비당파적 행위자가 자발적이고 비영리적으로 공익을 실현하는 것을 목적으로 하여, 대중의 정치적 참여를 유도하는 압력단체의 성격을 가지며, 권위주의적 정치체제가 아니라 시민사회를 중심으로 하는 풀뿌리 조직의 성격을 가진, 자율성과 독립성을 가진 기구이다.[4] 실태분석에서 NGO는 노동단체, 학술단체, 종교단체 등과는 같은 일반 시민단체나 전문가 단체들을 제외하는 특수공익 추구단체로서 비영리 특수공익 추구의 사적 민간조직체라고 할 수 있다. 이와 같이 시민사회는 국가권력도 아니고 경제적 권력을 대표하는 기업도 아닌 제3의 주체로서, 소비자 시민의 권리를 구현하겠다는 의도에서 생겨났다.

여기에서 우리는 여러 가지의 용어의 혼란을 방지하기 위해서 다음과 같은 의미의 구분을 하고자 한다.[5] 자선 부문(charitable sector): 민간 및 자선적 기구를 강조하나 유일한 것은 아니다. 독립적인 부문(independent sector): 제3의 힘으로 재정적 의미에서는 정부와 기업에 의존한다. 자발적 부문(voluntary sector): 자원봉사자들의 기여를 강조하나 유급직원도 있다. 면세 부문(tax-exempt sector): 비영리기관으로서 미국의 세법의 독특성에 의해 면제를 받고 있다. 시민사회 부문(civil society sector): 시민적 기초를 강조한다. 비영리 부문(non-profit sector): 소유주의 이익창출을 위한 존재가 아니라고 강조하나 때로는 이익을 창출하기도 한다. 그것은 수입이 지출을 충당하기 위해서이다.

---

4) 김영래, 전게서, 324-325쪽.

5) Lester M. Salaman, *op, cit.* pp.8-9.

Ⅱ. 비정부기구의 등장 배경

　NGO의 성장 배경에는 일반적으로 국가 정치권력과 경제권력에 대항하려는 신보수주의적 입장과 자유주의적 다원주의의 입장이 자리 잡고 있다. 시민사회는 국가와 기업 중심이었던 시장에서, 그들이 다하지 못하는 부분을 수행하겠다는 목표를 지닌다. 이러한 배경을 갖고 있는 NGO는 언제 어디에서 비롯되어 우리의 생활에 국가와 시장 이외의 제3의 섹터로 자리하게 되었는가. 정부와 시민사회와의 관계를 비교론적 시각에 따라서 분석해 보면 그 대답을 분명하게 알 수 있다.[6] 맥도날드(Laura Macdonald)에 의하면 국가와 시민사회를 규정하는 방식으로는 신보수주의 입장, 자유주의적 다원주의 입장, 신마르크스주의 입장의 세 가지가 지배적이다.[7]

　첫째, 신보수주의적 입장(neo-conservative position)은 국가와 시민사회라는 이분법적 논리에 입각하여 시민사회를 국가가 관여할 수 없는 천부적 권리를 향유하는 사적인 영역으로 간주한다. 이는 고전적인 민주주의적 정치관과 시장경제의 결합이라고 볼 수 있다. 그들은 민주주의 가치를 지니고 있는 시민사회와 자본주의 이념을 가진 시장경제의 연계를 중요시한다. 또한 이러한 시민사회의 속성으로는 선택의 자유, 사유재산, 가부장적 가족제도와 관료제도의 불신, 인간의 자기 이기적 양심에 근거한 합리성과 유인체계 등을 꼽는다.

---

6) 강명구, "정부와 NGO 관계의 비교론적 연구", 박재창 편, 『**정부와 NGO**』(서울: 법문사, 2001), 52-58쪽.

7) Laura Macdonald, *Supporting Civil Society: the Political Role of Non-Governmental Organization in Central America* (New York: ST, Martin's Press, 1997), pp.13-22.

아울러 NGO는 세계화와 함께 도래한 경제의 전 지구화 상황에서, 개도국의 빈자의 욕구를 즉각 충족시켜 정치적 불안정을 회피할 수 있는 유용한 대안을 제공하는 역할을 담당하며, 개도국의 민주화와도 깊은 관련을 이루고 있는 존재로 인식된다. 즉, NGO를 국가간섭 없이도 사회적 에너지를 동원할 수 있는 사적 영역의 행위자들의 결사체(association)로 간주하는 것이다.

둘째, 자유주의적 다원주의 입장(liberal-pluralist position)은 토크빌(Alexis de Tocqueville)의 고전적 민주주의 시각에 입각하여 자발적(voluntary) 혹은 이해관계를 중심으로 결집한 사회조직의 존재를 국가, 시민사회, NGO 간의 관계해석의 출발로 삼는다. 이는 사회중심적(society-centered) 해석으로 볼 수 있는데, 시민문화론(civic culture)이나 사회자본론(social capital)은 이러한 사회중심적 해석의 줄기를 이어오고 있다.

그들의 논의에 의하면 자발적 조직인 NGO는 사회적으로, 정치적으로 참여의 증진을 통하여 조직화되지 못한 대중을 국가에 매개하여 주는 역할을 하게 된다. 따라서 NGO의 발생은 정치적 민주화의 중요한 요소가 되는 것이다. 시민이 자발적으로 직접 민주정치에 참여하게 되는 오늘의 자유주의적 다원주의적 현상은 이를 극명하게 설명해 준다. 종래에 존재했던 미첼스(Robert Michels)의 '과두제의 철칙(iron law of oligarchy)'이 인터넷의 발달과 정보기술의 혁신으로 설 위치를 잃게 될지 모르는 현실이 되어 가고 있다. 이러한 의미에서, NGO를 비정치적이고, 비영리적이며, 제3의 독립적 섹터로 보고 있다.

셋째, 신마르크스주의 입장(new-or post-Marxist position)은 앞의

두 가지 시각과는 달리 국가와 시민 간의 상호 침투 가능성을 찾는 데 기원을 두고 있다. 신마르크스주의의 원류는 전통적 마르크스주의를 비판적으로 수용하여 체계화한 그람시(Gramsci)의 시민사회에 대한 해석과 그의 추종자들의 주장에서 찾을 수 있다. 전통적 마르크스주의에서는 국가를 정치사회와 시민사회로 구성되어 있는 것으로 보고 시민사회가 부르주아적 사회질서와 연계된 것으로 생각하면서 그 개념에 대해 유보하는 입장을 보인다. 따라서 전통적 마르크스주의에서는 시민사회가 곧 부르주아적 사회질서를 상징하며 계급갈등이 개입한 사상이라는 이유로 논의 대상이 될 수 없었다. 그러나 그람시는 국가권력이 정당, 군대 등과 같은 제도적 실체를 통해서 직접적으로 행사될 뿐만 아니라 시민사회에 대한 헤게모니를 통해서 간접적으로도 행사된다고 본다.

또한 그의 추종자들은 프롤레타리아를 역사적 변혁의 주체로 상정하는 계급 투쟁적 성격 대신, 비계급적 지위에 근거한 또 다른 형태의 조직화된 사회운동(social movement)에 주의를 기울인다. 여기에서 신사회운동의 중요한 행동 영역인 여성, 평화, 인종, 공동체 등이 비계급적 지위에 근거한 또 다른 형태의 조직으로 주목받은 것이다.[8] 이러한 시각은 NGO와 더불어 민주주의의 심화로 내부의 한계를 극복할 수 있게 한다.

이상의 세 가지 시각에서 NGO는 정부와 대별되는 양상을 보이고 있다. 이러한 NGO의 성장배경을 통해 정부나 시장이 충분히 수행하지 못하는 부분과 냉전의 종식 이후에 급부상하고 있는 초

---

8) Ernesto Laclau and Chantal Mouffe, *Hegemony and Socialist Strategy: Towards a Radical Democratization Politics*, Second Edition (NewYork: Verso, 2001), pp.85-88.

국적 시민사회의 등장을 설명하는 과정에서 특별히 고려해야 할 점이 있다. 그것은 국제사회에 있어서의 상호 의존의 중요성과 사회의 발달에 따른 전문성과 합리적인 사고와 인식에 중점을 두지 않고는 협력 달성이 어려울 것이라는 점이다. 이는 국제레짐 이론과도 일맥상통한다. 국제레짐 이론과 NGO성장 이론, 양 이론 모두 국제사회에서 국가 중심에서 이탈하여 다양한 행위자 중심으로 변화함으로써 공통의 과제를 가지고 있다고 할 수 있다.

Ⅲ. 시민사회와 국가, 시장과의 관계

서구의 정치학자들은 오늘날의 사회를 분류할 때에 이분법이나 삼분법을 분석의 틀로 활용하고 있다.

1. 이분법적 분류

이분법의 대표적인 학자로는 헬드(David Held)와 킨(John Keane) 등이 있다.9) 이분법에 의하면 '국가-시민사회'라는 이론 틀로서 국가와 국가 이외의 모든 사회단체를 가리켜 시민사회로 지칭하는 경우이다. 가령 존 킨(John Keane)이 시민사회와 국가를 구분하는 경우 시민사회를 '비국가적 활동, 즉 경제적, 문화적 생산활동, 가

---

9) John Keane, eds., "Introduction", *Civil Society and the State* (London: Verso, 1988), pp.1-31: David Held, *Political Theory and ModernState* (Standford, CA.: Standford University Press, 1989), pp.1-10.

사활동, 자발적 결사의 활동에 종사하는 제도의 통합'이라고 보고, 또한 그는 '국가제도에 모든 유형의 압력이나 통제권을 행사함으로써 자기 정체성을 유지 또는 변형시켜 나가는 제도적 집합체'를 시민사회라고 본다. 따라서 이들의 논법에 의하면 국가사회와 국가 이외의 사회제도를 통칭하여 시민사회라고 보는 것이다.

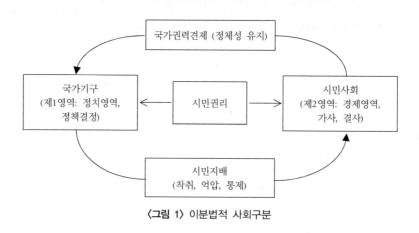

〈그림 1〉 이분법적 사회구분

2. 삼분법적 분류

삼분법을 분석 틀로 활용하는 학자에는 하버마스(Jürgen Habermas), 코헨과 아라토(Jean L. Cohen and Andrew Arato), 그람시(Antonio Gramsci), 네르핀(M. Nerfin), 코오턴(David C. Korten), 나잠(Adil Najam) 등이 있다.10) 비정부기구나 비영리기구에 대한 연구를 하는 서구의 학자

10) M. Nerfin, "Neither Prince nor Merchant: Citizen-an Introduction to the Third System", *World Economy in Transition* edtied by K. Ahooja - Patel, A. G. Drabek, and M. Nerfin (Oxford: Pergamon Press. 1986): Adil Najam, "Citizen Organizations as Policy Entrepreneurs", *International Perspectives on Voluntary Action: Reshaping the Third Sector* edited by David Lewis (London: Earthscan, 1999): David C. Korten, *Getting to the 21st Century:*

들 네르핀, 코오틴, 나잠 등과 같은 학자들은 사회를 세 가지의 기본요소, 즉 국가(state), 사기업(corporate), 시민사회(civil society)로 나누고 있다. 이것을 그들은 정치권력을 대표한 군주(the prince), 경제적 권력을 대표하는 상인(the merchant), 인민적 권력을 구현하는 시민(the citizen)이라는 은유(metaphor)로 나타내곤 한다. 이때에 국가영역(the state sector)은 사회질서의 보존(preservation of social order), 시장영역(the market sector)은 재화와 용역의 생산(production of goods and services), 시민사회(the voluntary associational, or citizen, sector)는 특정 사회 비전의 표출과 실현(articulation and actualization of particular social visions)을 시켜 나가는 영역으로 정의하고 있다.

또 다른 학자는 시민사회를 시민과 국가 간의 공적 영역으로 정의하기도 한다.[11] 하버마스는 사회를 권력매체에 의해 조종되고 통합되는 국가와 화폐에 의해 조종되고 통합되는 경제, 그리고 생활세계로 구분한다. 그는 생활세계를 공적 영역과 사적 영역으로 구분하고 또다시 공적 영역을 문예적 공공영역(literary public sphere)과 정치적 공공영역(political public sphere)으로 나눈다. 문예적 공공영역은 사적 개인생활에 해당하는 개인의 주체성을 남에게 드러내어 보여 주는 사회구조로서 공공성과 연결되는 영역이고, 정치적 공공영역은 계층의 자기 규제를 위해 형태(form)를 제공하고 정치제도(political organization) 속에는 공식화되지 않은 컬럼, 결사, 위

Voluntary Action and the Global Agenda (Hartford: Kumarian Press, 1990): Sheelagh Stewart, "Happy Ever After in the Marketplace: Non-Government Organizations and Uncivil Society", *Review of African Political Economy* (Vol.24(71), 1997), pp.11-34.

11) Sheelagh Stewart, "Happy Ever After in the Marketplace: Non-government Organizations and Uncivil Society", *Review of African Political Economy,* Vol.24(71) (1997), pp.11-34.

원회 등 이는 정치적 주제를 형성하는 장소로서 정치적 모임의 제도화로 발전하기 전 단계의 영역을 말한다. 그는 자기표현의 영역인 문예적 공공영역에서 공론화의 정치적 공공영역으로 그리고 이것이 공식적인 정치제도의 영역으로 발전하는 것으로 본다. 그의 공적 영역은 정치적 제도화 이전의 국가 기능을 견제하고 사회를 통합하는 의견수렴을 통한 여론을 형성하는 사회생활영역 - 생활세계(life world)는 물상화 과정이 경제와 국가가 자아내는 억압적 통합의 단순한 반영물로서 나타나는 장소가 아니라 의사소통적으로 구조화된 행동영역이 물상화된 것을 반영하는 것으로 보는 의사소통행위이론(theory of communicative action)으로 규정하고 있다.12)

코헨과 아라토는 시민사회에 대한 주제를 이와 같은 하버마스에게서 찾는다. 그는 사회를 두 가지 하부체계, 즉 정치체계와 경제체계, 그리고 생활세계의 의사소통 매체에 의해 통합되는 시민사회로 구성되는 삼분모델을 제시한다. 그는 생활세계를 정치체계(국가)와 경제체계를 분화시키는 차별화된 제3의 영역으로 본다.13)

삼분법적 사회분류에서 우리가 중요시하는 것은 후기 마르크스주의자들의 입장을 주목한다. 그것은 전통적 마르크스주의자들이 시민사회를 주로 경제영역으로 규정했던 것, 즉 국가를 정치사회(political society)와 헤게모니 쟁탈의 시민사회(civil society)로 규정했던 것에서 벗어나 그람시(Gramsci)는 시민사회를 비계급적인 존재로서 또 다른 사회조직으로서 경제 외적 상부구조의 영역으로

---

12) Jürgen Habermas, *The Theory of Communicative Action, V. 2. Lifeworld and System - a Critique of Functionalist Reason* (Boston: Beacon Press, 1987), pp.391-396.

13) Jean L. Cohen and Andrew Arato, *Civil Society and Political Theory* (New Baskerville: MIT Press, 1994), p.18.

재규정하고자 한 점이다. 즉, '두 개의 주된 상부구조 중 하나로서 흔히 사적(private)이라고 불리는 유기체의 총화'를 시민사회라고 본다.14) 그의 시민사회는 정치사회와 경제사회와 구분되면서 정당과 노조를 포함하는 다양한 사적 결사체들이 광범한 동의에 기반을 둔 지적, 도덕적, 지도력의 헤게모니 창출을 위해 투쟁하는 공간으로 본다.15) 그는 시민사회를 상부구조의 한 영역으로서 (국가를 중심으로 하는 정치사회라는) 정치적 상부구조의 기반, 즉 상부구조적 토대의 위치에 선다고 한다. 이러한 상부구조로서의 시민사회 구조는 헤게모니적 계급지배의 구조에 대응하기 위한 새로운 전략으로서 국가에 대한 전면적 공격(frontal attack of the State)인 기동전(war of maneuver)에 대체되는 진지전(war of position) 전략을 강조하고 있다.16)

Ⅳ. 맺는말

지금까지 이루어진 시민사회에 대한 연구를 종합하면, 영국을 비롯한 유럽 여러 나라에서는 대부분 시민사회를 국가라는 정치사회와 시장이라는 경제사회 이외의 자발적인 영역(voluntary sector)으로서 제3영역으로 분류한다. 즉, 이를 현대에서 비정부기구와 관련하여 시민사회를 해석하는 일반적인 관점으로 볼 수 있다. 이 경우 국

---

14) Antonio Gramsci, *Selection from Prison Notebooks* (New York: International Publishers, 1971), p.12.

15) 그람시의 헤게모니의 개념은 Martin Carnoy, *The State and Political Theory* (New Jersey: Princeton University Press, 1984), pp.69-70을 참조 바람.

16) Martin Carnoy, *ibid.*, pp.80-85.

가, 시장, 시민사회의 삼자관계를 <그림 2>와 같이 정리할 수 있다.

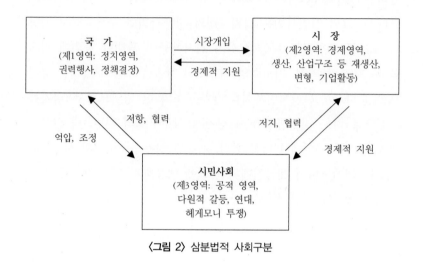

〈그림 2〉 삼분법적 사회구분

(참고문헌)

강명구, "정부와 NGO 관계의 비교론적 연구", 박재창 편, 『정부와 NGO』. 서울: 법 문사, 2001.

김영래, "21세기의 새 정치의 화두-시민운동-", 김영래, 윤형섭, 이완범 공저, 『한국정치 어떻게 볼 것인가』, 서울: 박영사, 2003.

Adil Najam, "Citizen Organizations as Policy Entrepreneurs", *International Perspectives on Voluntary Action: Reshaping the Third Sector* edited by David Lewis. London: Earthscan, 1999.

Antonio Gramsci, *Selection from Prison Notebooks*. New York: International Publishers, 1971.

David C. Korten, *Getting to the 21st Century: Voluntary Action and the Global Agenda*. Hartford: Kumarian Press, 1990.

David Held, *Political Theory and Modern State*. Standford, CA.: Standford University Press. 1989.

Ernesto Laclau and Chantal Mouffe, *Hegemony and Socialist Strategy: Towards a Radical Democratization Politics*, Second Edition (New York: Verso, 2001).

Jean L. Cohen and Andrew Arato, *Civil Society and Political Theory* (New Baskerville: MIT Press, 1994).

John Keane, eds., "Introduction", *Civil Society and the State*. London: Verso, 1988.

Jürgen Habermas, *The Theory of Communicative Action, V.2. Lifeworld and System-a Critique of Functionalist Reason*. Boston: Beacon Press, 1987.

Laura Macdonald, *Supporting Civil Society: the Political Role of Non-Governmental Organization in Central America*. New York: ST, Martin's Press, 1997.

Lester M. Salaman, *America's Nonprofit Sector*, 2nd edition, The Foundation Center. 1999.

Leon Gordenker and Thomas G. Weiss, *NGOs, the UN, and Global Governance*. Colorado: Lynne Rienner. 1996.

Martin Carnoy, *The State and Political Theory*. New Jersey: Princeton University Press. 1984.

M. Nerfin, "Neither Prince nor Merchant: Citizen - an Introduction to the Third System", *World Economy in Transition* edtied by K. Ahooja - Patel, A. G. Drabek, and M. Nerfin. Oxford: Pergamon Press. 1986.

Sheelagh Stewart, "Happy Ever After in the Marketplace: Non-Government Organizations and Uncivil Society", *Review of African Political Economy Vol.24(71)*. 1997.

제3장 글로벌시대의 세계정치 질서

글로벌시대에 중요한 세계정치질서 체계를 논의하는 논쟁들을 정리해 보면 다음과 같은 세 가지 이론이 주로 언급되고 있다.[1]

Ⅰ. 현실주의 이론

세계정치론은 각자 자국의 국가이익을 극대화하려는 국가들 간의 권력투쟁을 표상한다. 세계정치에 존재하는 그러한 질서는 세력균형으로 알려진 기제(mechanism)가 작동한 결과로서 국가들은 세력균형을 통해 어느 한 국가가 우세해지는 것을 막으려고 행동한다. 이와 같은 세계정치는 모두 교섭과 동맹에 관한 것이며, 외교는

---

1) Baylis, John & Smith, Steve. *The Globalization of World Politics*. 2001. Second Edition pp.2-5.

다양한 국가이익의 균형을 맞추는 핵심기제이지만, 최종적으로 국가의 외교정책을 수행하는 데 필요한 가장 중요한 도구는 군사력이다. 궁극적으로 국제정치 체제를 구성하는 국가보다 상위에 있는 주권체가 없기 때문에 세계정치는 국가가 자국의 목표를 달성하기 위해 자국의 군사력에 의존해야만 하는 자조체제(self-help system)인 것이다. 흔히 국가의 목표는 협력을 통해 달성할 수도 있지만 갈등의 가능성은 항상 존재한다.

Ⅱ. 자유주의 이론

이 이론의 핵심 주제는 인간이 완전할 수 있고, 민주주의는 그 완전성을 발전시키는 데 필요하며, 관념이 중요하다는 것이다. 이러한 모든 생각의 바탕에는 진보에 대한 믿음이 있다. 자유주의자들은 전쟁이 세계정치의 자연상태라는 현실주의적 사고를 거부한다. 또한 국가가 중요하다는 것을 부인하지는 않지만 국가가 세계정치무대의 주요 행위자라는 생각에는 의문을 갖는다. 그들은 다국적 기업, 테러집단과 같은 초국가 행위자, 그리고 국제기구가 세계정치질서의 어떤 문제 영역에서는 핵심적 행위자가 될 수 있다고 본다. 세계정치질서는 세력균형에서 나오는 것이 아니라 중층으로 이루어진 통치제도, 구성법률, 합의된 규범, 국제레짐, 제도규칙 등 다양한 층위들 간의 상호작용에서 비롯된다고 본다. 자유주의자들은 주권이란 개념이 현실주의자들이 이론상으로 중요하다고 생각하는 것만큼 실제에서 중요하다고 보지 않는다. 결국 모든 유형의 다른 행위자들과 협상을 해야 하는 국가 간의 상호의존은 세계정치의 아주 중요한 특징으로 보는 것이다.

Ⅲ. 마르크스주의 이론

이들에게서 세계정치의 가장 중요한 특징은 세계정치가 세계자본주의 경제 내부에서 벌어진다는 데 있다. 세계경제에서 가장 중요한 행위자는 국가가 아니라 계급이며, 모든 다른 행위자들의 행동은 궁극적으로 계급세력화에 의해 설명될 수 있다. 이들은 세계정치를 국가이익 간 갈등의 장으로 계급갈등이 벌어지는 환경으로 인식한다. 이들은 세계정치질서에 관해서는 군사적 조건보다는 주로 경제조건에서 생각한다. 국제경제의 핵심적 특징은 세계가 중심부, 반주변부, 주변부로 나뉘어 있다는 것이다. 반주변부와 주변부 안에는 자본주의 세계경제와 긴밀히 연결된 중심지역이 존재한다. 한편 중심부 안에도 주변 경제지역이 있다. 이러한 체제 내에서 중요한 점은 국가가 아닌 국제자본주의가 권력을 지배하고, 궁극적으로는 이러한 힘이 세계정치의 중요한 정치유형을 결정한다는 것이다. 이들에게서 주권은 정치적, 법적 문제와 관련되기 때문에 현실주의자들이 생각하는 것처럼 중요한 것이 아니다. 세계정치의 가장 중요한 특징은 경제적 자율성의 정도이다. 모든 국가가 국제자본주의 경제의 규칙에 따라 행동한다고 생각한다.

Ⅳ. 국제정치에서 세계정치로[2]

현실주의 이론은 권력의 1차원적 개념인 시키지 않으면 행동하지 않고 있는 상대로 하여금 힘을 가함으로써 움직이게 하는 경찰력이나 군사력과 같은 힘을 중요시한다.[3] 이에 비해 자유주의는 외교기술이나 능력과 같은 영향력과 권위 등과 같은 유사한 개념에 의해 지배되는 2차원적 권력[4]과 같다. 합의적 사항으로 인정하고 지도자가 추진하는, 이른바 권력자가 일반 대중의 필요한 사항을 대신 결정하고 생산해 주는 3차원적 권력의 개념 등은 신자유주의적 제도주의와 유사성를 가진다.[5]

1) 세계정치 이론 비교
현실주의, 자유주의, 마르크스주의를 비교하면 다음과 같이 정리할 수 있다.

---

2) Baylis, John & Smith, Steve. *The Globalization of World Politics*. 2001. Second Edition pp.12-15.

3) Robert A. Dhal. "The Concept of Power" in *Behavioral Science*. 1957. pp.201-205.

4) Peter Bachrach and Morton S. Baratz. "Decisions and Non-decisions: An Analytical Framework" in *American Political Science Review No. 57*. 1963. pp.641-651.

5) 권력의 삼차원적 개념화는 Steve Lukes. *Power: A Radical View*. 1974. pp.21-25.

<표 1> 세 가지 세계정치 이론 비교

현실주의(realism) : 국가 간 권력관계	자유주의(liberalism) : 행위자 간 상호작용	마르크스주의(Marxism) : 세계경제의 유형
① 세계정치의 주요 행위자는 국가(states) - 주권(sovereignty)은 특정한 방식으로 행동하도록 강요할 수 있는 국가보다 상위의 행위자가 없음을 의미 (다국적 기업, 국제기구들도 국가 간 관계에 포함) ② 인간의 본성(human nature)을 중시 - 이기적(egoistic) 인간성이 무정부상태를 지배(anarchical society) ③ 세계정치는 세력균형 - 자국의 국가이익을 극대화하려는 국가들 간의 권력투쟁을 표상한다. - 국가들은 세력균형을 통해 어느 한 국가가 우세해지는 것을 막으려고 한다. 세계정치는 교섭(bargaining), 동맹(alliance)에 관한 것임. ④ 국가외교 정책수행에 가장 중요한 도구는 자조 체제 (self-help system) - military, force, power 중시 ⑤ 신현실주의(neorealism) '국제정치체제의 구조'(structure) 중시 - 냉전기: 양극체제 (bi-polarity)의 강대국구조 현재는 다극체제(multi-polarity)의 다양한 game 규칙의 구조	① 자유주의는 많은 변형이 있다. 그러나 그 사상의 주체는 - 인간은 완전할 수 있고, - 민주주의는 그 완전성을 발전시키는 데 필요하며, - 진보에 대한 믿음이 중요하다. ② 세계정치의 자연상태라는 현실주의적 사고를 거부한다. - 국가가 주요 행위자임을 부인하지는 않지만 다국적 기업, 테러집단과 같은 초국가적 행위자, 국제기구 중심 행위자가 될 수 있다. ③ 국가 간의 관계에서 협력(cooperation)의 가능성을 강조한다. Interdependence among states - 협력을 이룩할 수 있는 국제환경을 고안 - 많은 다양한 형태의 행위자 사이에 나타나는 복합적 협상체제 - 군사력보다 훨씬 많은 조건에서 국가이익을 찾고 경제, 환경, 기술적 의제의 중요성을 강조 ④ 세계정치질서는 세력균형에서 나오는 것이 아니라 중층으로 이루어진 통치제도, 구성법률, 합의된 규범, 국제레짐, 제도규칙 등 다양한 층위들 간의 상호작용에서 비롯된다.	① 세계정치의 가장 중요한 특징: 세계정치가 세계자본주의 경제 내부에서 벌어진다. 세계경제의 중요한 행위자는 국가(state)가 아니라 계급(class)이다. - 다른 모든 행위자의 행동은 궁극적으로 계급세력에 의해 설명될 수 있다. 국가, 다국적기업, 국제기구조차도 세계경제체제의 지배적인 계급이익을 대변한다. ② 세계정치는 국가이익 간 갈등의 장, 혹은 수많은 다른 문제영역을 가진 장이라기보다는 계급갈등이 벌어지는 환경으로 인식한다. ③ 세계정치질서는 군사조건보다는 주로 경제조건에서 생각한다. - 국제경제의 핵심적인 특징은 세계가 중심부, 반주변부, 주변부로 나누어 있다. 반주변부와 주변부 내에는 자본주의 세계경제와 긴밀히 연결된 중심경제지역이 존재한다. 중심부 내에도 주변경제지역이 있다. ④ 세계정치의 주요 유형결정 요인: - 국제자본주의의 권력지배 - 경제적 자율성의 정도 - 모든 국가가 경제규칙에 따라 행동한다.

2) 세 가지 이론과 지구화

지구화는 세계정치에 의미 있는 사상을 제공해 주고 있다.[6]

<표 2> 세 가지 이론과 지구화

현실주의 (Realism)	자유주의 (Liberalism)	마르크스주의 (Marxism)
지구화는 사회적, 경제적, 문화적 삶에 영향을 미칠 수 있으나 국가들의 국제정치체제를 뛰어넘을 수는 없다.	사회들 간의 경제적, 기술적 상호연결성이 증대되면서 세계정치관계의 아주 다른 양상이 출현해 왔다. 국가들은 더 이상 봉인된 단위가 아니라 거미집의 관계처럼 보임(not sealed unit but a cobweb of relation).	Globalization is really only the latest stage in the development of international capitalism. Globalization further deepens the existing divide between the core, semi-periphery, and the periphery.

V. 글로벌시대 세계질서의 주류 이론들

1) 신현실주의(Neo-realism)

신현실주의를 주장하는 연구자들을 중심으로 그 특징별로 분류하면 다음과 같이 정리할 수 있다.[7]

<표 3> 신현실주의자들의 주장자별 주요 사상

	Key thinker	Big Idea
1. Traditional (structural) realism	- Kenneth Waltz	- Structure와 그 역할
2. Modern realism	- Joseph Grieco	- Relative gains and Absolute gains
3. Security & neo-realism	- John Mearsheimer - Robert Jervis & Jack Snyder	- Offensive realism - Defensive realism

---

6) Baylis, John & Smith, Steve. *The Globalization of World Politics*. 2001. Second Edition pp.5-6.

7) *Ibid*. pp.185-187.

2) 신자유주의(Neo-liberalism)

신자유주의 이론을 주장하는 학자들별로 그 특징을 정리해 보면 다음과 같다.8)

〈표 4〉 신자유주의자들의 주장자별 주요 사상

	Key thinker	Idea
1. Commercial liberalism	David Baldwin	Linking free trade and peace
2. Republican liberalism		Linking democracy with peace
3. Sociological liberalism		Linking transnational interaction with international integration
4. Liberal institutionalism		International regimes

3) 신현실주의와 신자유주의 논쟁의 주요 쟁점

신현실주의와 신자유주의의 주요한 논쟁점을 볼드윈(David Baldwin)은 다음과 같이 정리하고 있다.9)

〈표 5〉 신현실주의와 신자유주의자들의 주요 사상

	Neo-realism	Neo-liberalism
1. Nature & consequences of anarchy	placing more severe constraints on state behavior	placing less severe constraints on state behavior
2. International cooperation	as harder to achieve, more difficult to maintain, and more dependent on state power than do neo-liberals.	

---

8) *Ibid.* pp.188-189.

9) *Ibid.* p.190.

3. From international cooperation	Relative gains (individually)	Absolute gains (totally)
4. Priority of state goals	Security and survival issues	International political economy
5. Capability and intention	Concentrate on capabilities rather than intention	Concentrate on intention and perception than capabilities
6. Institutions and regimes	Do not think that international institutions and regimes can mitigate the constraining effects of international anarchy on cooperation.	Believe that regimes and institutions can facilitate cooperation.
7. 무정부상태	국가로 하여금 상대적 전략, 안전보장, 경쟁적 국제체제 에서의 생존문제에 몰두	경제적 복지, 국제정치경제 의제, 국제환경문제 등 비군사적 문제에 관심

Ⅵ. 전통마르크스주의와 후기마르크스주의 차이

전통마르크스주의와 후기마르크스주의와의 차이[10]를 정리해 보
는 것은 내용정리를 위해 상당히 유용한 작업의 하나이다.

〈표 6〉 전통마르크스주의와 후기마르크스주의와의 차이

구분	전통마르크스주의 (Traditional Marxism)	신마르크스주의 (Neo-Marxism)
1. 주된 관심	자본주의의 내재적 모순에서 야 기되는 제국주의와 식민주의의 원 인을 설명	제국주의 관계가 후진국에 가져다줄 결 과에 좀 더 많은 관심
2. 취급체계	초강대국에 의해 시작되고 유지 된 공식적 제국을 취급	정치적, 군사적 통제보다는 경제적 Mechanism 에 의해 유지되는 신제국주의, 즉 지배 의 비공식적인 체계에 관심

---

10) 박재영, 『국제정치 패러다임: 현실주의, 자유주의, 구조주의』(서울: 법문사. 2000), 504-506쪽.

3. 혁명의 물질적 기초	자본주의의 후진국으로의 전파는 산업화를 통해 혁명의 물질적 기초 제공한다는 긍정적, 낙관적 견해, 즉 자본주의를 진보의 힘, 성장의 엔진	구조주의자들은 후진국들에게 천연자원을 생산, 수출하도록 하는 국제노동분업으로 산업화가 후진국에 뿌리를 못 내려 혁명의 기초가 不存
4. 발전문제	산업화와 동일시하고 서구 스타일의 산업화를 후진국들이 따라야 할 길	정통 마르크스주의사상에 회의적임.
5. 국가 Bourgeoisie	후진국 내에서 생거나 제국주의 세력과 싸우기 위해 노동자 계급과 연계	진정한 국가 Bourgeoisie는 존재하지 않으며 노동계급 혹은 반제국주의 세력과 연합하지 않고 오히려 외국자본과 결탁할 것으로 본다.
6. 후진국의 사회구조	여전히 반봉건제적 (Semi feudal)	국제적인 자본주의 체계 내에 완전 통합되어 왔다. 사회주의를 자본주의 체제 내에서 단지 진보적인 변화의 세력의 대표로 본다.
7. 국가와 제도정책[11]	계급이익의 직접적인 표현물, 단순히 자본가 계급의 이익반영, 강화 → Instrumental Marxism	국가란 자본주의 체계의 틀 안에서 사회계급으로부터 상대적인 독립성, 즉 상대적인 자율성을 가질 수 있다고 봄. → Structural Marxism: Louis Althusser, Nicos Poulantzas
8. 중심부(산업국)와 주변부(전 산업국) 관계[12]	자본주의의 역사적 발전은 산업국가와 전 산업국가 사이의 합이 영이 되지 않는 "Non zero-sum game" → 근대화 이론	중심부와 주변부와의 관계를 합이 영이 되는 "Zero-sum game"으로 인식, 즉 선진국의 발전은 후진국의 저발전을 가져온다. 그 결과 선진국은 성장하고 후진국은 침체와 저발전을 면치 못한다.

위의 7항의 국가와 제도정책에서는 양자의 확연한 차이를 보여주고 있다. 전통적 마르크스주의를 도구주의적 마르크스주의(instrumental Marxism) 그리고 신마르크스주의를 구조주의적 마르크스주의(structural

---

11) 상기책, 505-506쪽.

12) 상기책, 510-514쪽. 중심부와 주변부의 관계를 주변부 국가가 중심부 국가에 경제적으로 종속되어 있다는 종속이론(dependency theory)을 참조.

Marxism)라고 부른다. 전통적 마르크스주의가 국가는 자본가계급의 이익만을 대변하는 단순한 자본가계급의 도구로서의 역할만을 강조하고 있는 반면에, 구조주의적 마르크스주의는 국가의 역할은 전체로서 자본주의체제의 결집력을 유지해야 하는 구조적 성격 때문에 때에 따라 국가는 자본가계급의 이해관계와 배치되는 정책을 택할 수도 있다고 본다. 대표적 구조주의적 마르크스주의자로서는 '이데올로기적 국가기구'를 강조하는 알튀세(Louis Althüsser)와 '대항헤게모니'를 강조하는 풀란차스(Nicos Poulantzas)를 들 수 있다.[13]

VII. 맺는말

지구화시대의 세계정치질서를 논의하는 중요한 이론으로서 현실주의, 자유주의, 마르크스주의와 이들 각각의 후기주의 이론에서 지구적 세계정치질서는 현실주의의 군사력과 같은 1차적 권력에 집중하는 현상을 보이고 있다. 자유주의는 이러한 군사력과 같은 1차원적 권력 개념에서 벗어나서 인간이 이 세상에 태어나면서부터 부여받은 천부적 자유와 권리를 강조하면서 국가의 규제보다는 이러한 자율에 근거하여 행동의 준거를 삼는다. 마르크스주의에서는 인간에게 경제적으로 자본주의를 지향하는 자본가 계급에 천착하여 자본가계급이 노동자계급을 착취하고 지배하는 모양이 잘못되었다고 비판적인 시각을 가진다.

---

13) Carnoy, Martin. 1984. *The State and Political Theory*. New Jersey: Princeton University Press. pp.74-75.

신현실주의는 1970년대 중동의 석유무기로 인해 정치적으로 경제의 중요성에 기울어져 석유가 새로운 무기로서 등장하는 결과를 초래하였던 것이다. 신자유주의는 양차 세계대전을 치르면서 국가가 국민에게서 빼앗아 갔던 자유와 재산에 관해 규제를 풀고 완화하여 자유화 조치를 전개한 것에서 연유한다. 후기마르크스주의는 계급의 문제로 이 지구상의 인류의 문제를 모두 해결할 수 없음을 깨닫게 되면서 쟁점사항별로 문제 해결의 능력을 장악하는 헤게모니의 중요성을 강조하여 신사회운동의 전개와 같이 각광을 받게 되었던 것이다.

〈참고문헌〉

박재영, 2000, 『국제정치 패러다임: 현실주의, 자유주의, 구조주의』, 서울: 법
    문사.

Bachrach, Peter & Baratz, Morton S. 1963. "Decisions and Non-decisions: An
    Analytical Framework" *American Political Science Review No.57*.
Baylis, John and Smith, Steve. 2001. *The Globalization of World Politics*. Second
    Edition.
Carnoy, Martin. 1984. *The State and Political Theory*. New Jersey: Princeton
    University Press.
Dhal, Robert A. 1957. "The Concept of Power" *Behavioral Science*.
Lukes, Steve. 1974. *Power: A Radical View*. New York: palgrave macmillan.

제4장 글로벌시대와 비정부기구

I. 글로벌 NGO시대의 시작

글로벌 NGO로서 국경없는의사회(MSF), 대인지뢰금지협약국제
운동단체, 지구촌네트워크(www.netaid.org) 등의 활동에서 보듯이
분쟁지역과 난민지역에 대한 인도적 구호, 무기감축과 대인지뢰금
지 등 세계공론 조성, 세계적인 유명 가수, 연예인, 예술인들의 글
로벌 캠페인과 모금 활동을 전개하는 것과 같이 빈곤타파, 난민구
호, 환경보전, 인권옹호, 빈곤국의 부채탕감 등에 목표를 두고 다양
한 방식으로 세계공론화와 글로벌 시민의 동참을 이끌고 있는 데
서 볼 수 있듯이 오늘날 지구화사회는 글로벌 NGO시대가 시작되
었다고 할 수 있다.

인권, 환경, 개발, 주거, 무기감축, 보건의료, 난민 등 거의 모든

분야에서 글로벌 NGO들이 UN과 함께 혹은 독자적으로 글로벌 시민사회를 개척하고 있다. UN은 모든 기구가 그들의 활동에서 NGO들과 협의하여 지구촌이 당면하고 있는 문제들을 해결할 것 이라는 공식적인 결의를 하기도 했다. UN사무총장을 역임한 부트 로스 갈리(Boutros Ghali)는 "UN은 주권국가들의 포럼으로 간주되 어 왔으나, 지난 수년 만에 이런 입장이 바뀌어 이젠 NGO들이 국 제사회의 완전한 참여자로 간주되고 있다. NGO들은 오늘날 가장 기본적인 대중의 참여와 대표 모델이 되고 있다"[1]고 했다.

이 분야에 한 전문가인 라이온즈(Lyons, 1963)의 추산에 의하면 19세기 말까지 이미 100여 개가 넘는 국제 NGO들이 활동하고 있 었고, 1900~4년간 61개, 1905~9년 기간에 131개, 1910~4년 기 간 112개 등 20세기로 넘어서면서 국제 NGO의 창설이 크게 활성 화되었다. UN의 창설과 함께 국제 NGO들의 수가 크게 늘어나면 서 눈부신 활동을 해 오고 있다. UN과 공식적으로 협의하고 있는 국제 NGO들의 수는 1948년 41개에서 1995년 978개, 1998년 1,500개로 크게 늘어났다. 그뿐만 아니라 UN이 개최하는 주요 글 로벌 회담에 참여한 NGO들의 규모는 1992년 브라질 리우 환경 및 개발회의에 1,420개, 1993년 비엔나 인권회담 841개, 1995년 코펜하겐 사회개발회담에 2,300개가 넘는 NGO들이 참여하여 NGO포럼을 활성화시켰다. 이처럼 국제 NGO들의 다양한 활동에 대해 1994년 존스홉킨스 대학 레스터 살라만(Lester Salamon) 교수 의 말은 귀 기울여 볼 만하다.

---

1) Ghali, B. "Foreword" in Weiss, T. and Gordenker, I. eds., *NGOs, the Unite4d Nations, and Global Governance*, Boulder: Lynne Rienner Publisher. 1996. pp.7-12.

"지금 지구촌에서 일고 있는 일대 변혁 가운데 하나는 조직화된 자원봉사활동이며, 개인, 비영리 혹은 비정부 조직들의 창설이다. 북미, 유럽, 아시아 선진국들로부터 아프리카, 남미, 구소련권 국가들에 이르기까지 휴먼 서비스를 전달하고 지역경제발전을 촉진시키고, 환경을 보호하고 시민권리를 수호하며 국가가 무관심하거나 방치해 둔 그 밖에 수천여 문제들을 해결하려고 협의체를 만들고 있고, 재단과 그 밖에 유사한 조직들을 창설하고 있다."2)

Ⅱ. 지구시민사회의 형성

오늘날 인권, 여성, 환경, 질병, 전쟁, 테러 등에 관한 사회운동은 어느 한 나라만의 문제가 아니라 국가를 초월하는 초국적 시민사회운동(transnational social movement)으로 변해 가는 경향이 강하게 나타나고 있다.

위에서 말한 쟁점 사항들이 전 지구적 차원의 문제를 낳고 있기 때문에, 국제사회에서 국가 간 경계를 뛰어넘어 인류 공통의 목적을 위해 공조하는 사회운동조직(SMO: ssocial movements organization)3)에 의한 초국적 국제 사회운동 연구가 관심의 대상이 되고 있다. 이와 같은 현상, 즉 지역문제에서(local) 국가문제(national)로, 그리고 나아가서 국제문제에서 지구문제(global)로 발전한 한국 국내의 문제로는 '동강댐건설 반대운동'과 람사협약(Ramsar convention)4)과 연계된 '새만금간척사업 반대운동' 등이 대표적 사례이다.

---

2) Salamon, Lester, "The Rise of the Non-profit Sector" *Foreign Affairs* (73/4). 1994. July/August.

3) 여기서의 사회운동조직(social movements organizations: SMOs)은 NGO(non-government organization), NPO(nonprofit organization), VO(voluntary organization), CSO(civil society organization), PO(public organization), MBO(membership organization), PBO(public benefit organization) 등을 총괄하는 개념으로 사용한다.

이러한 초국적 사회문제를 다루기 위해, 초국가 사회에서 전 지구적 공공영역(global public sphere)의 존재의 문제가 대두된다. 전 지구적 공역이란 개인, 집단, 지방, 국가 등이 시공적 제약을 초월하여 담론과 실천을 이룰 수 있는 공간으로 정의할 수 있다. 이에 대한 접근방식으로서 비정부기구의 역할 확대에 주목할 필요가 있다.

비정부기구는 초국적 인류의 문제를 해결하기 위해서 신제도주의적 지구문화의 확산, 세계 공역화하는 영공주권의 위협, 국제기구의 중요성 증대의 논의를 더욱 활발히 하기 위해 국민국가라는 경계를 넘어서고, 규범, 제도, 원칙, 관행 등 기존의 국제기준을 한 곳에 수렴해 나가는 등의 과정에서 큰 몫을 해내고 있는 것이다. 최근에는 새롭게 등장하고 있는 순수 민간단체들이 도약을 준비하고 있다. 이들은 아직 분명한 형체를 드러내고 있지 않지만, 국제사회와 세계지역을 연결하는 매개 고리가 논의되어야 할 것이다. 그런 논의 없이는 초국적 사회운동에서 장애를 극복할 수 있는 대안이 없기 때문이다. 앞으로 이러한 차원의 지구적 사회(global society)에 대한 논의가 적극 모색되어야 할 것이다.

이러한 지구적 사회를 일반적으로 발전시킨 것이 지구시민사회이다. 지구시민사회형성에 대해서는, 립슈츠는 상상의 공동체론(imagined community)을 통해서 가능하다고 본다. 그들은 초국적 환경운동 단체, 인권운동 단체 등과 같은 아래로부터 국민국가 체제에 도전하는 인식의 공동체(epistemic community)인 초국가적 정치적 네트워크(transnational political networks)가 될 국가의 경계를

---

4) Ramsar Convention: 1971년 이란의 Ramsar에서 채택된 물새 서식지로서 국제적으로 중요한 습지 보전 조약이다.

넘어서 지역적 행위자들로서의 담론의 실천의 장을 형성하는 방법이 있을 수 있다고 한다.5)

메이어와 볼리(Meyer and Boli)는 국제기구를 통한 지구시민사회를 형성할 수 있다고 한다. 그들은 지구적 문화의 형성에 따라 세계적 정체성이 형성되고 있다고 본다. 국제 비정부기구(INGOs)나 정부간기구(IGOs)를 활용하여 국제수준의 지식, 정보, 규범, 가치 등을 제공해 줌으로써 지구시민사회 형성에 기여할 수 있다.6)

스미스(Jackie Smith)의 경우는 초국적 사회자본을 형성함으로써 지구시민사회를 달성할 수 있다고 본다. 사회운동조직에 의한 초국적 연대를 조성하여 국제사회의 신뢰, 믿음, 네트워크 등과 같은 사회적 자본(social capital)을 두텁게 함으로써 초국적 공론을 형성할 수 있는 담론의 장을 제공해 줌으로써 지구시민사회를 형성할 수 있다는 것이다.7)

Ⅲ. 지구시민사회 운동전략 – 국제부메랑전략(boomerang strategy)

국제협력을 논할 경우, 국제옹호망(TANs: Transnational Advocacy Networks) 개념이 국제관계의 논의에서 부각될 수 있다. 이는 개도

---

5) Ronnie D. Lipschutz, "Reconstructing World Politics: Emergence of Global Civil Society", *Millennium: Journal of International Studies,* Vol. 21(3), (Autumn, 1992), pp.389-420.

6) John W. Meyer, John Boli, George M. Thomas, and Francisco O. Ramirez, "World Society and Nation-state", *American Journal of Society*, Vol. 103(1) (July 1997), pp.144-181.

7) Jackie Smith, "Global Civil Society?: Transnational Social Movement Organizations and Social Capital", *American Behavioral Scientist*, Vol. 42(1) (Winter, 1998), pp.93-107.

국 사회운동단체가 자국의 정부를 압박하기 위해 선진국의 사회운
동단체 혹은 국제기구 등을 동원하여 당면한 국제문제를 해결하려
는 전술적 효과에 초점을 맞추고 있는 것이다. 초국적 사회운동과
지역운동의 연계활동 방안에 대해서는 몇 가지로 나누어 보면 정
체성 형성과 자원동원의 차원에서 ① 위로부터의 압박전략, ② 장
기적 사회화 과정을 통한 도전, ③ 지역운동의 역량강화를 위한 지
속적 네트워크의 활성화 등으로 볼 수 있다.8)

첫째, 압박전략은 초국적 사회운동조직들이 사회적으로 합의에
이른 국제규범들, 즉 환경, 인권, 평화, 여성에 대한 규범에 어긋나
는 지역정치에 대해 국제적 연합을 형성하여 압박을 가하는 형태
이다. 이때 후진적 권위적 독재국가에서 인권문제와 같은 것을 효
과적으로 압박을 가하여 부메랑효과를 더 크게 하기 위해서는 국
제옹호망 전략을 취하기도 한다. 켁과 시킨크(Keck and Sikkink)에
의하면 이러한 전략에는 네 가지 정도가 있다. ① 구체적 사실에
입각한 객관적 정보확보를 통한 정당성 확보, ② 사건을 상징적으
로 쟁점화하여 운동이념의 틀로서 활용하여 일반 시민들이 심정적
으로 동조하거나 참여하는 상징적인 설득, ③ 구체적인 반규범적
사실을 공개하여 망신을 주게 하는 도덕적 압력, ④ 군사적, 경제적
제재를 동원하는 물질적 제재 전략이다.

둘째, 장기적 사회화 과정을 통한 도전에 의한 초국적 사회운동
은 지역사회 국가나 정부가 국제규범, 즉 조약, 협정, 협약 등에 부
합할 수 있도록 학습과정에 연계하는 형태이다. 이 경우 사회화 과

---

8) Margaret E. Keck and Kathryn Sikkink, *Activists beyond Borders: Advocacy Networks in International Politics* (New York: Cornell University Press, 1998), pp.12-25.

정에서 외부의 제도, 즉 국제규범을 국내제도에 주입하게 되면 그 단계적 발전을 나누어 제도화시켜 나가는 방법이 있다. 초기단계에는 압력과 거부가 교차하고, 그다음 단계에는 전략적인 양보의 단계를, 세 번째 단계에는 국내법 제정 등 법 규정 단계, 그리고 마지막 단계에는 새로운 법규의 일상화 및 제도화 단계를 거치게 된다. 이러한 모델을 리스와 시킨크는 나선형 모델(spiral model)로 소개한다.9) 코텐(David C. Korten)은 개발 NGOs의 경우 네 가지 전략적 단계를 거쳐서 발전하면서 상호작용하는 것으로 본다. 첫째 세대에서는 구호와 복지를 직접 펴는 단계, 둘째 세대에서는 지방적 자기 의존의 단계, 셋째 세대에서는 지속 가능한 체제 개발, 넷째 세대에서는 민중운동 지원 단계로서 인민 중심의(people-centered) 지구 우주호(global spaceship)의 경제적 비전을 제시하면서 발전하고 그 정당성을 확보해 나가는 활동을 한다고 보고 있다.10)

셋째, 지역운동의 역량강화를 위해 초국적 사회운동 단체들과 지속적인 네트워크 강화이다. 이는 국내문제를 초국적 사회문제로 관심을 높여 나가는 형태나 또는 이와 반대로 국제문제를 국내문제로 이행시켜 나가는 과정에서 지속적 네트워크를 강화시켜 가는 형태이다.11) 이러한 전략을 켁과 시킨크(Keck and Sikkink)는 부메랑전략(boomerang strategy)이라고 한다.12) 현재 2,000여 개의 비정

---

9) Thomas Risse and Kathryn Sikkunk, "The Socialization of International Human Rights Norms into Domestic Practices: Introduction", *The Power of Human Rights* edited by Thomas Risse (New York: Cambridge University Press, 1999), pp.33.

10) David C. Korten, *ibid.*, pp.114-128.

11) Sidney Tarrow, *Power in Movement: Social Movement, Collective Action and Politics* (Cambridge: Cambridge University Press, 1994), p.2.

12) Margaret E. Keck and Kathryn Sikkink, *op. cit.*, 1998, pp.12-13.

부기구가 유엔경제사회이사회(UN Economic and Social Council)에서 자문활동을 하고 있지만, 그들의 활동 간에 연결고리가 약하거나 학습화 활동에 구심점 없는 대응을 보여, 유엔을 통한 활동단체에 대해 회의를 갖게 하는 단체들이 늘어나고 있다.

여기서 지구적 시민사회 형성에 대해 하나 언급하자면, 지방문제(local)나 국내문제(domestic)의 경우는 국가에 대항하고 기업에 압력을 가하며 시민사회의 권리를 확장시키려는 노력이 비정부기구의 역할로서 강한 효과를 얻을 수 있다.[13] 그러나 전 인류적인 문제의 경우, 정부나 기업에 대항적인 자세보다는 지우그니와 파시(Giugni and Passy)의 주장과 같이 초국적 사회운동단체와 국가는 상호협력적 보완관계를 형성하는 경우가 더욱 문제 해결이 용이할 수 있다. 국제문제 해결은 한 국가나 한 개별 비정부기구로서는 해결할 수 없을 뿐만 아니라, 정부나 사기업 또한 예외 없이 함께 역량을 집결해야 전 지구적 총체적인(ensenbled) 시민사회를 위한 평화와 복지 증진에의 노력이 효과가 배가될 수 있을 것이기 때문이다.

현재 NGO는 '못 하는 것이 없을 정도'라 불러도 좋을 만큼 수행하는 활동이 다양하다. 국가기능을 대신하여 국가가 할 수 없는 것을 감시하고, 국가가 꺼리는 것을 주장하며, 국가의 모자라는 부분을 혁신하고, 국가의 여력이 닿지 않는 분야에 서비스를 제공한다.[14] 또한 NGO에 대한 논의는 불완전한 국가와 불완전한 시장을 정책적으로 보완하고 시장과 국가를 민주적

---

13) 김영래, "한국 시민사회운동의 과제와 전망", 중앙일보 시민사회, 『시민사회과제』, 2003, 14쪽.

14) Adil Najam, "Citizen Organizations as Policy Entrepreneurs", *International Perspectives on Voluntary Action: Reshaping the Third Sectors* edited by David Lewis (London: Earthscan, 1999), p.148.

질서하에 묶는 새로운 거버넌스로의 변환을 모색한다는 의미를
지닌다.[15)]

Ⅳ. 지구시민사회와 국제 NGO의 역할

지구시민사회(global civic society)에 대해, 국제 NGO는 다양한
방법으로 많은 영향력을 미칠 수 있다. 여러 가지의 NGO의 역할
중 고전적인 기본적 역할을 보면, ① 집행 운용(executive operation)
의 기능, ② 교육(education)의 기능, ③ 선전, 대변(advocacy)의 기
능, 그리고 ④ 감시활동(monitoring)의 기능 등이 대표적으로 언급
된다.[16)] 이런 일반적인 기능에서 NGO는 스스로가 갖고 있는 자원,
즉 전문지식, 동원능력, 그리고 실행력 등을 통해 영향력을 행사하
고 있다.[17)] 다시 말해 그 사회가 가지고 있는 자원(social resources)
을 동원하여, 그 사회가 필요(social needs)로 하는 문제를 해결하는
능력이다. 보다 구체적으로 국제사회에서의 NGO의 역할을 크게
다음과 같이 정리해 볼 수 있다.

---

15) Charles Wolf Jr., *Markets or Governments: Choosing between Imperfect Alternatives,*
Second Edition (Boston: The MIT Press, 1997), pp.90-94.

16) Shirin Sinnar, "Mixed Blessing: The Growing Influence of NGOs", *Havard International
Review* (Winter 1995/96), pp.36-40: Lester M. Salaman, America's Nonprofit Sector: A Primer,
Second Edition (The foundation Center, 1999), pp.15-17: 김영수, "세계사회의 거버넌스 형성과
NGO의 역할", 한국 NGO학회, 『2002년도 춘계학술대회』, 16-18쪽.

17) P. J. Simmons, "Learning to live with NGOs", *Foreign Policy*, No.112 (Fall 1998), pp.82-88.

1. 국제 NGO 역할

첫째, 먼저 국제 NGO는 사안별 의제설정(agenda setting)의 역할을 한다. 당면하고 있는 중요 사안별로 관심사에 대한 국제여론 형성 및 공론화에 NGO가 주도적인 역할을 한다. 여기서 국제 NGO는 정부나 국제기구의 의사결정권자들로 하여금 시민사회가 요구하는 쟁점사항에 관심을 갖도록 하고, 이를 의제로 설정하도록 공론화의 역할을 한다. 선진국 중심의 세계무역기구(WTO)의 질서편성 반대운동, 대인지뢰 금지운동, 전쟁반대운동 등과 같은 그 대표적인 공론형성 활동을 우리는 지켜볼 수 있었다.

둘째, 국제레짐을 창출(creation)하는 역할을 한다. 국제 NGO는 고전적인 기본 NGO의 활동을 통해서 지구시민사회에서 새로운 국제레짐을 형성하거나 기존의 국제레짐을 강화하는 역할을 한다. 국제 NGO는 새로운 조약이나 협약을 창출해 내는 데에 공헌을 한다. 개별적인 인권, 환경, 항공 등에 관한 조약이나 협약들을 모아서 지구적 인권레짐, 환경레짐, 항공레짐을 채택하는 데에 결정적인 역할을 한다.

셋째, 개발 NGO와 같은 국제 NGO는 대중적 지지동원과 공론화를 통해서 정부나 국제기구의 활동에 정당성을 부여하는 역할을 한다. 이와 같이 활동주체에게 정당성을 부여해 줌으로써 그 효율성을 증대해 준다. 효율적인 정부나 국제기구의 활동이 되게 하기 위해서 정부나 국제기구는 국제 NGO들과 정기적인 협의의 필요성을 갖게 된다.

넷째, 국제 NGO는 문제가 되고 있는 쟁점사항들을 해결하는 역할을 한다. 국제 NGO는 정부나 국제기구와의 협조를 통해 혹은 때로는 독자적인 힘으로 문제를 해결하기 위한 실질적인 활동을 전개할 수 있는 능력을 함양하게 된다. 난민이나 기아 문제를 직접 해결하기 위해 구호활동을 펼치는 일, 개발원조 활동, 환경이나 인권 감시활동들을 수행하고 있는 NGO의 역할을 볼 수 있다.

2. 정부나 국제기구와의 관계에서 국제 NGO의 역할

국제 NGO는 정부나 국제기구와의 관계를 중심으로 그 수행 역할에 따라 평가와 시각이 달라질 수 있는 것이다. 이와 같은 국제 NGO의 활동은 다음과 같은 몇 가지의 시각을 정리할 수 있다.[18]

첫째, NGO는 풀뿌리 민중에서부터 UN, IMF, WTO 등과 같은 초국제기구에 이르기까지 수직적으로 이동하면서 의사결정권한을 보조(subsidiarity)나 지지(support)하는 역할을 한다.[19] 정부나 국제기구에 대한 보조적 기능을 수행하는 경우이다. UN과 NGO는 다양한 협력을 통해 협조관계를 유지하고 있다. NGO는 그 본래의 기능을 다하는 차원에서 UN활동에 대한 홍보와 UN의 활동에 대한 대중적 지지확보, 전문지식을 제공함으로써 UN의 정당성 확보와 그 업무 수행을 잘할 수 있도록 보조해 주고 지지해 주는 역할을 수행한다. 그리고 국제레짐과 시민사회운동 부문에서는 초국적 국제레짐 형성을 위하여 일반적으로 NGO는 정부나 기업에 대한

---

18) 주성수. 2001. "글로벌 시민사회와 NGO", 김동춘 외 공저, 『NGO란 무엇인가』, 52-54쪽 참조.
19) Chiang Pei-heng, *Non-Governmental Organization at the United Nations* (Hongkong: Praeger Publishers, 1981), p.60. 국제연합은 사회를 이분법적으로 분류한다.

투쟁적, 해방적, 독립적, 쟁탈적 활동을 지양하고, 일반 소비 대중, 정부, 정부기구, 국제기구 등이 초국가적으로 전 인류적 평화와 복지증진을 위한 환경, 노동, 안전, 항공 등의 문제에 접근하는 차원에서 협력적으로 초국적 지구시민사회운동을 전개한다.

둘째, 다른 한편으로는 국제 NGO는 정부나 국제기구에 대해 압력단체(pressure group)로서의 역할이다. 국제 NGO는 수평적으로 국내뿐 아니라 초국가적인 시민연합을 결성하여, 개인의 힘으로는 상상도 못할 강한 연대의 힘(solidarity)을 발휘하여 커다란 일을 이루어 내기도 한다. 이를 가리켜 그라노베터(Mark S. Granovetterr)가 지적했던 '약한 네트워크에 강한 연결(the strength of weak ties)'[20]의 경우라 할 수 있겠다. 이와 같이 국내적으로나 국제적으로 중요한 쟁점사항에 대해 의사결정 수준을 수평적, 연대적 기능으로 재조정하게 된 것은, 1992년 리우환경회의와 1999년 시애틀 서방 선진국 정상회담 반대운동 등 NGO의 활동이 범국제적인 조직화 현상을 보이면서 압력을 가함으로써 커다란 성과를 달성하기도 한다. NGO가 자신의 요구를 투입하기 위해 압력을 행사하는 방식에는 두 가지 방식이 예상된다. 우선 자신이 속한 정부에 압력을 행사함으로써 정부로 하여금 국제기구 등에 국제의사결정과정에 자신의 요구를 반영하도록 활동하는 방식이 있고, 다른 경우는 국제여론 형성에 영향력을 행사하여 국제기구의 의사형성과정에 압력과 로비를 함으로써 자신들의 요구를 투입하는 방식이다.

셋째, 정부나 국제기구에 대해 NGO는 주요한 '사회적 보상세력

---

20) Mark S. Granovetterr, "The Strength of Weak Ties", *American Journal of Sociology*, Vol. 78(6) (1973), pp.1360-1380.

(countervailing power)'으로써의 역할을 한다. 이는 소비자 중심에서의 시민사회운동과 같은 단순한 투쟁적 행위와 앞서 언급한 초국적 국제옹호망 형성과 지구시민사회 형성에서 총체적인 인류 복지와 공영을 이루어 내는 역할을 하고 있다고 본다. 따라서 일반 소비 대중, 정부, 정부기구, 국제기구 등이 초국가적으로 전 지구적 인류평화와 복지증진을 위한 환경, 노동, 안전, 항공 등의 문제에 접근하는 차원에서 NGO가 이러한 시민의 바람에 대해 해결해 줄 것이라는 보상적 심리에서 그 역할에 기대하는 것이다. 문제의 중요성이 인류 공동의 문제들, 가령 맹목적 개발로 인해 발생하는 전 세계적인 기후환경문제나, 비민주적인 특정 정권하에서 행해지는 인권문제, 분쟁으로 인한 난민문제 등 개별국가의 능력과 경계 내에서는 해결되기 힘든 세계적 차원의 문제에 공동대처를 필요로 하는 문제에 대해 NGO가 해결해 줄 것으로 생각하는 보상세력으로서의 역할이 강하다.

넷째, 국제 NGO는 역사적, 철학적 전통에 깊게 뿌리를 둔 정치적 이상과 제도의 반영을 위한 긍정적 역할을 해 줄 것으로 보는 '선과 진보를 위한 세력(forces for good and progress)'으로서 역할을 다할 것이다. 그뿐만 아니라 동시에 국제적 갈등을 종식시키고 평화와 안정을 가져다줄 수 있을 것으로 본다. 이에 반해 사회주의세력과 제3세계 권위주의 국가들에서는 국제 NGO가 그들 정부의 활동에 대해 부정적, 비판적 시각을 보여 주기 때문에 부정적으로 보는 시각도 또한 존재한다. 예를 들어, 북한 인권문제에 대해 국제 인권NGO가 인권의 취약한 보편성을 개선할 것을 주장하면서 북한정부에 대해 인권개선을 요구하는 활동에 대해 북한정권은 이러한 국제 NGO활동을 비판적으로 보는 것과 같다.

V. 맺는말

지구시민사회는 인식공동체, 국제기구, 초국적 사회자본 생성을 통해 형성된다. 지구시민사회운동의 부메랑효과를 노리는 전략으로는 위로부터의 압박전략, 장기적 사회화 과정을 통한 도전, 지역운동의 역량강화를 위한 지속적 네트워크의 활성화 방안을 통해서 가능하다고 본다. 국제 NGO의 역할은 의제설정, 국제레짐 창출, 정당성 부여, 문제 해결의 기능으로 요약할 수 있다. 정부나 국제기구와 국제 NGO의 관계는 의사결정에 보조적 기능, 압력단체의 기능, 사회적 보상세력, 선과 진보를 위한 세력으로서 기능을 가진다.

〈참고문헌〉

김영래, "한국 시민사회운동의 과제와 전망", 중앙일보 시민사회, 『시민사회 과제』, 2003.

김영수, "세계사회의 거버넌스 형성과 NGO의 역할", 한국 NGO학회, 『2002 년도 춘계학술대회』, 2002.

주성수, "글로벌 시민사회와 NGO", 김동춘 외 공저, 『NGO란 무엇인가』, 2001.

Chiang, Pei-heng. *Non-Governmental Organization at the United Nations* (Hongkong: Praeger Publishers, 1981).

Ghali, B., "Foreword" in Weiss, T. and Gordenker, I. eds., *NGOs, the Unite4d Nations, and Global Governance*, Boulder: Lynne Rienner Publisher. 1996.

Granovetterr, Mark S. "The Strength of Weak Ties", *American Journal of Sociology*, Vol. 78(6) (1973).

Keck, Margaret E. and Sikkink, Kathryn. *Activists beyond Borders: Advocacy Networks in International Politics* (New York: Cornell University Press, 1998).

Lipschutz, Ronnie D. "Reconstructing World Politics: Emergence of Global Civil Society", *Millennium: Journal of International Studies,* Vol. 21(3), (Autumn, 1992).

Meyer, John W., Boli, John, Thomas, George M., and Ramirez, Francisco O. "World Society and Nation-state", *American Journal of Society*, Vol. 103(1) (July 1997).

Najam, Adil. "Citizen Organizations as Policy Entrepreneurs", *International Perspectives on Voluntary Action: Reshaping the Third Sectors* edited by David Lewis (London: Earthscan, 1999).

Risse, Thomas and Sikkunk, Kathryn. "The Socialization of International Human Rights Norms into Domestic Practices: Introduction", *The Power of Human Rights* edited by Thomas Risse (New York: Cambridge University Press, 1999).

Salamon, Lester M., "The Rise of the Non-profit Sector" *Foreign Affairs* (73/4). 1994. July/August.

Sinnar, Shirin. "Mixed Blessing: The Growing Influence of NGOs", *Havard International Review* (Winter 1995/96).

Simmons, P. J. "Learning to live with NGOs", *Foreign Policy*, No.112 (Fall, 1998).

Smith, Jackie. "Global Civil Society?: Transnational Social Movement Organizations and Social Capital", *American Behavioral Scientist*, Vol. 42(1) (Winter, 1998).

Tarrow, Sidney. *Power in Movement: Social Movement, Collective Action and Politics.* Cambridge: Cambridge University Press, 1994.

Wolf Jr., Charles. *Markets or Governments: Choosing between Imperfect Alternatives*, Second Edition. Boston: The MIT Press, 1997.

제5장 글로벌화와 초국가 행위자와 국제기구

Ⅰ. 시작하는 말

Shell, Barclays Bank, Coca Cola, Ford, Microsoft, Nestle 등과 같은 6만 개의 초국적기업(TNC)이 있다. 이들의 모기업은 50만 개 이상의 외국 자회사를 가지고 있다. 미국의 Freedom House, 프랑스의 Medicins sans Frontieres, 영국의 Population Concern, 미국의 Sierra Club, 영국의 Women's Environmental Network 등 1만 개의 단일국가 비정부기구가 활발한 국제 활동을 하고 있다. UN, NATO, EU, 국제커피기구 등 250개의 정부간기구(IGO)가 있다. 또한 국제사면위원회, 침례교세계동맹, 국제적십자사와 같은 5,800개의 국제비정부기구(INGO)가 있고, 이와 비슷한 수의 NGO 대표모임(caucuses)과 Networks가 있다.[1]

세계정치질서를 국가 중심적으로 접근하는 현실주의론자들에 의하면 권력은 실체적 힘을 가지게 된다. 그러나 이와는 대조적으로 국가 이외의 비국가 행위자들을 다루는 데 좀 더 개방된 다원주의적 접근법에 의하면 국가 간과 행위자 간의 권력의 관계적 입장을 강하게 보인다.

Ⅱ. 국가중심접근법의 문제점(Problems with the state-centric approach)

1. 국가개념의 모호성(ambiguity)

1) 국가개념의 의미
① 법인격(추상화)
② 나라라는 정치체제(구체화)
③ 정부기구(입법, 사법, 행정기관, 경찰, 군대)

2) 시각에 따라서
① 법적, 정치적 공동체 차원에서 보면: 시민사회는 국가의 일부
② 국가를 정부라는 개념과 동일시하는 철학적, 사회학적 차원에서 보면: 시민사회를 국가와 분리

---

1) Peter Willetts. "Transnational actors and international organizations in global politics." *The Globalization of World Politics*. (New York: Oxford University Press) Second Edition Edited by John Baylis & Steve Smith. 2001. p.357.

③ 국제법 시각에서 보면: 초국가 행위자의 존재가 없어진다.

2. 국가 간 유사성 결여(lack of similarity)

1) 법적 평등으로 간주: 국가 간의 유사성이 많다는 것은 현실성 결여

예) 초강대국, 중진국, 약소국 등 나라크기, 경제규모, 인구, 정부체제 등 "모든 나라는 법적으로 평등하지만 정치적으로는 매우 다르다."

2) 국가 크기 차이: 초국가 행위자는 웬만한 국가행위자보다 더 국제정치 영향력이 크다.

- 상위 50여 개 초국가 기업의 연간 총매출액은 UN회원국 132 개국의 국민총생산액보다도 더 많다.
- 인구 면에서 수백만 명 NGO는 188개 회원국 중 40개 국가는 총인구가 100만도 안 됨.

3. 전체주의의 문제(problem of holism)

국가중심접근법은 국가를 하나의 전체주의적 실체로 간주하고 있기 때문에 개별국가를 실제로 구성하는 단위인 개별인간의 단순한 합 이상으로 존재한다.

국가의 느슨한 결합을 의미할 뿐 국제체제라는 도구 혹은 개념은 인간개인의 의사를 전달하도록 고안된 것이 아니다. 초국가 관계나 비정부 관계를 경시하는 어정쩡한 개념이다.

4. 국가와 민족의 차이(difference between state and nation)

국가중심접근은 민족이라는 요인의 중요성을 간과하고 있다. 민족주의와 민족정체성은 대부분의 사람들에게 강력한 정서감을 불러일으킨다. 민족에 대한 충성이란 것은 어떤 나라에 대한 충성과는 아주 다른 것이다. 민족주의는 초국가 관계 형성의 원인이다.

예) 민족해방운동, 민족문화집단, 정치적 요구를 하는 소수집단 등은 초국가 행위자이다.

Ⅲ. 정치적 행위자로서 초국적 기업(TNC)

1. 일반적 현상

1) 외국정부에 대해 로비를 벌이는 일(정치적 성격)
① 간접로비
- 해당 기업이 자국 정부로 하여금 외국 정부에 압력을 행사하거나 국제기구에 일반경제정책에 대한 문제를 제기
② 직접로비
- 외국의 외교사절을 통하여 기업의 입장을 대변하거나 외국 정부의 담당자들을 통해 기업의 입장을 설명

2) 무역협회를 통해 복잡한 간접적 방식으로 기업은 경제활동 주체만이 아니라 초국가적 정치활동을 하는 행위자로 인식

3) 초국적기업의 역사적 출현과정

① 1950년대부터: 탈식민지 현상의 파급에 따라 해외지사들에 대한 본사의 통제가 초국적 기업의 출현을 가져왔다.

② 1960년대부터: 생산제조 부문에서 시작 거래편의를 위해 금융서비스 제공

③ 1970년대 이후: 광고, 시장조사, 회계, 컴퓨터 분야 등 서비스산업이 전 세계적으로 확산

④ 오늘날에는 부가가치가 큰 주요 경제영역에서 활동하고 있다.

4) 지역적 확대현상: 과거에 제국주의 경험이 없었던 국가(스웨덴, 캐나다), 개도국등도 초국적 기업활동이 크게 증가

* 상위 100개 초국적기업의 지역적 분포

유럽 50, 미국 27, 일본 13, 캐나다 3개, 호주, 베네수엘라, 한국 각 1개

5) 기업의 양상변화

① 원래 생산은 본부, 판매는 해외지사 예) IBM

② 오늘날에는 본부지역은 전략적 정책결정과 같은 편의기반을 제공, 생산 부분은 현지로 이전

2. 초국적 기업의 통제방식 탈피(주권 훼손 현상)

1) 금융흐름(financial flow)

① 한 국가가 독립된 경제를 운용한다는 것은 더 이상 가능하지

않는 일이다.

- 국가가 수행한 가장 기초적인 주권행위는 통화와 해외무역을 통제하는 일인데 이제 이런 통제행위가 실질적으로 감소하고 있다

② 무역거래의 경우: 무역이 국내 혹은 국제금융에 주는 효과는 다소 불확실하다.

- 내부자 거래(intra-firm trade) 형식의 무역일 때에 문제가 된다.
- 1/3 정도 내부거래형식의 무역이 차지하고 있고, 첨단기술을 동원한 제조산업은 그 절반이 내부자 거래에 의해서 이루어지고 있다.

③ 이전가격은 조작: 이윤이나 자본의 해외유출을 통해 자기자본 비율을 낮춤으로써 세금을 덜 내고, 정부규제를 벗어나려고 하는 일

2) 삼각무역(triangulation)

해당 기업이 제3국을 통해 간접적으로 행하는 무역을 금지하는 조치는 현실적으로 불가능하다. 예) UN안전보장이사회에 제재권을 줄 때 주권이전의 경우가 된다.

① 정부가 이전가격이 정확히 얼마인지 모르는 경우
② 해당 기업이 가짜로 상품거래 총량을 보고하는 경우

3) 회전차액거래(regulatory arbitrage)

① 어떤 기업이 정부정책에 대해 반대한다면 그 기업은 기업이 위치해 있는 지역 내에서 생산을 지향하거나 폐쇄하고 대신 해외의 다른 나라에서 생산량을 늘리는 회전차액거래를 할 것이다.

② Basle committee: 유럽 공동체, 금융 관련 표준제정과 합동사회정책창출

③ 국제레짐에 의한 규제와 통제는 주권이 부분적으로나마 초정부 기관에 양도된 성격을 띠고 있다.

4) 치외법권(extraterritoriality)과 주권

초국적 기업활동의 세 가지 주체 간(본국정부, 지사정부, TNC본사)에 지사가 어느 정부의 방침을 따를까 하는 구조적 본질적 문제가 발생한다. 예) 시베리아 가스관로와 치외법권

5) 국내탈규제에서 지구재규제로(domestic deregulation to global reregulation)

① 시장에 대한 규제문제로 정부와 기업 간의 갈등이 시작된다.
- 세금부담이 최소화되기를 원하는 기업의 바람 대 무역이나 투자가 이루어지는 방식과 방향에 영향을 행사하고자 하는 정부의 바람 간에 갈등이 발생한다.
② 지구 차원의 정치적 문제로 인식되고 있다.
- 경제현상이 국내적 탈규제문제가 하나의 지구적 현상으로 된 것이다.
- "TNC에 의한 무책임한 행동에 세계가 어떻게 대응할 것인가" 하는 문제를 제시하고 있다. 예) International Baby Foods Action Network, World Rainforest Movement, Pesticides action network(살충제 행동네트워크)

Ⅳ. 비합법적 집단과 해방운동(non-legitimate groups and liberation movements)

1. 초국가적 범죄와 그들의 정치적 영향: 범죄에 대한 주권행사를 제한

* 무기와 마약 밀거래산업, diamond, computer chip 등 부가가치가 높은 상품, 지적 상품(음악, video film, computer, software)

1) 예측 불가능한 금융 흐름에 있어 범죄와 관련된 자금의 흐름은 그 액수가 클뿐더러 전혀 예상할 수 없는 특징이 있다. 예) 자금세탁

2) 삼각무역 문제에서 범죄와 관련된 무역거래는 워낙 광범위하게 이루어지기 때문에 어떤 정부도 자신의 국가는 마약거래의 통로가 될 수 없다는 확신을 갖지 못한다. 예) 무기거래의 삼각무역

3) 어떤 나라가 범죄를 금지하는 법을 제정하는 일은 곧 범죄집단의 활동무대가 다른 지역으로 이동하는 결과를 낳는다. 예) 마약생산장소 변경

4) 치외법권의 문제

- 초국가적 경찰활동과 관련되어 있다. 여러 정부의 합동수사는 치외법권이 그 합의에 양도되어 있다(단독정부의 수사와 차이).

2. 초국가적 게릴라 집단과 정통성

1) 구분
① terrorists: 정치적 위협을 목적으로 무차별적인 폭력을 사용하는 집단(사람, 정부)

② guerrilla: 정치적 목적을 위해 투쟁하는 모든 집단(중립적 개념)

③ national liberation movement: 외국 정부지배로부터 자유를 획득하기 위해 싸우는 게릴라 집단

2) 폭력사용의 정당성이 증가되는 경우
① 집단이 사람들로부터 광범위한 지지를 받고 있을 때

② 정치적인 통로가 막혀 있을 때

③ 투쟁목표로 하는 정부가 아주 압제적일 때

④ 사용되는 폭력이 민간인 희생자 없이 군사적인 목적에만 집중될 때

3) guerrillas 집단이 정치적으로 탄압받는 소수 집단으로 투쟁
* 5개 집단이 외교적으로 중요한 역할

① 1970년대 중반 PLO, SWAPO가 비동맹 77그룹 회원자격과 UN총회 OBSERVER 자격 취득

② ANC, PAN-African congress, Zimbabwe의 애국전선(Patriotic Front), UN회의에 참석권한 획득

3. 범죄집단과 게릴라집단의 의미

1) 마약두목, 밀수꾼, 절도자 등은 민병대, 종교집단, 소외된 소수집단 등과 함께 아주 주변적인 것으로 간주된다. 합법적 주체가 아니고 정상적인 국제관계에서 배제되어 있기 때문이다.

2) 일정한 영토통치를 바라고 있다. 지구화 현상이 주권의 본질과 정부의 역할을 변화시키고 있다는 점을 분명히 해 주고 있다.

3) 한 국가의 국내문제 차원에서 지구정치 영역의 차원으로 변화하고 있다.

V. 지구정치구조로서 국제기구(International organizations as structures of global politics)

1. 체제로서의 국제기구(IO)

1) 정부, 각종집단, 국제기구의 활동: 모두 체제 특성을 내포
2) 모든 행태의 국제기구: 국가 간 경계를 꾸준하게 넘나들고 정부행위자들과 그들이 합심해서 만든 초국가 행위자들에게 지대한 영향을 미친다.
3) 체제와 구성단위의 관계
- 체제는 전체로서 기능하고, 구성단위는 개별단위의 충분한 밀도가 존재할 때 전체로서 기능을 한다.
- 체제는 구성단위의 행위를 제약한다. 체제는 단순한 구성단위

의 부분의 합이 아니다.

4) 국제기구: 하나의 전체로서 활동하는 체제

① 그 목적을 규정하고,

② 가입단위를 구속하고,

③ 신분보장이 되는 행정요인을 필요로 하고,

④ 정체성을 갖게 하는 특별문서에 따라 성립된다.

⑤ 정치적 결과로서 하나의 전체로서 기능하는 측면이 있다.

2. 정부간기구와 비정부 기구와의 구분: 정부의 참여 여부를 중심으로

1) 기구의 구분: 정부간기구(IGO), 비정부간기구(INGO), 혼합적 INGO(Hybrid INGO). 혼합적 INGO의 예: 국제적십자사, 세계보존연합, 국제과학연합위원회, 국제항공운송협회

2) 혼합 INGO의 성격: 정부와 NGO 간의 공식적인 평등의 원칙이 보장되어 정부가 NGO를 지배한다는 가설은 성립되지 않는다.

3. 국제조직 간의 관계

IGO가 서로를 observer 자격으로 인정해 주고, INGO에서 자문 지위를 부여해 줌으로써 IGO 상호 간의 관계는 단순한 관료적 절차에 머물지 않는다. 국제기구가 하나의 체제로서 다른 체제의 역할 수행에 중요한 동기를 부여해 준다.

VI. 지구정치의 의제와 정책체제

1. 상위정치와 하위정치

각각의 의제, 정책결정자, 행위자, 상황유형별로 다음과 같이 정리할 수 있다.

〈표 1〉 상위정치와 하위정치 요소별 비교

	상위정치	하위정치
1. 의제	평화와 안보	경제, 사회(인권, 환경)
2. 정책결정자	정부고위층	각 부처 또는 담당공무원
3. 비국가 행위자	정부대리인이 불필요	NGO, TNC, IGO, INGO 등에 의한 포괄적 활동
4. 상황유형	높은 우선성 또는 위기	평소 활동 중심 낮은 우선성

2. 정부권위에 도전하는 자산들:

- 권위, 지위, 자원, 정보, 의사전달 등과 같은 능력은 NGO, TNC가 군사적 혹은 경제적 자원을 통제하는 정부권위에 도전하는 데 귀중한 자산이 된다.

3. 시민사회가 국내정치와 국제정치 모두에서 변화의 동인이 된다.

1) 기업: 경제적 변화를 촉발
2) NGO: 정치적 변화를 야기하는 새로운 idea의 산실
3) 정부: 전쟁상황에서 변화의 동인

4) 시민사회:

- 변호사, 언론인, 노조, 교회 등은 통합현상을 가속화
- 여성집단, 소수집단, 반대집단과 같은 시민사회는 민주주의와 인권 등 정치발전현상에 영향을 미친다.

Ⅶ. 결론

비국가 행위자인 은행, 기업, 여성, 학생, 환경론자 등 경제단위와 사회적 집단이 지구화가 진행되면서 그들의 상호작용이 커지면서 전통적인 국가중심의 접근방법이 도전을 받게 되었다.

첫째, 국가란 의미가 현대세계와 잘 어울리지 않고 애매한 측면이 있어 더 이상 과거와 같이 유용한 개념이 아니라는 것이다. 정부 간 관계와 사회 간 관계를 구분해서 분석할 때 정부 간 관계가 사회 간 관계보다 우월하다는 식의 생각은 더 이상 적절하지 않다는 것이다.

둘째, 초국가 기업이 수행하는 경제활동이나 범죄집단이나 게릴라집단이 야기하는 폭력적 위협에 직면하여 정부는 전통적으로 유지해 왔던 주권과 관할권의 범위를 점점 상실하고 있다는 것이다.

셋째, 비정부기구가 실제 대외 활동에 참여하는 것을 비롯해서 거미줄처럼 얽혀 있는 지구적 관계 속에서 직접 간여하게 됨으로써 정부는 그간 유지해 왔던 정치적 독립성을 상실하고 있다는 것이다. 지구적 사건들은 이제 각양각색의 국제기구 속에서 정부뿐만 아니라 기업과 비정부기구 등이 상호작용하는 복합체계의 관점에서 이해되어야 한다는 것이다.

(참고문헌)

Willetts, Peter. 2001. "Transnational actors and international organizations in global politics." *The Globalization of World Politics*. (New York: Oxford University Press) Second Edition Edited by John Baylis & Steve Smith.

제6장 국제연합(UN)과 글로벌 NGO

I. 국제연합과 글로벌시대

1999년 11월 30일 미국 시애틀에서 개막된 세계무역기구(WTO) 각료회의가 세계 각국에서 참가한 NGO들의 인간사슬에 의해 개막식이 연기되기도 하였다. 세계화를 향한 시대적 과제를 담당하고 있는 NGO의 역할은 단순한 경제발전보다는 지속 가능한 발전을 위하여 정책개발, 환경보존, 소비자보호, 인권신장 등과 관련한 전 지구적 문제에 대하여 관심과 참여를 유도하거나, 풀뿌리 조직을 통한 다양한 공공재 영역과 사회보장적 차원의 서비스를 제공해 오고 있다.

1. NGO 용어의 유래

제1차 세계대전 당시 영국에서 설립된 아동구호기금(save the children fund: 1919년 설립)에서부터 시작되었다고 하는 학자들도 있다. 한편 로마 가톨릭교회에서 1915년 설립한 'Caritas'라는 네트워크가 형성되면서 국제사회에 이 용어가 등장하기 시작하였다.[1] 1949년 국제연합(UN)에 의하여 국제사회에 공식적으로 사용된 이래 1950년과 1968년의 개정으로 UN 경제사회 이사회에 의해 UN 헌장 제71조에 협의적 지위로 규정하였다.[2]

2. 국제연합과 NGO 파트너십 관계

국제연합의 산하기구인 경제사회이사회는 1950년과 1968년 두 차례에 걸쳐 협의적 지위를 갖는 NGO를 포괄적 개념으로 정의를 내리고 있다. 즉, "정부 간 협의에 의해서 설립되지 않은 어떠한 국제기구도 이러한 협의협정을 목적으로 하는 NGO로 고려된다." 이러한 이분법적 정의[3]는 논란을 정리하고 NGO를 UN 체계에 폭넓게 수용하려는 의도로 볼 수 있다.

---

1) Seamus Cleary, *The Role of NGOs under Authoritarian Political Systems* (New York: St. Martin's Press, 1997). pp.3-4.

2) Peter Willets, *Pressure Group in the Global System: The Transnational Relations of Issues-Oriented Non-Governmental Organizations* (New York: St. Martin's Press, 1982).

3) Thomas Princen, "NGOs: Creating a Niche in Environmental Diplomacy", *Environmental NGOs in World Politics: Linking the Local and the Global* edited by Thomas Princen and Matthias Finger (New York: Routledge, 1994), pp.36-38.

<UN과 NGO의 통계적 관계(협의적 관계) 및 글로벌 회담 참여>

- 1948년 41개, 1968년 377개, 1998년 1,350개,
- 1992년 브라질 리우 환경과 개발 회의 1,420개,
- 1993년 비엔나 인권회담 841개,
- 1995년 코펜하겐 사회개발회담 2,300개, 북경여성회담에는 4,000여 개 NGO들이 참여하여 NGO들이 책임 있는 행동을 취한다는 행동강령을 채택[4]하였다.

3. UN창설과 UN-NGO 관계

양자의 관계가 임시적인 것이 아니라 제도적 관계로 시작되었다고 볼 수 있다.

첫째, UN헌장 제71조가 규정-UN의 ECOSOC가 NGO들과 "협의에 필요한 적절한 조치들"을 취할 수 있다는 내용

1950년 제10차 ECOSOC회의에서 NGO들의 협의적 지위를 인정하는 세 가지 분류가 처음 도입되었고, 1968년 이에 관한 구체적인 수정이 도입되었다.

둘째, 1948년 창설된 CONGO(NGO위원회)는 ECOSOC과 협의적 지위를 가진 NGO들이 결성한 NGO 협의체로 UN체계에 공식화된 기구로 활동해 왔다.

① 새로운 NGO들의 협의적 지위와 관련된 참여
② NGO 감시기능

---

4) UN Secretary General. *Arrangements and Practices for the Interaction of Non-Governmental Organizations in All Activities of the United Nations System.* 1998.

③ 다양한 영역들에서 상호협력

셋째, 1975년에 창설된 UN-NGLS(NGO연락사무소)

① UN-NGO 간의 역동적인 파트너십을 진흥시키는 역할

② NGO들에게 UN의 개발계획과 활동을 알리는 역할

③ UN에게는 NGO들의 계획과 활동을 알리는 역할 → 쌍방향 역할

4. 1972년 스톡홀름의 인간환경(Human Environment)회담 – 급진 전을 가져다준 획기적인 기회[5]

① 공식적인 정부 대표회담과 NGO포럼이 UN이 주최하는 글로 벌회담이 최초로 어깨를 나란히 한 점

② NGO들의 긴밀한 정보입수와 교류를 갖다 주는 일간지가 발간 되면서 NGO들의 협상력과 위상을 드높이는 결과를 낳았다는 점

5. 1992년 리우 환경과 개발 회담 – 획기적인 전환점

① 그 어느 때보다도 UNDP, UNEP, UN-NGLS 등 많은 공식기 구들이 공동으로 NGO들의 참여를 가장 적극적으로 알리고 유도한 점

② 사상 최대 규모 NGO들이 각국에서 참석했고 그간의 협의적 지위를 가진 NGO들이 참여해서 목소리를 내는 관례를 깨고

---

5) Rice, A. and Richie, C. *Relationship between Intergovernmental Organizations and the United Nations.* www.uia.org. 1995.

그렇지 않은 NGO들도 자유롭게 참여해서 목소리를 내는 기회를 부여받게 된 점

③ 결과 채택한 "의제 21"에는 회담이 추구하는 목표추구에 NGO들이 중요한 역할을 부여받는 성과로 UN은 NGO들이 참여와 집행분담의 책임과 권한을 맡지 않으면 불가능하다는 점을 결론으로 얻음.

<표 1> 글로벌 NGO들의 국제포럼에 참가활동 현황[6]

대회명	주제	참가규모	일시 및 장소	대회의 특성
1992 리우 환경회의	환경문제	2,400명	1992.6.3~14 리오데 자네이로	리우선언 발표
1993 비엔나 인권회의	인권신장	171개국, 800여 개 단체	1993.6.14~25 오스트리아 비엔나	개발도상국 인권신장계기 마련
1994 카이로 인구회의	인구성장, 환경친화적 개발	113개국, 1,500개, 4,200명 참가	1994.9.5~13 이집트 카이로	인구개발문제 협의
1995 코펜하겐 사회개발회의	빈곤퇴치, 고용창출, 실업근절, 사회통합	811단체, 4,500 명 참가	1995.3.6~12 덴마크 코펜하겐	각종 세미나 개최
1995 북경 세계여성대회	여권신장	2,100개 단체, 5,000명 참가	1995.8.30~9.8 중국 북경	각종 워크숍과 전시회개최
1996 이스탄불 세계주거회의	환경친화적 주거개발	2,400개 단체, 8,000명 참가	1996.6.3~14 터키 이스탄불	제2차 UN Habitat Ⅱ 병행
1999 헤이그 평화회의	평화유지	300개 단체, 5,000명 참가	1999.5.11~15 네덜란드 헤이그	헤이그 국제평화회의
1999 서울 세계NGO대회	21세기 NGO의 역할	350개 단체, 4,000여 명 참가	1999.10.10~15 한국 서울	UN과 공동주최
2002 브라질 세계사회포럼	또 다른 세계는 가능하다.	150개국 50,000여 명 참가	2002.1.31~2.5 브라질	세계 각국 NGO 대표참가

---

6) 김영래, 2003, "21세기 새 정치의 화두-시민운동", 김영래 외, 『한국정치 어떻게 볼 것인가』(서울: 박영사), 334쪽 참조.

2002 요하네스버그 세계정상회의	지속 가능한 개발에 관한 세계정상회의(WSSD)	180여 개국 대표 참가	2002.8.26~9.4 남아공 요하네스버그	정부 기구 및 NGO 대표
2015 인천 세계교육포럼	모두를 위한 교육 그 세 번째 만남	195개 회원국 대표단 1,500여 명	2015.5.19~22 인천 송도컨벤시아	UN 등 국제기구 및 NGO전문기관 대표 등

Ⅱ. 국제연합과 NGO의 제도적 관계

1. 경제사회이사회(ECOSOC)

UN헌장 제71조는 다음과 같이 규정하고 있다.

"경제사회이사회는 그 권한 내에 있는 사항들과 관련이 있는 NGO들과 협의를 위하여 적절한 약정을 체결할 수 있다. 그러한 약정은 국제기구와 체결할 수 있으며 적절한 경우에는 관련 UN회원국과의 협의를 한 후에 국내기구와도 체결할 수 있다."

이러한 조항의 규정에 의하여 1968년 경제사회이사회에서 결의한 'RESOLUTION 1296'이 체결되었으며, 민간이 UN의 목적을 달성하는 데 기여할 수 있도록 자격요건을 갖춘 NGO들에게 UN과의 협의적 지위(consultative status)를 심의하여 부여하여 왔다. 그러한 자격에는 다음과 같은 세 종류의 자격이 분류되고 있다.

1) Category I: 일반 협의 자격을 가진 NGO

카테고리 I에 속하는 NGO들은 실질적으로 경제사회이사회의 책임하에 있는 대부분의 영역에서 공헌이 기대되며 광범위한 국가들을 대표하는 다수 회원을 갖고 있는 NGO들이다. 경제사회이사회 산하 각 위원회 인권, 사회개발, 여성지위, 지속개발 등 11개 위원회에 대해 의제를 제안하고 회의에 출석하여 발언할 수 있으며 UN에 문서로써 의견서를 제출할 수 있도록 인정된 NGO들이다. 이 분류에 속하는 대표적인 NGO들은 국제로터리클럽, 국제표준화기구(ISO), 국제상업회의소(ICC), 국제연합협회세계연맹(WFUNA) 등이 있다. 한국에 본부를 둔 이웃사랑회국제본부(Good Neighbors International)가 1996년에 '카테고리 I' NGO로서 일반적 협의적 지위를 취득했다.

2) Category II: 특별 협의 자격을 가진 NGO

카테고리 II에 속하는 NGO는 인권, 환경 등과 같은 특정 분야에서 공헌이 기대되는 국제적으로 잘 알려져 있는 NGO로서 특별한 협의적 지위를 누린다. 예를 들면, 건강과 인권과 같은 특정한 경제 및 사회 활동을 전문으로 하는 NGO들이 이에 속한다.

이들은 의제를 제출할 수는 없으나 동일주제를 다루는 하부 기관이 없을 경우 경제사회이사회에 출석과 발언, 그리고 의견서를 제출할 수가 있다. 이에 속하는 대표적인 NGO로서는 Amnesty International, 기독교청년동맹(YMCA) 등이 있다. 한국에는 밝은사회국제본부(Global Cooperation for a Brighter Society)가 1997년 5월에 '카테고리 II'의 지위를 획득하였다.

3) Category Ⅲ: 자신들의 전문 영역에 한해 참관의 기회가 주어지는 명부 NGO

카테고리 Ⅲ에 속하는 NGO는 소위 명부적 지위를 누리는 NGO(roster NGO)들이다. 이들은 경제사회이사회나 UN사무총장에 의해 때때로 유효한 공헌을 할 수 있다고 간주되는 NGO로서 이들은 ① 경제사회이사회 산하의 NGO위원회의 추천을 받아 명부에 오른 NGO, ② 사무총장의 조치에 의해 명부에 오른 NGO, ③ 사무총장의 권고와 동의에 의해 명부에 오른 NGO, ④ 전문기구와 기타 UN기관과 협의적 지위에 있음으로써 명부에 오른 NGO 등 네 가지 종류로 분류된다. 이들 NGO들은 경제사회이사회와 그 하부기관에 의해 공헌하도록 초청을 받아야 한다. 초청을 받을 경우 그들이 전문적으로 다루는 분야의 문제를 취급하는 회의에 출석하여 의견서(written statement)를 제출할 것이 인정된다. 아시아태평양청년연합 등이 이러한 NGO의 지위를 누리고 있다.

2. 총회(General Assembly)

경제사회이사회가 NGO들과 공식적인 관계를 제도화하고 있지만 총회는 그런 공식적인 제도를 갖고 있지 않다. 그런데도 총회의 주요 위원회들과 산하 위원회들에 NGO들이 비공식적으로 참여할 수 있도록 많은 기회를 제공해 주고 있다.

예를 들면, 제4위원회인 '특별정치 및 탈식민화 위원회'에는 NGO들이 청원단체의 자격으로 참여를 하고 있다. 이와 같이 총회의 거의 모든 위원회가 청원기관으로서 NGO들의 참여를 장려해 왔다. 예컨대 1997년 지구촌 환경을 다루는 19차 특별회의인 '어젠다21' 회의에는 1천여 개 NGO들이 참여하기도 하였고, 1998년 20차 특별회의인 '마약남용과 밀거래' 회의에는 경제사회이사회나 DPI와 공식적 관계를 갖고 있지 않은 NGO들이 UN 국제마약통제 프로그램과 관련되거나 그 프로그램에 참여단체 목록에 포함된 NGO들은 모두가 공식적으로 회의에 참여하여 조언하는 특별한 권한을 갖기도 하였다.

3. CONGO(NGO위원회)

1) NGO회의(Conference on NGO)

경제사회이사회와 협의적 지위를 가진 NGO들은 자기들의 목소리를 집단적으로 대변하기 위해 이 회의를 조직하였다. 구체적으로 이들의 협의적 기능을 수행하는 데에 있어서 최대한의 기회와 적절한 시설을 활용할 수 있도록 하고 협의과정에 필요한 토론장(forum)을 제공하고, 공동의 이익을 가져다줄 수 있는 일에 대한 견해를 교환할 목적으로 조직되었다.

2) NGO위원회

경제사회이사회의 하부기관으로 19개 회원국으로 구성된 정부간 기구로서 NGO위원회를 설치하였다. 이 위원회는 NGO로부터 협의적 지위의 신청과 지위의 변경 신청에 대한 심사, 제1부류와 제2부류의 NGO가 4년마다 제출하는 활동보고의 심사, 이사회 또는 기타 특정기관의 요청에 따른 관련 NGO와 협의 및 NGO가 제안

한 의제채택 결정 등을 다룬다.

4. UN-DPI(UN 공보국)

UN사무국의 정책조정 및 지속개발국(DPCSD)에 NGO사무처(UN Unit)가 설치되어 있다. 이 사무처에서는 CONGO를 보좌하고 협의적 지위를 가지고 있는 NGO에 대해 다양한 편의를 제공한다.

UN-DPI(UN 공보국)도 역시 NGO와의 관계를 설정하고 NGO의 정보전파기능을 이용한다는 측면에서 설치되어 있다. NGO가 UN-DPI와 관계를 맺는 조건으로는 NGO가 UN헌장의 이념을 같이하고, 비영리적으로 운영되며, UN의 이슈에 관심을 가질 것, 그리고 대규모 또는 전문화된 대중들에게 접근할 수 있는 능력을 입증해야 하고, UN활동에 관한 효율적인 정보전파를 위한 프로그램을 수행할 관심과 수단을 겸비해야 한다.

5. UN-NGLS(NGO연락서비스)

이는 뉴욕과 제네바에 사무실을 두고 있는 UN의 중개기관으로서 개발문제 및 이와 관련되어 UN 내에서 검토되고 협상의 대상이 되고 있는 문제들에 관해 UN체계의 기구들과 NGO 사이에 상호이해와 대화, 그리고 협력을 촉진하기 위해 1975년에 설치된 기관이다.

NGO와 협력관계를 갖고 있는 UN기구들은 무역개발회의(UNCTAD), UN개발계획(UNDP), UN환경계획(UNEP), UN교육과학문화기구(UNESCO), UN난민고등판무관(UNHCR) 등이 있다.

Ⅲ. 글로벌 NGO의 활동

1. 인권 NGO

1948년 UN이 채택한 세계인권선언은 인간의 권리와 존엄에 대한 존중이 세계의 평화와 자유, 그리고 정의를 위한 중요한 기초임을 밝히고 있다. 이러한 인권에 대한 존엄과 정의를 지키기 위한 인권 NGO들은 다음과 같은 중요한 기능을 하고 있다.

첫째, 인권규범 확산에 기여한다. 1966년 UN총회를 통해 제정된 두 개의 인권 장전, 즉 '경제적, 사회적, 문화적 권리에 관한 국제규약(A규약)'과 '시민적, 정치적 권리에 관한 국제규약(B규약)'이 1976년 발효되기까지 제3세계 신생국가들을 설득하고 가입에 필요한 국내입법 초안 작성을 지원하는 등 NGO의 역할이 절대적이었다.

둘째, 새로운 인권규범 수립에 기여한다. 1989년에 채택되어 1991년 발효된 '시민적, 정치적 권리에 관한 규약(B규약)'에 대한 두 번째 선택 의정서에서는 엠네스티(Amnesty International)가 지속적으로 주장하고 있는 **'사형제도철폐'**를 명문화하였다. 또 오늘날 국제인권규범체계에서 가장 중요한 위치를 차지하고 있는 **'고문방지국제협약'**도 1972년 이후 엠네스티와 국제법률가위원회 등 서방세계 주요 NGO들의 주장으로 국가 간 협약이 만들어지게 되었다.

셋째, 인권규범의 실행력을 보강한다. 인권침해를 행한 회원국에 대한 제재 등 인권규약의 실행을 보강하기 위한 이들의 결정은 정치적인 고려에 따르기 마련이다. 이에 반해 NGO는 정치적 고려가 아닌 오직 인권보호라는 목적을 추구하고 이에 따라 행동한다. 이들 인권 NGO들은 오직 자신들의 자원을 활용하여 독자적으로 혹은 UN 등 국제기구의 이행을 감시하고 이와 연계하여 각국 정부의 인권규약 이행 여부를 감시한다. 이러한 감시활동을 통해 인권침해 사실은 국제사회에 전달되어 인권침해 중지를 위한 국제여론을 조성하며, 이는 다시 UN 등 정부간기구가 인권침해국에 대해 취하는 조치에 대한 정당성 확보 차원으로 활용할 수 있다.

1945년 창설 이래 UN은 인권보호와 증진에 주요 관심을 보여 왔다. 이를 보여 주는 인권선언으로는 1948년 '세계인권선언', 1986년 '개발에의 권리에 관한 유엔선언', 1992년 '강제실종으로부터 만인의 보호를 위한 선언' 등이 있다. 이들은 비록 법적 구속력은 없지만 많은 국가들이 이들 선언의 규정을 국내법으로서 수용하고 있다. 반면에 국제인권규약들은 비준국가들이 국내법으로서 법제화할 의무를 지닌다. 이러한 인권규약에는 '경제적, 사회적, 문화적 권리에 관한 국제규약'과 '시민적, 정치적 권리에 관한 국제규약'을 들 수 있다.

이 밖에 인권 관련 조약으로는 1951년 대량학살범죄예방과 처벌에 관한 조약, 1969년 인종차별철폐조약, 1981년 여성차별철폐조약, 1987년 고문 및 기타 잔학행위 금지조약, 1990년 아동권리조약 등이 있다.

총회는 주요 인권사항을 심의하고 조치한다. 이는 주요 위원회의 하나인 제3위원회(사회적, 인도적, 문화적 문제를 다루는 총회 산하 위원회)와 경제사회이사회의 권고에 따라 심의하고 조치한다. UN헌장 제13조 b항은 인종, 성별, 언어 또는 종교에 의한 차별 없이 인간의 인권 및 기본적 자유를 실현하도록 하기 위해 연구를 발의하고 권고할 수 있는 권한을 총회에 부여하고 있다.

경제사회이사회는 헌장 제62조에 따라 인권문제와 관련하여 총회에 적절한 권고를 할 수 있고, 인권위원회의 보고서 및 결의를 검토, 수정하여 총회에 제출한다. 또한 경제사회이사회는 인권문제와 관련한 기타 UN체계 내 기관들과 긴밀한 협조관계를 유지하고 있다. 또한 헌장 제68조는 경제사회이사회로 하여금 인권신장을 위해 필요한 인권 관련 위원회들을 설치할 수 있도록 권한을 부여하고 있는데, 그에 따라 설치된 것이 인권위원회의 여성지위위원회, 범죄예방 및 형사사법위원회이다. 1946년에 설치된 여성지위위원회는 경제사회이사회가 선출한 32명의 회원국 대표로 구성되었고, 그 주요 업무는 정치, 경제, 사회, 교육 등의 분야에서 여성의 지위 향상을 위한 보고서 및 권고를 경제사회이사회에 제출하는 것이다. 1992년에 설치된 범죄예방 및 형사사법위원회는 40개국 대표로 구성되며, 범죄예방 프로그램을 개발하고 집행, 감독할 뿐 아니라 범법자 처우와 관련한 국제기구 또는 지역기구의 활동을 지원하고 조정한다.

UN과 관련한 인권 NGO로서는 대표적으로 엠네스티(Amnesty International)가 주요한 활동을 하고 있다.

2. 환경 NGO

UN에서도 환경위기에 대한 심각성에 대한 인식을 공유하면서 글로벌 대응을 강구하고 있다. 1972년 스톡홀름 UN인간환경회의의

(UNCHE)를 통해 환경문제를 지구적 의제화한 지도 이미 40년이 넘었다. 이 기간 동안 각국 정부가 환경외교를 통해 이루어 낸 다자간 환경협약은 급격한 증가를 보여 왔다. 해양오염, 산성비, 기후변화, 오존층파괴, 그리고 멸종위기에 처한 동식물종의 거래문제에 이르기까지 다양한 문제들에 대한 협약들이 합의되었다.

스톡홀름회의 20주년을 맞아 1992년 리우 UN환경개발회의에서는 150여 개국이 참가하여 '의제21'을 채택하였다. 의제21은 21세기 지구환경보호를 위한 전 세계적인 협력의 기초로 하는 세계가 환경적으로 '지속 가능한 개발(sustainable development)'이란 개념을 공동의 명제로 인식하게 되었다.

그럼에도 불구하고 환경문제의 확산속도는 국가 간 협약을 통한 문제 해결 능력을 훨씬 뛰어넘고 있는 실정이다. 대부분의 국제환경협약의 실용성은 여전히 증명되지 않고 있는 실정이다. 심각한 환경문제를 야기하는 정치, 경제, 사회적 상황들을 개선하는 데도 실패하고 있다. '의제21'조차도 대부분의 서명국 정부로부터 실제적인 정치적, 재정적인 약속이 뒷받침되지 않고 있는 상태에서 그 실효성을 의심받고 있다. UNEP 사무국장을 지낸 톨바(Mostafa Tolba)는 "환경문제에 대한 대중의 관심과 우려는 지속적으로 증가하는 데 반해, 실제 정부의 행동속도는 이를 따라가지 못하고 있는 상황이다"[7]라고 지적한 바 있다.

환경문제는 일반적으로 국가들로 하여금 새로운 규제능력을 요구하는 주제이다. 그러나 오늘날의 경제는 점점 더 세계화되고 초

---

7) Tolba, M. et. 1992. *The World Environment 1972–1992: Two Decades of Challenge*, London: Chapman & Hall.

국적기업들의 힘은 더욱 강해지고 있는 상황에서 환경문제를 야기하는 경제행위에 대한 국가의 통제력은 더욱 빈약해지고 있다. 이때 환경 NGO들의 위상은 더욱 중요한 위상을 차지하게 되었다. 환경 NGO들은 환경이슈를 국제정치 및 경제적 논의의 중심으로 끌어올리는 데 중요한 역할을 담당하였으며, UN과 그 기관들의 업무에 시민에 기초한 행위자들을 연계시키기 위한 보다 제도화된 방법을 요구하면서 적극적으로 성장하여 왔다.[8)]

환경 NGO들은 환경과 관련한 전문지식을 연구, 생성하고 전파하여 일반 대중의 인식을 재고시키고 환경보호를 위한 여론을 조성, 이를 통해 환경문제를 국내정치의 중요한 의제로 부각시키는 역할을 담당하고 있다.

환경과 관련한 UN기구로서는 유엔 환경계획(UNEP), 지속개발위원회(CSD)가 있다. 유엔환경계획의 주요 프로그램은 ① 환경평가, ② 환경관리, ③ 지원조치를 수행한다. 환경 NGO로는 지구의 친구(Friends of The Earth), 국제 Greenpeace, Sierra Club, 세계자연기금(World Wide Fund) 등이 주요한 환경문제에 관심을 촉구하는 단체들이다.

3. 인도적 구호 NGO

일반적으로 인도적 구호 NGO의 기원을 19세기 말의 국제적십자위원회(ICRC)활동으로 보고 있다. 그 후 기아문제, 난민문제가

---

8) Weiss, T. and Gordenker, I. 1996. *NGOs, the Unioted Nations, and Global Governance.* Boulder: Lynne, Rienner Publishers.

이어지면서 NGO의 활동을 유도해 왔다. 제2차 세계대전이 남긴 전쟁의 피해로 집을 잃고 방황하는 사람들에게 구호사업을 시행했던 UN은 지금까지 각국의 역량이 미치지 못하는 가뭄, 홍수, 지진 등 자연재해와 국가 간 전쟁 혹은 종족 간 분쟁 발생으로 난민과 재난 등에 대한 긴급구호 활동을 전개해 왔으며, 그 과정에서 NGO들의 참여와 지원에 절대적으로 의존할 수밖에 없었던 것이다.

인도적 구호 UN기구로서는 유엔아동구호기금(UNCEF), 유엔개발계획(UNDP), 유엔난민기구(UNHCR), 유엔세계식량계획(WFP), 세계식량농업기구(FAO) 등이 있다. 인도적 구호 NGO들로는 국제적십자위원회(ICRC), 옥스팜(OXFAM), CARE International, Catholic Relief Service, Save the Children International, World Vision International 등이 활동하고 있다.

이 외에도 부패방지 NGO로 Transparency International(TI), 소비자 NGO로 Ralf Neider와 소비자운동 Consumer International이 있고, 정치개혁 NGO로 Common Cause, 그리고 개발 NGO로 NOVIB 등이 활발하게 활동하고 있다.

(참고문헌)

김영래, 2003, "21세기 새 정치의 화두 - 시민운동", 김영래 외, 『한국정치 어떻게 볼 것인가』, 서울: 박영사.

Cleary, Seamus. *The Role of NGOs under Authoritarian Political Systems*. New York: St. Martin's Press, 1997.

Princen, Thomas. "NGOs: Creating a Niche in Environmental Diplomacy", *Environmental NGOs in World Politics: Linking the Local and the Global* edited by Thomas Princen and Matthias Finger. New York: Routledge. 1994.

Rice, A. and Richie, C. *Relationship between Intergovernmental Organizations and the United Nations*. www.uia.org. 1995.

Tolba, M. et. 1992. *The World Environment 1972-1992: Two Decades of Challenge*, London: Chapman & Hall.

UN Secretary General. *Arrangements and Practices for the Interaction of Non-Governmental Organizations in All Activities of the United Nations System*. 1998.

Weiss, T. and Gordenker, I. 1996. *NGOs, the Unioted Nations, and Global Governance*. Boulder: Lynne, Rienner Publishers.

Willets, Peter. *Pressure Group in the Global System: The Transnational Relations of Issues-Oriented Non-Governmental Organizations*. New York: St. Martin's Press, 1982.

제7장 글로벌 거버넌스와
시민사회

Ⅰ. 글로벌 거버넌스와 시민사회

전 세계적 변화들에 대응하기 위한 국제협력의 형태가 어떻게
개혁되어야 하는가를 논의할 목적으로 국제적인 유명인사들의 독
립 단체로 글로벌거버넌스위원회는 1995년 연구결과 보고서를 발
간하였다. 이 위원회에서는 글로벌거버넌스를 '개인들과 기구들이
공동의 문제를 공적 또는 사적으로 해결하는 다양한 방식들을 집
약한 것'으로 개념을 정의 내렸다. 또한 "그것은 충돌되는 다양한
이익들을 조화시키고 협력적인 활동을 모색하는 지속적인 과정이
다. 이는 개인들과 기구들이 합의를 했거나 그들의 이익에 합치된
다고 인정하는 공식적이고 비공식적인 조치들을 포함한다"1)라고

---

1) Commission on Global Governance. 1995. *Our Global Neighborhood: Report of the Commission on Global*

발표하였다.

시민사회(NGO)는 공동목표를 달성하기 위해 모인 개인이나 조직을 구성원으로 하는 사적이고 자발적인 기구이다.

정부간기구처럼 NGO도 거버넌스의 한 세부 부문이면서 다양한 역할을 수행하는 핵심적 행위자이다. 거버넌스의 세부 부문이란 오늘날 세계의 다양한 수준에 존재하면서 거버넌스와 관련된 공식적이고 비공식적인, 그리고 공적이고 사적인 활동, 규칙, 그리고 제도적 장치의 집합체를 말한다.[2] 1980년대 이후 비정부기구와 비정부기구 네트워크의 성장은 세계에서 지역에 이르기까지 모든 차원에서 그들이 거버넌스에 참여하는 기회를 증가시킨 주요 요인이 되었다. 세계의 수많은 작은 단체들은 대규모의 NGO들과 비공식적인 연계를 맺고 있다. NGO들은 환경에서 인권과 부패에 이르기까지 다양한 국제 이슈들에 대한 정보와 기술적 전문성의 주요 원천이 되고 있다.[3]

Ⅱ. 글로벌 거버넌스와 인권 시민사회

국제인권 NGO 단체들은 UN과 같은 국제기구와 협력하여 국제

Governance. Oxford: Oxford University Press. p.2.

2) 글로벌 거버넌스의 세부부문은 ① 공식적 또는 비공식적 국제조직과 제도적 장치: 세계적, 지역적, 기타 정부간기구와 비정부기구, ② 다자협정이나 관습과 같은 국제규칙과 법, ③ 국제규범과 연성법 기본합의서, 선별적 유엔 결의안, ④ 국제레짐, ⑤ 특별단체, 조치, 글로벌 회의, ⑥ 사적 또는 공적-사적 혼합 거버넌스 등을 말한다.

3) Margaret P. Karns & Karen A. Mingst(김계동 외 옮김). 2012. 『국제기구의 이해』 제2판. 서울: 명인문화사. 21쪽.

Part 01 글로벌시대와 비정부기구   107

인권 이슈를 세계화하는 과정에서 중요한 역할을 해 왔다. 국제인권레짐은 인권적 규범과 기준을 분명히 하고 이들 기준을 조약, 법적 결정 및 관례에 성문화해 왔다. NGO는 전 세계적 및 지역적 수준에서 국가의 인권기록을 감시하고 인권 유린 및 시정 보고서를 받는 일을 행해 왔다. 이 기구는 레짐의 규범을 개선하고 법적 체계를 수정하는 방법에 관해 국가들을 교육시키고 국가들이 인권규범을 크게 위반할 시 시정을 강행하는 일을 해 왔다. NGO는 또한 인권 유린과 기록을 공론화하는데, 그리고 인권 교육에도 관심을 가져왔다. 모든 이러한 것들이 인권 거버넌스의 부분이고, 인권 거버넌스의 행위자들 NGO 및 국가의 사례에 존재한다.

NGO는 오랫동안 인권운동을 해 왔다. 인권 기준을 설정하는 국제조약과 국내법을 요구함에 있어 NGO는 뛰어난 역할을 해 왔다.

1. 국내인권 시민단체 – 한국인권재단

한국인권재단(Korea Human Rights Foundation)은 1999년 유엔 세계인권선언 50주년 기념사업위원회를 기반으로 설립된 이후, '인권'이 사회 모든 영역에서 중요한 가치가 되는 열린 공동체를 만들기 위해 인권연구·담론의 심화와 인권문화의 확산, 인권교육 및 리더십 양성을 통하여 인권 친화적 가치와 문화에 기반을 둔 제도를 실현하고자 노력하는 비영리 민간재단이다. 즉, 이들은 인권 보호 및 연구, 인권도서관과 논문을 제공한다.

2. 국제인권 시민단체–Amnesty International

1) Amnesty International 의의

Amnesty International은 전 세계 160여 개국에 200만 명의 회원을 두고 있는 세계인권선언의 인권 보호 및 증진을 위한 시민운동단체(국제사면위원회)이다. 이 단체는 '중대한 인권 학대를 종식 및 예방하며 권리를 침해받는 사람들의 편에 서서 정의를 요구하고자 행동하고 연구를 수행하는 것'을 그 목적으로 삼고 있다.

2) Amnesty International의 기원

Amnesty International의 기원은 창시자인 피터 베넨슨의 일상에서 시작되었다. 그는 신문을 보다 두 명의 포르투갈 학생들이 독재 정권하에 억압당하는 기사를 읽은 후 분노의 감정을 느끼고 교회로 찾아가 자신의 생각을 정리한 후 전 세계 많은 사람들에게 영향을 주게 된 한 기구를 탄생시키게 되었다. 이 기구가 Amnesty International이다. 자신의 생각을 정리한 후 베넨슨은 그 청년 두 명을 석방시켜야겠다고 다짐하게 되었다. 그리하여 베넨슨은 변호사였으므로 친구와 논의한 끝에 옵저버 신문사에 자신의 서신을 게재하였다. 이 서신은 자비를 구하는 전 세계인의 호소 또는 사면을 제안하였다. 이 호소는 해당 정부를 압박하였고 사람들에게 투옥된 포르투갈 학생들에게 지지를 보내거나 편지를 보내도록 요청하였다. 그리하여 대중들은 포르투갈 정부에 두 학생을 석방하도록 압력을 행사하였다. 베넨슨의 편지는 놀랄 만한 효과를 나타냈고 타국가의 신문들도 이 호소문을 실었다. 수천만의 사람들이 함께 동참하였다. 이 베넨슨의 호소는 오늘날 국제 엠네스티가 전 세계적인 활동을 하는 데의 아주 작은 활동의 시작이었다. 이후 수많은 회원을 갖게 되고 전 세계적인 인권운동을 펼치고 있다.

3) Amnesty International의 심벌

그 홈페이지 위쪽에 그려진 국제사면위원회의 심벌은 양초이미지이다. 양초는 가시가 있는 금속 철사에 휘감긴 채 타고 있다. 이 촛불은 빛을 의미한다. 휘감고 있는 철사는 강제적인 구속을 말한다.

4) Amnesty International의 활동 및 역사

Amnesty International에서는 다양한 활동을 하고 있지만 그중에서 광고를 통해 사람들에게 현재 세계 인권의 상황을 알리는 것으로 유명하다. 단 한 장의 광고 사진으로 인권에 관한 강한 메시지를 남기는 것으로 전 세계에 현재 인권에 관한 상황을 알리고 있다.

<Amnesty International의 간추린 역사>
- 1961년 5월 28일 "Amnesty 61" 활동으로 인권운동 시작
- 1961년 12월 10일(세계인권선언일)에 영국 런던에 위치한 성공회 교회인 성공회 성 마틴교회에 촛불을 밝힘으로써 인권의 소중함을 알림
- 1962년 양심수와 가족 구호를 위한 양심수 기금 마련
- 1970년 이스라엘의 아랍계 양심수 탄압의 실상고발
- 1972년 국제사면위원회 한국지부 설립
- 1974년 9월 11일 실종자들의 사진을 실은 칠레 인권보고서를

작성하여 칠레 피노체트 군사독재정권의 인권침해를 고발

- 1976년 11월 16개국 167명의 구금된 노조활동가 명단 발표
- 1977년 노벨 평화상 수상
- 1978년 국제연합인권상 수상
- 1979년 아르헨티나 군사독재정권 당시 실종자 2,665명에 대한 명단 발표
- 1984년 제2차 고문반대 캠페인을 전개로 유엔에서 고문방지협약을 채택하는 성과를 거둠.
- 1987년 인권침해와 인종차별에 악용되는 미국의 사형제도 비판(보고서 발간)
- 2008년 7월 4일 노마 강 무이코 동아시아 조사관이 한국의 촛불집회 조사 목적으로 방문. 한국 정부와 경찰의 과잉진압, 특정 일간지 광고 기업체에 대한 불매운동에 대해 엄단 방침을 밝힌 것 등이 국제적으로 통용되는 표현의 사유와 인권을 침해하는지 조사
- 2008년 10월 4일 미국 쇠고기 수입 관련 촛불집회에서 인권침해가 있었다고 잠정 결론(보고서 발간)

Ⅲ. 글로벌 거버넌스와 환경 시민사회

국제 환경이슈들이 본격적으로 논의의 대상이 된 것은 약 40년밖에 되지 않았는데, 여기에는 두 차례의 계기가 있었다. 첫째, 환경문제가 점차 악화되고 있음을 실증적으로 보여 줄 수 있는 과학

적 지식이 확산되었다. 둘째, 환경문제에 초점을 맞춘 시민단체가 설립되었는데, 처음에는 조류보호협회나 시에라 클럽과 같은 국가수준의 NGO가 다음에는 제국야생동식물보호협회나 후일 국제자연보호연맹인 국제자연보호위원회 등 국제 NGO가 설립되었다.[4] 1960년대 이후에는 환경에 대한 더 많은 관심이 높아졌다. 시민사회단체 및 인식공동체와 마찬가지로 국제회의 역시 글로벌 환경 거버넌스의 발전에 핵심 역할을 해 왔다. 회의를 통해 환경 이슈들이 국제의제로 상정되었으며, 협상과 이후의 제도화의 틀도 제공되었다. UN헌장 자체에는 환경 보호에 관한 언급이 없으므로, UN이 후원하는 회의들이 환경 거버넌스 발전에 있어서 중대한 공백을 메웠던 것이다.

NGO들은 19세기 이후 환경 이슈에 관한 중요한 역할을 해 왔다. 그런데 특히 1960년대에 급성장한 환경운동과 1972년 스톡홀름회의 이후, 국제무대에서 활동하는 NGO뿐만 아니라 저개발국의 소규모, 지역단위의 환경 NGO들 모두 그 수효와 활동영역이 계속 확대되어 왔다. NGO들은 대부분의 경우 활동방식이나 이념적으로 통합되어 있지 않다. 현재 주어진 상황하에서 일하기를 선호하는 단체들도 있고 어떠한 변화도 원치 않는 단체가 있는가 하면, 근본적 변화를 원하는 단체들도 있다. NGO들은 환경거버넌스에 있어서 개인들에게 발언권을 주었으며, 자신들도 세계적으로 잘 알려지게 되었다. NGO들은 환경문제에 있어서 다양하고 중요한 기능들을 수행한다.[5]

---

4) 상기 책, Margaret P. Karns & Karen A. Mingst(김계동 외 옮김), 572쪽.

5) 상기 책. 579-580쪽.

첫째, 그들은 일반인을 위한 국제비평가 역할을 한다. 특정국가에 속하지 않고, 정부에 재정을 의존하지 않기 때문에 그들의 불만을 알리는 등의 비판적 입장을 취할 수 있다.

둘째, NGO는 인식공동체의 일부로서 활동한다. 정부간기구와 국가기구의 해당 전문가들과 함께 NGO의 전문가들은 환경 의제를 추진하는 인식공동체의 일원이 된다.

셋째, NGO는 UN환경계획과 같은 정부간기구들을 통해 활동하기도 하는데, 143개의 NGO가 UNEP로부터 협의지위를 부여받고 있다.

넷째, 가장 중요한 기능으로서, NGO들은 각국의 환경정책에 직접적인 영향을 행사하기 위해 노력한다. 정책대안을 위한 정보를 제공하기도 하고 지방정부와 손을 잡고 활동하기도 한다.

1. 국내환경 시민단체 - 녹색연합

1) 녹색연합의 의의 및 설립 목적

녹색연합은 국토의 오염 방지를 목적으로 하는 한국의 사회단체로서, 설립 목적은 금수강산을 오염으로부터 되찾고, 나아가 대안 문명운동으로서의 녹색생명운동을 널리 펼쳐, 궁극적으로 자연과 인간이 하나 되어 살 수 있는 새로운 패러다임의 정립과 그에 바탕을 둔 녹색대동세상 건설이다. 3대 사업 방향은 ① 미래지향적 환경운동, ② 시민이 주인의식을 가지고 적극 참여하는 환경운동, ③ 남북통일을 준비하는 환경운동 등이다.

2) 녹색연합의 주요 활동

이들의 주요 활동은 시민과 함께하는 환경운동, 지속 가능한 지역사회 만들기(지방자체단체의 환경정책 감시 포함), 바다와 갯벌 살리기(새만금간척지 사업 백지화 추진), 생태계 보전, 야생동물 보호, 미군기지에 의한 환경문제 해결(1996년에 이어 1999년에도 미군기지에 의해 환경오염을 문제화함), 쓰레기 매립지 현황 진단 및 주민지원, 재생에너지 홍보와 보급 확산, 신규 원자력발전소 지정 백지화, 남북 환경협력 등이다.

3) 구체적인 사례(활동 및 성과)

· 백두대간

녹색연합은 1996년부터 잊혔던 백두대간 개념을 복원하고, 백두대간 보전을 위한 활동을 진행해 왔다. 꾸준한 백두대간 자연생태계 파악과 보전대책에 대해 논의한 결과 2003년 12월 '백두대간 보호에 관한 법률'이 만들어지고 약 670km가 '백두대간 보호구역'으로 지정되었다. 백두대간 보호구역은 점점이 부분적으로 된 보호구역이 아닌 연속성을 가진 벨트로, 이는 전 세계에서 유례를 찾아볼 수 없는 유일한 공간이다.

· 녹색에너지

이 프로젝트에서는 지구를 파괴하고 생명을 위협하는 화석연료나 핵 발전이 아니라 지구와 인간과 모든 생물이 함께 사는 숲과 바람과 태양이 주는 녹색에너지를 지향한다. 그리고 실제 우리 삶 속에서 녹색에너지를 어떻게 디자인 혹은 활용할 것인지를 고민하고 연구한다. 주요 사업으로는, 녹색에너지포럼과 정책모니터링과 연대를 열고 있으며, 지자체에너지와 농촌에너지 복지와 같은 지역에너지를 디자인 연구하고 있다. 또한 그린캠퍼스와 녹색아파트와 같은 생활단위에너지 디자인을 실천하고 있다.

2. 국제환경 시민단체-GREENPEACE

1) GREENPEACE 의의

1971년 설립된 국제 환경 보호 단체로서 핵실험 반대와 자연보호 운동 등을 통하여 지구의 환경을 보존하고 평화를 증진시키기 위한 활동을 펼치고 있다. 대표적 비정부기구(NGO)로서 40여 개국에 지부를 두고 있으며, 본부는 네덜란드 암스테르담에 있다.

2) GREENPEACE의 기원

그린피스의 모태는 1970년 결성된 반핵단체, '해일을 일으키지 마라 위원회'이다. 그린피스란 명칭이 이 위원회의 활동에서 유래되었다. 1971년 핵실험 반대시위를 위해 미국 알래스카 주의 암치카 섬(Amchitka Island)으로 12명의 회원이 소형어선을 타고 항해하였는데, 그 배에는 '그린피스'라고 쓰인 돛을 달았고 그 이름이 단체의 이름으로 굳혀지게 된 것이며, '녹색의 지구'와 '평화'를 결합한 단어이다.

3) GREENPEACE의 활동

・기후와 에너지−원전 없는 에너지

그린피스는 한국이 국내 에너지 수요를 공급할 수 있는 실질적이고 지속 가능한 해결책을 취할 수 있으며, 원자력이나 석탄과 같이 불결하고 위험한 에너지 사용을 중단하고 재생가능 에너지를 사용하여 에너지 효율성을 증진하는 쪽으로 전환할 수 있음을 보여 주는 캠페인을 하고 있다.

・해양보호−참치를 부탁해

여러 종의 참치가 전 세계 바다에서 심각한 수준으로 남획되고 있다. 그 결과, 8종 중 5종의 참치가 세계자연보전연맹(IUCN)의 레드리스트(Red List)에 멸종위기종 또는 위기근접종으로 등재되었다. 참다랑어의 경우는 대서양과 지중해에서 이미 심각한 멸종 위기에 처했고, 이제 태평양에서도 그 생존을 위협받고 있다.

한국은 이러한 세계 참치 자원 고갈에, 특히 태평양에서의 참치 감소에 크게 기여해 왔다. 한국은 전 세계 원양어업 국가 중 세 번째로 어획량이 많은데, 그중에서도 참치 어획량만을 보면 세계 2위를 차지하고 있다. 그런데 그 참치 어획량의 94% 이상이 태평양에서 잡아들인 것이다.

이에 그린피스는 불법, 해적 어업을 막고 파괴적인 어업 활동을 줄이기 위해, 그리고 태평양에 해양보호구역을 설치하여 보호하기 위해 고군분투하고 있다. 또한, 수산물 소매업체와 가공업체가 지속가능 수산물 구매 정책을 도입하는 것을 지지하고 있다. 그린피스는 태평양 참치 유통에 관련된 수산업계와 시장은 물론 한국을 포함한 주요 수산 국가들과 함께 노력하여 지속가능한 수산업, 모두가 행복한 미래를 이루고자 하는 것이다. 그리고 태평양 도서국가들의 정부 및 지역 공동체와 힘을 합하여 그들의 생명줄과도 같은 태평양 참치 자원을 보호하고자 한다. 한편, 수산물 소매업체들로 하여금 지속가능 수산물 구입 정책을 도입하고 실행에 옮기도록 동기를 부여하고자 한다.

Ⅳ. 21세기를 위한 글로벌 거버넌스의 혁신

글로벌 거버넌스를 차별화시키는 데는 세 가지의 뚜렷한 특징이 존재하며, 이는 정책 결정자들로 하여금 혁신적 접근법을 개발하도록 요구한다. 첫째, 여러 다른 문제영역에 걸쳐 있는 정책 문제들은 적절한 국제 또는 국내 기관들에 의해 다루어지는 경제, 정치, 사회 문제들로서 간단하게 분류될 수 없다. 둘째, 국가와 정부간기구는 이러한 국제문제를 다루는 데 있어 더 이상 유일한 주요 행위자라고 할 수 없다. 시민사회, 비정부기구, 초국가적 지원 네트워크, 사회운동단체들은 서로 다른 이슈에 대한 거버넌스 노력에 포함될 것을 요구하고 있기 때문이다. 셋째, 모든 이슈 및 정책 문제에 정확히 들어맞는 글로벌 거버넌스의 모델은 단 한 개도 없다는 점이다. 이는 글로벌 거버넌스에는 하나의 구조만 있는 것이 아니라 복잡한 퍼즐과 같이 쉽게 짜 맞춰지지 않는 수많은 세부 부문들이 있기 때문이다. 이것이 바로 우리가 이 책에서 모색해 온 글로벌 거버넌스의 본질이다.

1) 인터넷 거버넌스

인터넷과 인터넷의 복잡성 증대 그리고 서로 다른 영역에 걸친 다양한 포럼의 필요 등과 관련된 이슈들의 확산으로 인해 여러 새로운 형태의 거버넌스가 탄생한다. 여러 개의 다양한 거버넌스 접근법이 필요하다. 접근성 문제에 있어서 국가와 공조하는 개인 소유의 민간 기업들은 거버넌스의 대부분을 제공한다. 그러나 사적 거버넌스는 배제된 세계의 일부 영역을 남겨 놓았기 때문에, UN과 국제전기통신연합은 정보격차로 소외된 이들의 요구를 받아들였고 국가들의 인터넷 수용력을 발전시킬 수 있는 조치를 취하였다. 인터넷에 대한 특정 활동 규제는 주로 국가의 책임이지만, 가능성과의 관계에서처럼 거버넌스의 어려움으로 인해 정부간기구와 다수 이해당사자들의 참여가 점점 증가하게 되었다.

2) 국제기금(Global Fund): 거버넌스와 새로운 종류의 파트너십에 대한 도전

21세기 글로벌 거버넌스가 풀어 가야 할 가장 큰 도전 중의 하나는 HIV/AIDS의 유행이다. 이는 단순한 보건 또는 인도주의적 문제가 아니며 세계 극빈 지역의 경제 및 사회적 개발에 위협요소로 작용하고 있고, 인간안보를 크게 위협하고 있다.

국제기금에 대한 자금 지원은 여러 부문에 걸친 위원회에 의해 결정되었는데, 위원회는 역내 9개 지역대표와 6개 원조국, NGO 단체 두 곳, 재단 한 곳, 민간 기업 한 곳, 질병투항 중인 환자대표 한 명, 투표권이 없는 4개 자문석(WHO, UNAIDS, 세계은행, 스위스 대표)으로 구성된다. 국제기금의 거버넌스 절차는 교차 국가별 및 프로그램별로 계속 평가되고 있고, 자세한 평가 내용은 국제기

금과 국제개발센터 홈페이지에서 찾아볼 수 있다.

V. 맺는말

과거 한 국가 안에서 정치, 경제 그리고 사회 등 모든 분야 활동은 그 국가 안에서의 사건 혹은 책임이라고 여겨 왔다. 그러나 현재한 국가의 일이 전 세계적으로 영향이 가고 연대가 되어 'Government'의 개념에서 'Global Governance'라는 용어로 확대 혹은 대체되었다. 이만큼 전 세계 국가 혹은 개인들은 서로의 상호작용을 반드시해야 하며 함께 문제를 해결하고 정치, 경제뿐만 아니라 사회 등모든 분야에서 연대(연합)하여 상호 이익을 극대화해야 할 것이다.또한 이 속에서 국가들만이 연대하고 협동하는 것이 아니라 개인혹은 시민단체들이 참여하여 국가와 함께 문제를 해결하고 미래의일을 논의해야 할 것이다. 과거와 달리 현재는 국가보다는 개인 혹은 시민단체의 참여가 그 무엇보다도 중요하다. 이러한 과정에서글로벌 거버넌스에서의 시민사회(NGO)의 역할이 강조되는 것이다.

(참고문헌)

Commission on Global Governance. 1995. *Our Global Neighborhood: Report of the Commission on Global Governance*. Oxford: Oxford University Press.

Margaret P. Karns & Karen A. Mingst (김계동 외 옮김). 2012. 『국제기구의 이해』 제2판. 서울: 명인문화사.

- 네이버 어학사전 및 백과사전
- http://www.humanrights.or.kr/
- http://www.amnesty.org
- http://blog.naver.com/hyesoon
- http://www.cyworld.com/philoso-travel/3653500
- http://www.greenkorea.org/
- http://www.greenpeace.org/international/en/
- http://blog.naver.com/houseoffaith?Redirect=Log&logNo=166431204

한국 시민사회의 문제점과
활성화 방안

제8장 네트워크 혁명과 정치질서의 변화 - 6·2지방선거 * -

I. 네트워크 혁명이란

광우병이 염려되는 미국산 쇠고기 수입 '재협상'을 요구하는 데서 발단이 시작되어 이명박 대통령의 탄핵으로까지 발전했던 2008년 5, 6월의 촛불집회는 서울에서 70만 명, 전국에서 100만 명이 넘게 참여하였다. 2008년 6월 10일 촛불문화제라는 집회를 계기로 해서 거의 반년에 걸쳐 지속되던 촛불집회는 한국 사회운동의 근본적 방향을 송두리째 뒤흔들어 놓았던 것을 기억하고 있다.

또한 최근 2010년 여름에는 한국 사회의 인터넷을 달구고 있는 사건 중 하나는 진실을 요구하고 있는 연예인의 학력위조와 관련한 문제로 "타진요"사건[1]이 젊은 층의 인터넷 커뮤니티의 '감성집

---

* 본 글은 『내나라』 제19권에 게재된 것을 일부 수정·보완한 것임.

단'의 일대 센세이션이 일고 있다.

우리는 이 두 가지 사건에서 한국이 맞고 있는 네트워크 사회가 인터넷 커뮤니티나 집단이 '지성적 사고'보다는 '감성적 사고'를 더 많이 자극하고 있는 것같이 느껴지고 있다. 미국산 소고기가 광우병을 일으켜 우리의 목숨을 앗아간다는 엄청난 왜곡된 사실과 또 '타진요'사건에서 보는 바와 같이 학교 당국이 사실을 인정하고, 경찰 당국이 수사한 것, 그리고 학교 동문이 인정해도 인터넷 커뮤니티 집단인 '타진요'는 사실이 왜곡되었다고 하면서 그 진실 공방이 끝날 줄을 모르고 있다. 그렇다, 네트워크 사회가 당면해야 할 인터넷 사회에서 걱정되고 염려되는 문제를 잘 지적해 주고 있다. 그러나 네트워크 혁명2)을 거치면서 새롭게 맞게 되는 정보화 사회에서는 우리의 삶에서 과거의 산업사회에서는 격지 못했던 새로운 고민거리를 가지고 삶의 방식에 변화를 격고 있는 것만은 분명하다고 할 수 있다.

이러한 '네트워크 혁명(network revolution)'이란 네트워크에 의한 사회의 추진 동력을 갖는 사회 변혁이다. 네트워크와 네트워크 간의 관계적 속성을 중요시하는 사회 변혁을 말한다. 다시 말해 네트워크 혁명이란 사회의 추진 동력을 갖는 행위주체들의 '내재적 요소(internal factor)'가 중요한 것이 아니라 개별 행위주체의 경계 바

---

1) 조화순, 2010.10.22. 서울신문－"'타진요'와 한국 디지털 거버넌스의 미래."

2) 김진현, 2009, "지구촌 세 가지 복합위기와 한국의 갈 길", 한국 NGO 학회『가교』(2009.6.19. 제113차 희망포럼 정책토론자료)에서 김진현은 한국이 격고 있는 이러한 변화를 "디지털 혁명 (Digital Revolution)"으로 표현하고 있다. 아울러 한국 사회의 변화를 영국의 산업혁명, 프랑스혁명, 미국독립혁명에 비견할 20세기 한국의 '디지털 혁명'으로 지적하면서 동시에 지구촌의 복합위기의 세 가지 과제로서 경제위기, 자원위기, 환경위기를 유연하게 격어 내어야 할 것을 지적하고 있다.

깥에 존재하는 '외재적 요소(external factor)'에 의해 생성되고 작동되는 사회 변혁을 개념화하는 것이다. 그러나 이 같은 외재적 요소가 무조건적인 '초행위자적'이거나 '일탈적 행위자적'인 것이 아니라 행위자 그 자체도 네트워크를 작동시키는 중요한 필수적 구성요소가 되는 것이다. 그래서 네트워크 혁명이란 개별 행위자도 중요하지만 그 작용과 영향력은 행위자만이 아닌 행위자와 행위자 간의 관계적 차원에서 이루어지는 사회변화로 이해되어야 한다. 이러한 네트워크 혁명의 개념을 구체화하기 위해서 네트워크 사회의 변화를 '행위자(actor)', '과정(process)', '구성적 관계 혹은 체제(constitutive relationship or system)'의 차원에서 작동하는 메커니즘(mechanism)으로 이해할 필요성이 더욱 높아지고 있다.[3]

이러한 변화를 겪는 과정에서 우리는 위르겐 하버마스(Jürgen Habermas)의 지적과 같이 우리의 삶의 세계, 즉 '생활세계(life-world)'가 엄청 크게 변화를 일으키고 있다는 것을 자각할 필요가 있다. 하버마스는 이 생활세계의 변화를 중요한 사회의 동인으로 평가하고 있다. 그는 생활세계의 일정한 규칙과 체제를 공적으로 만들어내는 작업을 통해서 일어나는 식민화 현상을 개인의 성찰성 고양을 통해서 극복할 수 있다고 본다. 그는 인간 생활의 가치, 규범, 상호작용 등을 매개로 하여 의사소통적 행위가 작동하는 세계를 말한다. 생활세계는 올바른 시민사회를 창출해 내는 장으로서 "공론의 장"을 형성함으로써 그 기본 축이 되는 시민성(civility)과 공공성(publicity)을 창출해 내는 장이다.[4] 이러한 특성은 국가영역과 경

---

3) 김상배, 2009, 『소프트 파워와 21세기 권력』, 서울: 도서출판 한울, 301-302쪽.
4) 이종식, 2009, 『NGO와 지역사회의 이해』, 서울: 한국학술정보(주), 266-269쪽.

제영역에서는 창출될 수 없는 공공영역에서만 독특하게 창출해 낼 수 있는 고유의 영역으로 보고 있다.

이 글의 논의의 주제는 정보통신기술(ICT)의 발달에 따라 지배권력 현상의 변화, 즉 기존의 대표성과 책임성에 문제가 기술의 개입에 따른 기술-사회 상호작용성을 알아보는 것이다.[5] 한국 사회가 정치 생활영역이 네트워크 혁명기를 맞아서 어떻게 변화하고 있는가를 살펴보는 순서로 첫째, 네트워크 혁명과 지배 권력의 변화, 둘째, 네트워크 혁명의 특성, 셋째, 네트워크 혁명과 6·2지방선거, 넷째, 네트워크 혁명과 정치질서의 변화 등으로 하고자 한다.

Ⅱ. 네트워크 혁명과 권력

1) 하드 파워에서 소프트 파워로 이행

네트워크 혁명이란 그 사회변화의 권력관계에 있어서 현실적 패권적 권력관계에 비중을 두고 있는 것이 아니라 그러한 힘을 만들어 낼 수 있는 원천으로서 권력자원이 될 수 있는 지적, 도덕적, 이념적 권력을 창조해 낼 수 있는 권력, 즉 조셉 나이(Joseph S. Nye, Jr.)의 연성적 권력(soft power)에 그 사상적 맥락을 갖고 있다. 나이는 이러한 권력의 이동을 행위의 스펙트럼을 따라 강제, 회유, 의제

---

5) 토마스 휴즈(Thomas P. Hughes), 1999, "거대한 기술 시스템의 진화: 전등 전력 시스템을 중심으로", 위비 바이커 외, (송성수 편저), 『과학기술은 사회적으로 어떻게 구성되는가』, 서울: 새물결. 이 책 속에서 "기술결정론"은 기술의 진화는 자율적인 자체 논리에 따라 진행되며, 기술의 발전은 사회질서의 변화를 촉발하고 규정하는 원천이다. "사회구성론"은 기술과 사회가 독립적으로 존재하는 별개의 영역이 아니라 기술의 변화과정에는 사회문화적 맥락, 정치경제적 이해관계, 역사적 우연 등이 개입되어, 사회변화는 기술이 정치적, 경제적, 사회적 선택에 기초한다는 논리이다. 이를 휴즈는 "기술과 사회의 상호작용론"으로 제시한다.

설정, 매력 등의 네 단계를 거쳐 명령으로부터 동조에 이르는 것으로 파악한다. 이 네 단계는 각각의 행위와 친화적인 자원과 결합되어 1단계－무력과 제재, 2단계－보상과 매수, 3단계－제도, 4단계－가치, 문화, 정책 등과 조합하는 형태로 나타난다.[6)]

소프트 파워 개념은 지식 변수에 대한 강조와 함께 패권적 권력의 요소인 행위자의 속성이나 보유자원에서 우러나오는 권력의 차원을 넘어서 행위자들이 '구성적 관계'에서 발생하는 권력에 대한 새로운 주위를 환기시킨 점이 그 특색이다. 그러나 이는 단순하게 행위자의 의지를 초월하는 '구조의 차원'에서나 '초행위자의 차원'에서 작동하는 권력의 메커니즘을 제대로 설명해 주지 못하는 문제점을 안고 있는 것 같다. 이를 넘어서는 차원에서 네트워크 혁명 이후의 새로운 권력개념을 정립할 필요성이 요구되기도 한다. 네트워크 혁명은 권력의 하드에서 소프트로 이동하는 현상에서 **'구성적 관계의 차원'**을 보다 중요시한다.

2) 공공영역과 의사소통적 권력 형성과정

하버마스(Jürgen Habermas)는 의사소통적 권력은 생활세계의 시민들이 상호주관적으로 의사소통 행위를 통해 합의를 만들어 내는 영역이라고 본다. 즉, 공공영역에서 공공 의견(public opinion)을 만드는 데 참여하는 구조, 즉 '공론의 장(public field)'이 형성됨으로써 이루어진다고 본다. 하버마스는 우리의 삶이 영위되는 세계를 세 가지 영역으로 나눈다.

---

6) Joseph S. Nye Jr. 2004, *Soft Power: The Means to Success in World Politics*, New York: Public Affairs, p.8.

첫째, 한 개인으로서 자신의 개인적인 이해관계와 의사를 갖고 있는 영역으로서 사적 영역(private sphere)

둘째, 각 개인들이 자신의 이해관계와 의사를 넘어서서 다른 사람들과 의사소통을 통해 공공의견을 상호주관적으로 형성하는 지평인 공공영역(public sphere)

셋째, 체제(system)의 차원으로서 경제체제, 행정체제 등이 제도화되어 있는 국가의 영역

여기서 하버마스 논의의 특징은 국가와 공공영역을 구분하고 있다는 점이다. 하버마스는 시민사회를 사람들이 자유, 평등, 비폭력적 상호작용의 조건하에서 공동의 관심사를 얘기할 수 있는 '담론적 공공영역'의 존재로 파악하고 승자는 제일 큰 목소리를 내는 사람이 아니라 특수한 합리성의 근거가 되는 최고의 생각들을 가지는 사람들이라고 본다.[7] 이러한 공론의 장에서 개인의 의사소통을 통해 의사소통적 권력을 형성하는 **'의사소통의 과정'**을 중요시한다.

3) 진지전의 구축과 헤게모니의 확산

안토니오 그람시(Antonio Gramsci)는 시민사회에서 헤게모니라는 개념을 사용하여 국가는 상부구조에서 부르주아적 헤게모니를 내포하고 있다. 이러한 구조와 메커니즘에 대응하기 위해서 국가의 정면공격(the frontal attack of the State)이라는 기동전(war of maneuver)에 대체하는 새로운 전략으로서 **'진지전(war of position)'**을 강조하게 되었다.[8] 이러한 진지전의 개념을 활용하여 역사발전의 적

---

7) Jürgen Habermas, 1996, *Between Facts and Norms: Contribution to a Discourse Theory of Law and Democracy*, Cambridge: MIT Press.

극적, 긍정적 요소들을 대표하는 것이 경제구조의 생산관계의 하부구조가 아니라 이데올로기적 문화적 관계, 정신적 지적생활, 그리고 이 관계들의 정치적 표현의 복합체인 상부구조로 파악한다.[9]

그람시는 헤게모니 개념을 시민사회에서 지배계급이 피지배계급에 대해서 지니는 '**이데올로기적 우세**'를 말한다. 특히 그람시의 독창적인 문제의식으로서는 체제의 실질적인 견고성은 지배계급의 폭력이나 국가 기구의 탄압 능력에 있는 것이 아니라 지배계급이 가진 '**세계에 대한 관념**'을 피지배계급이 받아들이는 데 있다. 즉, 피지배계급이 낡은 질서를 전복하고, 새로운 질서를 창출하는 '**헤게모니의 확산**'을 증대시켜야 할 필요성을 밝히고 있다. 그람시의 이론은 원초적 마르크스주의자들의 노동운동은 퇴조하고, 그 반면에 환경, 여성, 인권 등 비노동자 계급적 사회운동들이 활기를 띠면서 소위 운동권을 주도해 가야 하는 이유를 밝혀 주고 있다.

풀란차스(Nicos Poulantzas)는 대항헤게모니를 구축함으로써 좌익세력이 선거전에서 승리하기 위해서는 국가기구 내에 대항헤게모니를 구성하여, 시민사회의 지배적 계급의 헤게모니에 대한 주요한 평형력으로 작용시켜 나가야 한다[10]고 강조한다.

조섭 나이의 하드파워에서 소프트 파워로, 하버마스의 국가영역에서 공공영역의 담론적 의사소통적 권력으로, 안토니오 그람시의 기동전에서 진지전으로 헤게모니 확산 능력으로 권력의 이동현상은 한국 사회에서도 느리기는 하나 이러한 현상을 보이고 있다는

---

8) Antonio Gramsci, 1971, *Selection from Prison Notebook*, New York: International Publishers, p.238.
9) Martin Carnoy, 1984, *The State and Political Theory*, New Jersey: Princeton University Press. p.69.
10) Martin Carnoy, *Ibid*, p.74.

점이다. 이는 네트워크 혁명을 통해서 대의제를 중심으로 한 위계 적 현상에서 직접민주제를 가미한 부분적 또는 대규모적으로 참여 민주주의로 전환현상을 보이고 있다(<표 1> 참조).

Ⅲ. 네트워크 혁명의 특성

네트워크 사회는 개방성, 호환성, 유연성, 유목성, 외부성 혹은 제곱성 등의 특성을 갖는다. 이러한 네트워크의 속성을 중심으로 크게 두 가지 측면에서 생각할 수 있다. 하나는 네트워크 사회의 기제 자체의 특성과 또 다른 하나는 이들 기제를 활용하는 행위자 들의 효과적 특성을 들 수 있다. 먼저 기제 자체의 특성이다.[11]

첫째, **개방성**이다. 이는 새로운 행위자의 가입을 허용하는 정도 를 말한다. 네트워크의 개방성이 높을수록 새로운 개별 행위자들이 많이 가입하여 그 규모가 커질 가능성이 높다. 이 경우 다른 행위 자나 네트워크에 가입할 기회비용을 치르고서도 규모가 더 큰 네 트워크에 가입할 가능성이 더욱 높아진다. 이러한 현상은 최근 컴 퓨터 네트워크 사회에 더욱 두드러지게 나타난다. 먼저, '멧칼피의 법칙(Metcalfe's law)'[12]이다. 이른바 '네트워크의 가치가 가입자 수 의 제곱으로 증가한다'는 것이다. 둘째, 무어의 법칙이다. 이는 '18 개월마다 컴퓨터의 파워가 두 배씩 증가한다'는 것이다. 인텔의 공

---

11) David Singh Grewal 은 네트워크의 세 가지 속성으로서 개방성, 호환성, 유연성 등을 들고 있 다. (David Singh Grewal, 2008, *Network Power: The Social Dynamics of Globalization*, New Haven & London: Yale University Press, p.97.)

12) 김상배, 2007, 『정보화시대의 표준결정: 윈텔리즘과 일본의 컴퓨터 산업』, 서울: 한울.

동 설립자 고든 무어(Gorden Moore)가 주장한 것으로 이 법칙은 18 개월마다 같은 값으로 두 배의 성능이 좋은 컴퓨터를 살수 있다거 나, 18개월마다 컴퓨터의 가격이 절반으로 떨어진다고 한다. 셋째, 카오의 법칙이다. 이는 경영 컨설턴트 존 카오(John Kao)가 '컴퓨 터의 창조성은 네트워크에 접속되어 있는 다양성에 지수함수로 비 례한다'고 한 데서 만들어진 것이다. 창조적인 지식생산이 사회와 경제의 각 영역에서 점차적으로 중요하게 되면서 향후 지식사회를 관통하는 중요한 법칙으로 부상할 것으로 본다.[13]

둘째, **호환성**이다. 이는 서로 다른 네트워크들과 소통을 허용하 는 정도를 말한다. 네트워크의 호환성이 높을수록 새로운 행위자들 은 다른 표준을 굳이 수용하지 않더라도 새로운 네트워크에 가입 할 수 있다. 만약에 표준들 간에 호환장치가 존재하는 경우 새로운 네트워크의 선택은 더욱 적은 '교환비용(switching cost)'을 치르고 도 교환이 가능해진다. 호환성은 주로 소통의 과정 차원에서 네트 워크의 힘이 작동하는 것이다.

셋째, **유연성**이다. 이 유연성은 네트워크 자체의 변경허용의 정 도를 의미한다. 네트워크 자체의 정체성을 손상시키지 않고 기존의 표준이 되는 것을 얼마나 수정할 수 있는가 하는 문제이다. 이에는 기득권을 가진 행위자들이 이미 투입한 비용의 손실을 얼마나 감 내할 수 있는가의 문제도 포함한다. 이러한 유연성은 체제 차원에 서 파악된 네트워크화의 과정이기도 하다.

다음에는 이들 기제를 활용하는 행위자와 관련된 특성이다.

---

13) 홍성욱, 2002, 『네트워크 혁명, 그 열림과 닫힘』, 서울: 들녘.

첫째, **유목성**이다. 이는 네트워크 기제의 활용자의 활동성을 더욱 용이하게 해 주는 특성을 가지고 있다. 시민사회의 정치참여가 정보기술(IT)의 혁명을 통해 기존의 장소 중심적인 정주적 정치참여에서 정보기술의 힘에 의한 유동적이고 빠른 정치참여를 특징으로 하고 있다. 이러한 정치참여는 다양한 주체들로 이루어졌으며, 영역과 경계를 초월한 탈중심화와 분권화를 특징으로 하면서 다양한 곳에서 동시 다발적인 형태로 나타난다. 이러한 정치참여는 대의정치에서 보여준 공급자 중심에서 네티즌을 중심으로 한 수요자 중심으로 정치참여의 '자기 표출적 정치참여'로 참여 패턴의 변화를 의미한다.14)

둘째, **외부성**이다. 이는 네트워크의 기제 활용 측면에서 효용성이 외부성에 의해 그 정도가 제곱성을 띠면서 나타난다. '네트워크의 외부성(externalities of network)'은 네트워크의 효과가 보통 '전화에 가입자의 수가 증가하면 그 전화 자체의 물적 가치와는 별개로 전화 가입자라는 외부적 요인이 전화의 가치에 영향을 미친다'는 것이다. 이러한 현상은 최근 컴퓨터 네트워크 사회에 더욱 두드러지게 나타난다. 이른바 '멧칼피의 법칙(Metcalfe's law)'15)이 동시적으로 발생하는 현상을 보이면서 나타난다.

문제는 이러한 지식사회의 변화를 예고하는 중요한 특성들이 개별적으로 연속하여 일어나는 것이 아니라, 정치, 경제, 문화, 심지어 가족의 영역에서까지 교통통신과 미디어기술이 네트워크 사회에서는 산업정보사회에서와 달리 동시다발적으로 진행된다는 점이

---

14) 임혁백, 2009, 『신유목적 민주주의: 세계화, IT혁명 시대의 세계와 한국』, 서울: 나남, 213-274쪽.
15) 김상배, 2007, 『정보화시대의 표준결정: 윈텔리즘과 일본의 컴퓨터 산업』, 서울: 한울.

다. 다음 <표 1>에서는 이러한 지식의 생산에 따라 변화한 사회의 특성을 설명해 주고 있다.

<표 1> 시대별 권위와 추구하는 가치

	전통사회 (traditional society)	산업정보사회 (industrial society)	네트워크사회 (network society)
중심권위 (authority)	- 종교 - 도덕과 윤리	- 과학, 기술 - 합리화, 세속화, 관료화	- 시민의 힘 - 연대의 힘
정치형태 (politics)	- 책임제와 대의제 - 국가의 위계적 통치	- 대의제와 제한적 참여제 - 정부와 제한된 자율적 통치	- 대의제와 참여제 - 위계와 자율의 협력적 통치
핵심가치 (value)	- 의무와 복종 - 종교적 삶 - 애국심과 충성심 - 존경과 경외	- 경제적 성취 - 물질중심과 미신타파 - 복지와 행복 - 불신과 불안	- 정보통신기술에 대한 기대 - 자기발견에 대한 중요성 - 삶의 질을 강조 - 행복과 새로운 신뢰사회

Ⅳ. 네트워크 혁명과 6·2지방선거

1) 2010년 6월 2일 지방선거결과 분석

정당별로 4대 지방선거결과 득표를 분석해 정리해 본다.

<표 2> 2010년 6월 2일 지방선거결과 분석

	합계	한나라당	민주당	선진당	민노당	진보신당	국민참여	기타*	무소속
광역단체장	16	6	7	1	0	0	0	0	2
광역의회	680 (81)	252 (36)	328 (32)	38 (3)	18 (6)	3	3 (2)	2 (2)	36
기초단체장	228	82	92	13	3	0	0	2	36
기초의회	2512 (376)	1087 (160)	871 (154)	95 (22)	90 (25)	22	17 (7)	25 (8)	305

2) 진보와 보수의 네트워크 기제활용

첫째, 보수 세력은 진보 세력에 비해서 네트워크 기제 활용에서 한 발짝 뒤처져 가는 경향이다. 현 집권세력은 스스로 규정하고 있는 중도보수주의 정치철학에서나, 야당이 규정하고 있는 이른바 신자유주의적 정치철학에 비추어 볼 때, 네트워크의 활용에 있어서 그 연령층과 세대에서 볼 때 진보세력들에 비해서 한 발짝 뒤처져 가고 있다. 이러한 현상은 세대에서 크게 두드러지게 나타난다. 일반적으로 20대, 30대의 신세대들이 진보적 경향이 있는 현 한국적 상황에서는 네트워크화하는 기제를 활용하는 데에 있어서 현격한 차이를 보이고 있다.

둘째, 정보화 기술의 '**디지털 혁명**(Digital revolution)'에서 낙오되는 자들을 살펴야 한다. 네트워크의 사회에서 특히 한국과 같은 정보화 기술의 혁명적 변화와 발전을 맞고 있는 사회에서는 '디지털 격차(Digital devide)'에서 혜택을 받지 못하는 음지에 처한 사람들을 살펴야 한다.[16] 다시 말해 세계화와 전 지구화의 시대를 살면서 이러한 지적, 과학적, 기술적 혜택에서 제외되는 사람들이 상당히 많다. 이들을 제대로 감싸 안고 가지 못하는 경향이 있다. 이것은 6·2지방선거에서도 마찬가지이다. 50대, 60대 이상의 세대가 20대, 30대에 비해서 네트워크 기제로서 활용되고 있는 Twitter, PC, Computer, Handphone 등 이른바 '디지털 혁명'의 기제들을 활용하는 능력에서 뒤떨어지고 있는 것이 사실이라면 이를 해결하는 방안을 모색해야 한다.

---

16) 김진현, 2009, 『가교』, 한국NGO학회 소식지(제6권 제1호).

셋째, 보수 세력에게서는 이슈 자체가 좀 진부한 느낌을 준다. 상대적으로 진보는 젊은 친구들에게 매력적이다. 개혁하고 바꾸고 하는 측면에서 특히 그렇다. 보수라고 수구적 사고만으로는 새로운 세대들에게서 매력을 얻기가 힘들다. 보수도 전통적인 삶의 방식을 현대화하여 '**새로운 이데올로기의 창출**'이 필요하다. 전통적인 것을 현대적인 것과 접목하여 새로운 가치창출이 있어야 한다. 예를 들어서 전통적인 조상들의 얼을 오늘의 현실에 접목하는 새로운 문화의 계승과 같은 것이다. 유교적 삶의 가치도 어떻게 하면 기존의 틀 속에서 삶을 탈피할 수 있는 방안을 재창출해 낼 수 있을 것이다. 우리는 현대에 살면서 근대화 이후의 고착화된(embedded) 삶이 현대인을 괴롭게 만들고 있는 부분이 많다. 이를 피해서 조상들의 전통적 삶이 우리를 접목시킬 수 있는 방안도 있을 것이다. 한식, 막걸리 같은 경제적 가치창출의 길을 찾는 세계화뿐만 아니라 정신적 가치창출에서도 세계화 이슈를 찾아야 한다.

3) 그람시와 하버마스의 언술의 행방

앞에서 안토니오 그람시의 언술의 핵심을 **시민사회**, **헤게모니**, **진지전**으로 그리고 하버마스에게서는 공공영역의 '**공론의 장**'과 이 공론의 장에서 담아내야 하는 '**의사소통적 권력**' 형성과정으로 파악한 바 있다. 이번 6·2지방선거에서 진보와 보수 양 진영 간에 이러한 그람시의 언술들을 활용한 측면을 보면 다음과 같이 논할 수 있다.

"**진보의 경우는 시민사회가 활보하면서 헤게모니를 확대하기 위**

해 진지전의 구축에 어느 정도 성공하였다. 그것은 선거에서 상대 진영을 이기고 승리한 측면에서 쉽게 읽을 수 있다. 이에 반해 보수 진영은 이 점에서 패한 것이다. 한편 시민사회의 활동무대인 공공영역에서의 공론의 장을 활용하는 측면에서도 보수진영은 의사소통의 과정에서 정보통신기술을 선거전에 활용하는 데서도 실패한 편이다. 이에 비해 진보진영에서는 네트워크 사회의 정보통신 기제인 Twitter, PC, Computer, Handphone 활용에서도 승리하였다. 특히 소설가 이외수, 그리고 젊은 네티즌들의 Twitter의 활용 등을 볼 수 있다."

그러나 선거 이전의 여론조사결과와 선거결과에 대해서 차이를 보여 준 부분은 여론조사 기관들의 더 많은 연구가 뒤따라야 할 것을 교훈으로 남겨 주고 있다. 단 출구조사는 예측이 어느 정도 맞게 이루어졌던 점은 무언가 네트워크 사회에서 기제활용 측면에서 더 깊은 연구를 필요로 한다.

V. 네트워크 혁명과 정치질서의 변화

네트워크 혁명을 치르면서 시민들이 의사결정과정에 참여하고 개입하는 일은 결코 회피할 수 없는 지배적 흐름이 되어 가고 있다. 그렇다면 네트워크 혁명에 적합한 정부-시민 관계는 어떠한 형태로 나타날 것인가? 그것은 권위와 자율의 조화로운 결합의 형태이다. 이에 관해 히싱(Erik Hysing)이 최근 제시한 지배 유형들 <표 3>은 매우 시사적이다.[17]

---

17) Hysing, Erik. 2009. "Governing without Government? The Private Governance of Forest Certification in Sweden." *Public Administration*. 87: 2, p.315: 김용철, 2010, 내나라연구소 주최 학술회의 발제문

행위자 \ 지배유형	권위적 지배 (authority)	협력적 지배 (cooperation)
정부	II 명령·통제 (권위적 통치)	I 조정·장려 (협력적 통치)
비정부	III 제한적 지배 (위임적 통치)	IV 정부 없는 통치 (자율적 통치)

I(협력적 통치): 정부가 비정부 행위자들의 관리(private governing)를 장려하고 가능하게 하는 형태로, 정부는 새로운 지배유형의 창출과 실천에 있어서 "조종자(steering at a distance)" 혹은 "장려자(enabler of civic engagements)"의 역할을 담당한다. 이 경우 정부는 사적 통치의 제도적 프레임 및 기본 규칙과 규범을 마련함으로써, 비정부 행위자들의 자율적 관리에 대한 인센티브 부여 및 정치적 비전과 방향의 제시를 통해 비정부 행위자들에게 지속적으로 중재, 조정, 정책 정당성의 부여 등을 통해 영향력을 발휘하는 형태이다. 민간 부문의 자율성을 존중하면서 민간 부문과의 업무협력을 통해 공동체를 관리한다.

II(권위적 통치): 전형적인 산업사회의 정부－시민 관계로서 정부가 명령과 통제라는 강제적 수단을 이용하여 사회에 대해 정부의 의지와 선호를 강요하는 형태이다.

III(위임적 통치): 공공관리의 경제적 효율성을 목적으로 정부가 자신의 공적 기능을 아웃소싱(outsourcing), 민영화(privatization), 하청(contracting-out) 등을 통해 비정부 행위자에게 위임하는 것으로,

---

"네트워크사회의 정부－시민 관계" 참조.

비정부 행위자들이 정부의 대리인(proxy) 기능을 수행하는 통치 형태이다.

Ⅳ(자율적 통치): 비정부 행위자가 국가의 권위 및 정부에 의존하지 않고, 스스로 규칙과 규제를 마련하고 실천하는 자율적 관리(self-governing) 형태이다. 이는 비정부 행위자들이 정부의 권위 및 지도에 저항 혹은 불신하는 경향이 강하다. 아울러 정부의 개입 능력이 매우 제한적일 경우이다. 분권과 분산, 개방과 유연화를 통한 참여의 극대화, 혁신적 정책 아이디어의 획득, 민주주의의 실천 등 긍정적인 요소들을 내포하고 있는 반면, 포퓰리즘(populism)의 확산, 고비용-저효율의 정책과정, 정치적 갈등의 첨예화 가능성 등과 같은 부정적 요소도 있다.

이렇게 볼 때, 네트워크 혁명을 통한 정부와 시민의 관계 유형은 Ⅲ(협력적 통치) 유형에 가까운 형태일 것이다. 즉, '위임적 통치'와 '자율적 통치'의 유기적 결합을 통한 정부-시민 간 '협력적 통치'로의 전환이다. 협력적 통치는 정부와 시민 간의 협력(collaboration) 및 협조(co-operation)를 바탕으로 위계와 자율의 유기적 결합을 의미한다. 공적 행위자와 사적 행위자들 간의 준공식적인(semi-formal) 차원에 기초한 네트워크의 형성을 말한다. 결국 협력적 통치의 요체는 ICT의 발달과 활용을 통해 자율적 통치의 등장에 부응하여 정부의 반응을 높이면서, 또한 동시에 정부-시민 간의 정책적 협력관계를 일상화하는 통치 방식이다.

Ⅵ. 결론

이 글을 통해서 2010년 6·2지방선거에 대해 네트워크 사회에서 정부뿐만 아니라 정치권과 시민사회와의 관계 재정립을 위해 다음과 같이 제안하고자 한다.

먼저 집권 보수세력의 **'의사형성의 소통과정'**의 문제를 지적하고자 한다. 집권보수 세력은 네트워크의 활용에 있어서 그 구성적 관계를 좀 더 확대시켜 나가야 할 것으로 본다. 이데올로기 확대의 차원에서 그렇다. 정부조직의 하위단위들은 공무원 사회이다. 공무원집단은 태생적으로 현 정부에서 새롭게 형성된 정부조직이 아니다. 전 정부, 또는 그 이전 정부로부터 이어져 오고 있다. 이들 공무원집단은 단순히 정부의 개괄적 의미의 철학만으로 업무를 추진하는 경향이 강하다. 중앙정부에서 국정철학이 '중도보수'라고 하면 일반적인 경향에 맞추어서 그 '중도보수'를 추진하다 보니 이러한 행위에 포괄적으로만 접근할 뿐 구체적으로 반대 목소리에 귀기울여야 하는 '의사소통의 과정'에 대해 간과해 버리는 경우를 많이 보이고 있다. 그 한 예로서 '세종시문제', '4대강사업' 등이 그렇다. 대통령의 대선 공략이라서 그냥 추진해야 된다는 생각으로 추진하는 하위집단들의 성향을 보이고 있다. 장관의 입장에서 정립되고 부서별로 추진되어야 할 사항이 지역주민들에게 잘 알려져 있지 못하다. 그래서 대통령만 일하고 장관이나 하위공무원 집단의 일은 없는 것처럼 국민의 시각에 비친다. 이러한 관계를 재정립해야 할 필요성이 있다.

다음은 야권에 대해 지난 지방선거에서 보여 준 것처럼 국민의 명령을 준엄하게 받아들여야 한다. 야권은 신자유주의에 대항하는 '**복합적 반신자유주의**'라는 헤게모니의 확산을 위한 구체적인 사회지도 이념을 정립해 낼 수 있어야 한다. 다시 말해 야당과 지역주민, 또는 시민사회운동단체들과 '**구성적 관계의 네트워크 사회**'를 만들어 내어야 한다. 이를 성공시키지 못하면 다음 선거에서는 상황이 또 달라질 수가 있다. 그것은 지난번 2006년 5·31지방선거에서 당시 열린우리당이 집권할 때도 잘 나타났다. 당시 집권당이 실정을 보이니까 견제하는 세력으로서 한나라당에게 지방권력을 몰아준 것을 생각하면 2010년 6·2지방선거에서도 마찬가지로 야당이 좋아서나, 잘해서가 아니라고 일반적으로 지적하는 것처럼, 견제의 수단으로서 지지해 준 것이라는 '국민의 지엄한 명령'을 바로 읽어 낼 수 있어야 한다.

이 질문에 대한 해답을 고민하면서 정부와 여야, 그리고 시민사회가 매진해 주기를 바라는 마음으로 이 글을 마친다.

〈참고문헌〉

김상배, 2007, 『정보화시대의 표준결정: 윈텔리즘과 일본의 컴퓨터 산업』, 서울: 한울.

김상배, 2009, 『소프트 파워와 21세기 권력』, 서울: 도서출판 한울.

김용철, 2010, 내나라연구소 2010년 학술회의 발제문 "네트워크사회의 정부－시민 관계" (6월 16일).

김진현, 2009, 『가교』, 한국NGO학회 소식지(제6권 제1호).

이종식, 2009, 『NGO와 지역사회의 이해』, 서울: 한국학술정보(주).

임혁백, 2009, 『신유목적 민주주의: 세계화, IT혁명 시대의 세계와 한국』, 서울: 나남.

조화순, 2010, "'타진요'와 한국 디지털 거버넌스의 미래" (서울신문, 2010. 10.22).

홍성욱, 2002, 『네트워크 혁명, 그 열림과 닫힘』, 서울: 들녘.

Carnoy, Martin, 1984, *The State and Political Theory*, New Jersey: Princeton University Press.

Gramsci, Antonio, 1971, *Selection from Prison Notebook*, New York: International Publishers.

Grewal, David Singh, 2008, *Network Power: The Social Dynamics of Globalization*, New Haven & London: Yale University Press.

Habermas, Jürgen, 1996, *Between Facts and Norms: Contribution to a Discourse Theory of Law and Democracy*, Cambridge: MIT Press.

Hysing, Erik, 2009, "Governing without Government? The Private Governance of Forest Certification in Sweden." *Public Administration*. 87: 2, pp.312-326.

Nye, Joseph S. Jr., 2004, *Soft Power: The Means to Success in WorldPolitics*, New York: Public Affairs.

제9장 시민사회와 시민정치의 문제점[*]

Ⅰ. 시작하는 말

현재 우리 한국 사회에서는 기존의 제도권 정치에 대한 불신과 불만에서 새로운 변화를 모색하려는 움직임이 나타나고 있다. 제도권정치에 대한 불만은 기존의 정당정치에서 그들이 다하지 못하는 문제점에 대한 불만이 가장 크다. 이러한 개념을 확고하게 정립하는 입장에서 우리는 정당정치와 같은 제도권 정치에 대립되는 개념으로 시민정치를 설정한다. 시민정치는 기존 제도권의 정당정치, 의회정치 등에서 바라는 바와 기대가 달성되지 못하여 시민이 제도권 정치를 견제하고, 직접 정치에 참여하여 시민후보자를 내어 당선을 위해 선거운동을 하는 이른바 '탈정치의 정치화 현상' 행위이다.

---

[*] 본 글은 『내나라』 제20권에 게재된 것을 일부 수정·보완한 것임.

이번 10·26 서울시장 선거에서도 이 같은 정당정치에 대한 불만은 그대로 나타나고 있었다. 서울시장 보궐선거를 향한 시민후보의 등장을 계기로 시민정치와 정당정치를 둘러싼 논란이 치열하다. 우리 사회의 정치현안은 과연 무엇이 문제의 핵심인가? 집권 여당한나라당, 야당 민주당, 민주개혁을 위한 시민세력, 여의도 정당정치! 한국정치는 과연 무엇이 문제이고 무엇이 위기인가?

우선 시민사회운동가인 박원순 변호사가 현실 정치에 참여를 유발시킨 요인은 현 정부의 실정과 억압, 그리고 반대당인 야당들의 역할 부재를 핵심 요인으로 지적할 수 있다. 현 정부의 실정과 억압이 없었다면 박원순의 정치참여는 필요치가 않았을 것이다. 또한 현 정부의 억압에도 불구하고 반대당의 대안 역할이 충분했다면 박원순의 정치참여 역시 불가능했을 것이다. 이러한 두 요인이 결합된 '안철수·박원순 현상'은 불필요를 필요로, 불가능을 가능으로 바꿔 놓은 것이다.

반대당인 야당들의 역할 결여는 특히 주목을 받고 있다. 보궐선거 도래를 주도한 제1야당이 시장후보조차 내지 못하는 상황 역시 자기들이 주도한 국면에서 주연을 빼앗기고 있는 형국이라고 할 수 있다. 현 정부하에 제1야당의 역할은 전두환 정부 때의 민주한국당에 비견된다고도 한다. 이러한 문제에는 몇 가지의 요인이 존재한다. 첫째, 정부와 여당 견제능력, 둘째, 진보개혁세력－반대세력 전체에서의 위상과 역할, 셋째, 차기 정권 탈환 가능성, 넷째, 미래 국가리더십의 존재 유무 등이다. 국회의원 숫자의 중과부적은 첫째 상황에 대한 변명은 될지언정 다른 세 현상에 대한 근거는 되지 못하는 것 같다. 3당 합당 직후 김대중(DJ) 야당과 탄핵소추 사

태 이후 17대 국회의 박근혜 야당과 비교하면 첫째 이유조차 근거가 없는 것이다.[1]

민주주의에서 시민정치는 대의제에서 국민의 대표기구들의 정치에 있어서 제 역할을 다하지 못하는 데에서 기인한다. 특히 정당의 역할 부재는 '힘없는 사람들의 힘(the power of the powerless)'인 시민정치의 부활로 직결되고 있다. 한국 민주화는 시민정치의 부활 이후 시민정치와 제도정치의 결합, 즉 정당과 재야가 결합한 '민주(화)연대'를 통해 가능했다. 4월혁명을 필두로 유신타도와 6월 항쟁에 이르기까지 양자 결합의 범위, 강도, 지속성만큼 한국 민주주의는 발전해 왔던 것이다.

현재의 정부, 여당, 기업, 언론 등의 보수 카르텔에 비교할 때 현저히 약한 반대당의 힘과 역할은 소셜네트워크서비스(SNS)에 바탕을 둔 21세기형 재야의 창출을 촉발했고, 이는 끝내 '탈정치의 정치화' 현상인 '안철수 현상'으로 폭발한 것이다. 박원순의 '시민정치'는 안철수의 '탈정치의 정치' 현상과 기존의 '정당정치' 현상 사이에 정확히 위치 지어지고 있는 것이다. 제도권의 정당정치의 위축인 동시에 비제도권인 시민정치의 확장인 것이다. 그 점에서 보궐선거 국면에서 시민정치로 인한 반대당의 위기는 거꾸로 시민정치의 활성화가 제공해 준 절호의 기회다. 과거 시민정치와 연대해 민주국가를 성취했듯이 시민정치의 재등장을 계기로 복지연합을 형성해 복지국가를 창출할 가능성의 길에 들어섰기 때문이다. 복지연합의 구축에 성공할 경우 시민정치 부활의 궁극적인 수혜자는

---

1) 중앙일보, 2011.10.6. 중앙시평, 박명림, "박원순, 시민정치, 정당정치".

반대당이 될 것이고, 피해자는 한나라당이 될 것이다.

이러한 민주당을 중심으로 한 야당들은 자기들이 주도한 정국의 주도권을 빼앗기고 있는 중대한 위기를 맞고 있다. 그렇지만 시민 정치에도 중대한 문제는 여전히 남아 있다. 시민정치는, 먼저 총선 시민연대활동을 포함해 강한 도덕주의를 무기로 정치참여에 부정 적이었던 행태에서 이번에 참여를 결행한 보편타당한 논리를 제시 해야 한다. 특히 시민운동의 상징 박원순의 현실정치 참여를 계기 로 한국 시민운동의 주력은 한국 정치의 한가운데 서게 되었다. 따 라서 선거 결과에 관계없이, 운동으로의 재후퇴가 없는 정치 자체 에서의 엄정한 책임윤리는 이제 그들의 필수 덕목이 되었다. 그리 고 박원순에서 대표되듯 재벌 비판과 재벌 활용으로 충돌해 온 모 순을 극복할 공적 논리의 창출이다. 한국에서 공공성 상실과 확보 의 결정적 갈림길은 재벌 대면이기도 하기 때문이다.

공적 책임윤리의 영역은 여당인 한나라당에게도 적용된다. 그것 은 지난 선거 과정에서 가장 강력히 친(親)오세훈 노선을 보여 주 었던 나경원 후보이다. 퇴출된 정책 때문에 초래된 선거에 그 정책 을 사수하려 한 정치인의 출마는 책임윤리에 비추어 시민 겁박이 나 자기부정이 아닐 수 없는 까닭에서 더욱 그렇다. 자기정체성을 고수하려면 정책변화 없이 '제2의 오세훈'을 자임하면서 재지지를 호소하고 압박해야 한다. 반대로 정책을 변화하면 지난번에 오세훈 을 지지했던 자기행위는 근거를 상실하기 때문이다.

그런 점에서 미래를 향한 책임윤리와 정책 공공성이 이번 보궐 선거의 핵심이 되었던 결과이다. 한나라당이 내세우는 개인 검증의 논리를 따를 경우 박원순을 이길 공직자는 대통령을 포함해 현 정부엔 거의 없다. 부패로 무너져 내리는 측근들의 문제가 아닐지라도, 자기 재산 기부, 인권과 여성변론, 시민운동, 나눔운동, 정책대안 제시로 일관해 온 박원순의 삶을 넘으려면 청문회마다 반복된 위법, 탈법, 부도덕한 공직자들을 먼저 처리해야 하기 때문이다.

이러한 현실 속에 주된 행위자로 등장하는 시민정치의 핵심인 시민사회단체들의 실태를 분석하는 것은 현재 한국정치의 최대의 과제이고 중요한 주제가 된다고 할 수 있다. 현실적 중요성에서 한국 시민정치의 주체인 한국 시민사회단체를 분석하고자 한다.

Ⅱ. 시민사회단체의 분석

『한국민간단체총람』은 1997년부터 민간단체 이외에 직능단체도 조사해 오다가 2006년부터 민간단체만 조사해 오고 있다. 민간단체의 수가 늘어난 것도 있지만, 조사방법을 개선하고 조사에 대한 열정을 더하여 매 차례에 조사단체의 수가 늘어나고 있다. 1997년에는 2,000개 정도의 단체가 조사되었으나, <표 1>에서 보는 바와 같이 2003년 판에서 4천 개 가까운 단체가 조사되었고, 이번 2012년 판에서는 12,750개의 단체가 조사되었다. 지난 2009년 판에 비한다면 4년 만에 조사된 것이기는 하지만, 단체 수가 60%나 늘었다.[2]

---

2) 첨부한 <시민단체현황 서식>과 <작성을 위한 도움말>을 참조 바람.

〈표 1〉 총람의 조사단체 수 추이

	조사기간	조사단체 수	전년 판 대비 증감(%)
1997년 판	1996년 4~9월	2,000개	-
2000년 판	2000년 5~9월	2,500개	25
2003년 판	2002년 7~11월	3,937개	57
2006년 판	2005년 6~12월	5,556개	41
2009년 판	2008년 5~11월	7,925개	43
2012년 판	2012년 4~10월	12,750개	60

민간단체총람 조사 영역은 총 20개 영역에서 다시 소분류하여 51개 영역으로 구분하였다.

〈표 2〉 민간단체총람 조사영역 분류

번호	대분류(20)	소분류(51)
1	환경	1-1. 감시·정책제안, 1-2. 환경보호, 1-3. 교육·연구·계몽
2	인권	2-1. 인권일반, 2-2. 추모사업
3	평화·통일	3-1. 평화, 3-2. 통일·민족
4	여성	4. 여성
5	권력감시	5-1. 권력감시일반, 5-2. 행정부·국회·사법, 5-3. 기업·언론
6	정치·경제	6-1. 정치/행정, 6-2. 경제, 6-3. 과학기술, 6-4. 지역가치, 6-5. 의식계몽
7	교육·연구	7-1. 교육, 7-2. 연구
8	문화·체육	8-1. 예술, 8-2. 문화, 8-3. 체육, 8-4. 기타문화
9	복지	9-1. 복지일반, 9-2. 의료보건, 9-3. 장애인, 9-4. 노인, 9-5. 기타복지
10	청년·아동	10-1. 청년, 10-2. 청소년, 10-3. 아동
11	소비자권리	11. 소비자권리
12	도시·가정	12-1. 도시일반, 12-2. 교통, 12-3. 주택, 12-4. 가정
13	노동·농어민	13-1. 노동, 13-2. 농어민, 13-3. 빈민
14	외국인	14-1. 외국인복지, 14-2. 노동자, 14-3. 다문화
15	모금·추모	15. 모금
16	자원봉사	16. 자원봉사
17	국제협력	17-1. 원조, 17-2. 협력, 17-3. 재외동포
18	대안사회	18-1. 공동체, 18-2. 생협, 18-3. 교육·연구·계몽
19	온라인활동	19. 온라인활동
20	기타	20. 기타

1. 분야별 분포

자료조사에서 전체 12,750개 단체가 조사되었다. 그중에서 자료로 활용할 수 있는 집단의 수는 12,657개가 되었다. 이를 모집단(n)으로 분석하였다. 시민사회단체들의 분야별 분포를 보면, 복지(17.5%), 정치·경제(12.15%), 환경(11.78%) 등 복지단체가 다수 분포하고 있다. 가장 저조한 부문이 모금(0.24%), 소비자권리(0.76%), 권력감시(1.13%)로서 아직도 한국 사회에 모금, 소비자, 권력감시 등에 활동이 미약함을 보이고 있다.

번호	분야	단체 수(개)	비율(%)
1	환경	1,491	11.78
2	인권	306	2.42
3	평화·통일	482	3.81
4	여성	687	5.43
5	권력감시	143	1.13
6	정치·경제	1,538	12.15
7	교육·연구	622	4.91
8	문화·체육	991	7.83
9	복지	2,215	17.50
10	청년·아동	1,035	8.18
11	소비자권리	96	0.76
12	도시·가정	390	3.08
13	노동·빈민	347	2.74
14	외국인	240	1.90
15	모금	31	0.24
16	자원봉사	905	7.15
17	국제연대	229	1.81
18	대안사회	182	1.44
19	온라인활동	179	1.41
20	기타	548	4.33
	총계	12,657	100

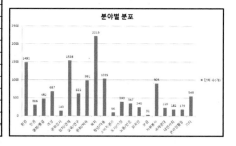

2. 지역별 분포

지역별 분포로서 16개 광역시도별 분류에서는 서울이 28.88%로 가장 많은 비중을 차지하고 있고, 그 뒤로 경기, 전북, 부산, 인천, 대구의 순으로 나타나고 있다. 수도권 지역의 사회단체가 50%로 가장 많은 비중을 차지하고 있다. 그러나 서울(28.88), 경기(16.05), 인천(4.13) 등 수도권에 집중현상이 2000년 이래 감소현상을 보이고 있는 추세다.

지역	단체 수	비율
서울특별시	3,354	28.88%
부산광역시	637	5.49%
대구광역시	441	3.80%
대전광역시	400	3.44%
광주광역시	427	3.68%
인천광역시	480	4.13%
울산광역시	257	2.21%
경기도	1,864	16.05%
강원도	428	3.69%
충청북도	318	2.74%
충청남도	380	3.27%
경상북도	561	4.83%
경상남도	526	4.53%
전라북도	836	7.20%
전라남도	454	3.91%
제주도	250	2.15%
총계	11,613	100.00%

3. 설립연도별 분포

　설립연도별로는 1990년 이후에 설립된 단체가 전체의 83.62%를 차지하고 있어, 1987년 6·29 민주화 이후에 시민사회운동단체가 급격히 증가현상을 보이고 있음을 알 수 있다.

설립연도	단체 수(개)	비율(%)
1945년 이전	947	10.20
1945～1969	127	1.37
1970～1979	95	1.02
1980～1989	351	3.78
1990～1999	1134	12.21
2000～2009	5677	61.14
2010～2012	954	10.27
총 계	9285	100

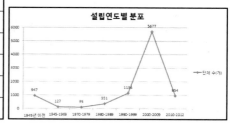

4. 법인형태별 분포

　시민사회단체들 중에서 법인은 전체의 34.79% 수준이며, 그중 사단법인이 30.31%로 대부분을 차지하고 있으며, 특히 법인보다 비법인(임의단체)의 수가 64.83%로 많은 비중을 차지하고 있는 실정이다.

법인형태	단체 수(개)	비율(%)
임의단체	5776	64.83
사단법인	2700	30.31
재단법인	229	2.57
사회복지법인	153	1.72
특수법인	17	0.19
기타	34	0.38
총 계	8909	100

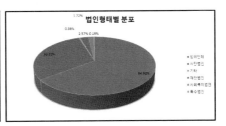

5. 회원 수별 분포

100~999명의 단체가 가장 높은 비율을 차지하고 있으며, 1,000명 미만의 단체가 67.29%, 1만 명 미만의 단체가 92.14%로 대부분이 1만 명 미만의 단체라는 특징을 보이고 있다. 1만 명 이상은 전체의 7.87% 수준에 불과하다.

회원 수	단체 수	비율(%)
100명 미만	235	11.21
100~999명	1176	56.08
1,000~9,999명	521	24.85
10,000~99,999명	123	5.87
10만 명 이상	42	2.00
총 계	2097	100

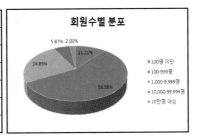

6. 예산별 분포

예산 규모로 보면, 연간 1억 원 미만의 단체가 43.35%로 가장 많이 차지하고 있으며, 대부분이 연 10억 원 미만의 단체들로 구성되어 있다.

예산	단체 수	비율(%)
1천만 원 미만	35	2.78
1천만~1억 원 미만	510	40.57
1~10억 원 미만	590	46.94
10~100억 원 미만	110	8.75
100억 원 이상	12	0.95
총 계	1257	100

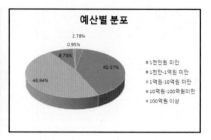

7. 상근자 수 분포

상근자 수가 없는 단체가 전체 12,657개 중 98%나 된다. 5명 미만의 단체가 72.73%로, 대부분 상근자가 없거나 소규모 단체라는 특징을 보이고 있다. 이는 시민사회단체의 중간자 역할을 충실하게 하기 위해서는 심각한 문제이다. 중간자의 역할은 시민운동을 새로운 거버넌스의 발전을 촉진하게 해 주는 역할을 담당해야 할 활동가(facilitator)들이다. 이들을 어떻게 교육하고 역량을 강화시켜 나갈 것인가를 고민해야 할 문제이다. 이러한 중간 활동가들의 역량 강화를 위해서는 캐나다의 주택청이 발간한 "모두가 참여하도록"이나 브리티시 콜롬비아 녹색건축 원탁회의 "통합설계과정을 위한 로드맵"과 같은 교육 프로그램을 조속히 개발할 필요성이 있다.[3]

---

3) http://ecopol.tistory.com/46&47

상근자 수	단체 수	비율(%)
1~4명	152	72.73
5~9명	40	19.14
10~49명	15	7.18
50~99명	1	0.48
100명 이상	1	0.48
총 계	209	100

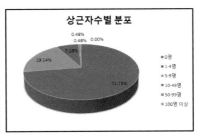

8. 홈페이지·웹사이트 운영 실태

최근 인터넷의 발달로 홈페이지 및 웹사이트를 운영 중인 단체가 54%를 차지하는 등 인터넷을 통한 활동이 활발하다는 것을 알 수 있다. 이러한 현상은 앞으로도 더욱 증가할 것으로 예상되고 있다.

	단체 수	비율(%)
운영하고 있는 단체	6883	54
운영하지 않는 단체	5774	46
총 계	12657	100

9. 정기간행물 발간 여부

정기간행물 출판 여부는 비용문제로 추정되는 이유로 발간하지 않는 단체가 전체의 88.8%나 되고 있다.

	단체 수	비율(%)
발간하고 있는 단체	1,412	11.2
발간하지 않는 단체	11,245	88.8
총계	12,657	100

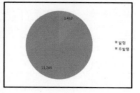

10. 시민사회단체분석의 정리와 과제

활동영역별로는 복지, 정치·경제, 환경 순으로 활동영역이 집중되어 있다. 반면, 모금, 소비자권리, 권력감시, 외국인, 대안사회, 국제연대활동 등은 미약하다. 이는 한국의 시민운동이 어떤 방향을 지향해야 할지를 제시해 주는 것 같다.

지역별 분포 상황은 민주화가 가져온 중요한 특징 중 하나가 지방자치제이고 지방화이다. 이러한 현상이 지방시민단체의 활성화를 가져왔다. 물론 이처럼 지역적 수준에서의 시민단체 활성화에도 불구하고 여전히 중앙집중주의, 서울집중주의가 그대로 나타나고 있다는 점도 지적되고 있다.

창립 시기는 1990년대 및 2000년대 설립된 단체가 83%가 넘는다. 이러한 변화는 민주화 과정에서 권위주의 정권이 퇴진하면서 시민운동이 비약적으로 증가한 것이다. 민주화에 따른 시민사회운동의 활성화를 이러한 양적 규모에서 찾을 수 있다. 또한 참여정부를 표방한 노무현 정부가 등장한 시점에 더욱 시민사회단체운동이 활발해졌다.

회원 수 분포는 1만 명 이상의 회원 수를 보유하고 있는 단체는 약 8%에 불과하다. 1,000명 미만의 단체가 67%로 여전히 시민참여가 낮은 수준에 있음을 확인할 수 있다. "시민 없는 시민운동"의 한계를 보여 준다.

상근자 분포는 5명 미만의 상근자를 가진 단체가 전체의 약 73%로 평균 상근자 수가 매우 낮다. 양적인 성장도 중요하지만 질적인 성장도 지적된다. 시민사회 참가자들에 대한 교육과 후계자 양성에 취약성을 보이고 있다고 할 수 있다.

예산규모 면에서는 1억 원 미만의 예산을 가진 단체가 전체의 43%로 재정적 취약성이 강하다.

법인유무는 법인형태로 알 수 있는 시민단체의 성격은 비법인인 임의단체가 65%이고, 사단법인이나 재단법인의 법인형태는 30% 수준이다. 이는 비공식적인 조직으로 운영되는 형태가 많은 현상을 보여 준다.

홈페이지 및 웹사이트 운영은 단체의 54%가 홈페이지와 웹사이트를 운영하고 있다. 이는 최근 한국의 IT 산업의 발달에 따른 인터넷을 통한 활동이 활발하다는 것을 보여 준다. 앞으로도 더욱 증가할 것으로 예상된다.

Ⅲ. 시민정치의 문제점과 과제

지금까지의 분석을 통해서 시민정치의 문제점과 과제를 정리해 보면 활동영역의 편중, 지역적으로 중부권에 집중 현상, 상근자의 규모와 교육 등 충원 문제, 예산의 영세성, 조직의 정비 문제 등 많은 문제들로 요약할 수 있다. 그중 시민정치를 표출한 시민사회단체의 역량을 강화하는 문제가 시급하다. 다음으로 윤리와 책임성의 정립이다.

먼저 시민사회단체의 역량강화에 대해서는, 첫째, 정부와 시민을 연결해 주는 중간자의 역할의 부족이다. 이러한 중간자를 여기서 우리는 촉진자로 또는 활동가로 상정해 보고자 한다. 의사결정촉진자란 위키피디아식 정의에 의하면 "토론에서 특정한 입장을 취하지 않으면서 일단의 사람들이 그들 공통의 목적들을 이해하고 이를 달성하도록 뒷받침하는 사람"이다. 그야말로 중간자로서의 역할을 강조하고 있다. 이 같은 촉진자들은 우리 사회에서 특히 지방자치의 현장에서 지방의 의제·문제를 정리하여 이를 지방자치단체의 정책으로 설정하게 하는 중간촉진자의 역할이다. 이들은 지방의회의 의원이나 지방에서 활동하는 시민활동가들로 대표되는 사람들이다.

이런 활동을 하고 있는 사람들은 지방의회 의원을 제외하고 시민사회단체의 활동가들은 경기도 지방의 경우 "푸른경기21" "경기시민포럼" 같은 단체활동가들이 있다. 이들의 활동에서 우리는 캐나다의 주택청의 '모두가 참여하도록'이나 브리티시콜롬비아 녹색건축원탁회의 '통합설계과정을 위한 로드맵' 같은 그런 구체적인 활동가의 활동을 할 수 있도록 설계하고 지원하는 일이 필요하다.

둘째, 중간촉진자의 역량 강화 방안이다. 누가 의사결정촉진자가 될 것인가에 대해서 이러한 역할은 시민사회단체의 상근활동가들이 중심이 되어서 진행하는 것이 옳다고 생각한다. 이들 활동가에게 촉진자가 될 수 있도록 교육의 기회를 제공하고, 해외에 시민사회단체들을 견학시키고 하여 경험을 누적하여 노하우를 쌓게 해 주어야 한다. 그 같은 사례로서 2011년 11월 8일부터 11일 사이의 4박 5일간의 일정으로 (주)여행사공공이 주관한 일본 간사이 지방에 있는 시민사회단체와 중간조직들의 활동과 고베시와 같은 지방정부의 지원활동 사례들을 견학하는 프로그램 <시니어, 그 새로운 가능성을 모색하다>와 같은 교육방안을 적극 추천하고 싶다. 이 프로그램에서는 특임장관실의 지원을 받아 나이가 좀 든 시민사회 활동가들을 중심으로 참여하는 연수투어였다.

투어 일정을 보면, ① 효고현 고베시청의 협동과 참가플랫폼, ② 고베시의 NPO 법인 커뮤니티 서포트 센터 고베, ③ 나라현 타카도리초 NPO 법인 주민의 힘과 아마노가와 실행위원회, ④ 오사카시의 NPO 법인 후루사토 회귀지원 센터와 JOB 프라자 오사카, ⑤ 미에현 이가시의 이가 모쿠모쿠 농장 체험, ⑥ 효고현의 이타미시의 이타미노동자협동조합 등을 포함하고 있었다.

특히 일본과 한국의 농촌 사정이나 NPO활동단체나 한국에서의 시민사회단체들의 활동에는 유사성과 비교대상이 될 만한 것이 많았다. 여기에서 재미있는 것은 모두가 주민이 풀뿌리에서 필요로 하는 것들을 NPO단체나 지방정부가 지원하는 활동이었다. 우리와 다른 점이 있다면 우리는 중간지원조직이 정부의 지원을 받아서 활동하는 성격이 강한 데 비해, 저들은 지방주민의 필요에 따라 그것을 그야말로 플랫폼에서 접수하고 그것을 정책에 반영하는 고민들을 하고, 그 같은 사업을 전개하면 어떤 문제가 발생하고, 경비의 지원을 어떻게 하는가의 구체적인 사안들을 고민하는 일들이었다.

셋째, 중앙집권국가 현상에서 발생하는 국가전제주의이다. 토크빌은 현대의 민주주의국가에서 국가가 국민·시민·주민을 통제하고 간섭하고, 질식시키고 있다고 본다.[4] 그는 "① 평등을 달성하기 위하여 국가기구가 민주주의라는 이름으로 교육, 의료, 실업, 빈곤 등의 문제를 해결하기 위하여 팽창하면서 시민사회를 규제하고 감시하고 있다. ② 자본주의사회에서 다수의 노동자가 소외되고 그들이 소수의 산업자본가들에게 예속되면서 불만세력으로 성장한다. 분업의 발달로 인해 노동자들의 집중이 이루어지고 열악한 주거환경이 기존의 불평등한 사회질서에 도전하게 될 것이다. 이러한 사회질서에 대한 도전을 막기 위해 국가의 감시와 통제가 필요하게 되며, 그 결과 국가가 통제를 위해 팽창과 개입을 하게 된다. ③ 자본가들도 국가의 사회간접자본의 투자를 요구하고 있기 때문에 국가경제에 더욱 많은 개입을 하게 되며, 항만시설, 운하, 철도, 도로 등의 투자는 개별 자본가에 의해서 이루어질 수 없는 것이므로 국가의 개입이 필요하게 될 것이며, 그 결과 국가는 대규모의 기술자들과 노동자들을 고용하게 된다. 이 고용과정에서 국가권력은 시민사회를 압도할 정도로 비대해지고, 통제가 불가능할 정도로 권력의 집중이 나타나게 된다"고 한다. 그는 국가전제주의를 방지하기 위해서는 정치권력의 분산방안으로써 중앙집권적 행정조직을 줄이고, 정치적 전제주의와 사회적 부자유와 불평등을 막는 안전판으로서 자율적인 시민사회단체의 결사가 활발하게 이루어져야 한다고 주장한다.

넷째, 지방의제의 활성화이다. 토크빌의 이야기 "보통선거를 통해서 출발한 국가권력도 민주적인 제도를 억압하고 자유를 박탈하

---

4) Alexis de Tocqueville, 1981, Democracy in America, New York: Freedom Watch, pp.263-276.

는 새로운 국가전제주의로 변질되고 있다"라는 말에서 중앙집권국가의 국가전제주의를 방지하기 위해서 권력의 지방이양과 지방자치의 활성화와 지방의제를 설정할 수 있는 작은 결사체들을 더 많이 조직하는 일과 같은 것을 촉진하고 실행하는 활동가들의 역할이 그 어느 때보다 더 절실하게 필요로 하고 있다. 또한 이제는 그렇게 될 수밖에 없는 시대이다. 이는 역사를 거슬러 올라갈 수 없는 철칙과도 같다.

다음으로 윤리도덕과 책임성의 정립이다.

첫째, 견제의 수단으로서 시민사회와 현실 문제 해결책으로서 제도정치의 결합의 보편타당한 강한 도덕주의의 정립이다. 시민정치는 먼저 총선시민연대활동을 포함해 강한 도덕주의를 무기로 정치참여에 부정적이었던 행태에서 이번에 서울시장에 선출됨으로써 참여를 결행한 보편타당한 논리 제시가 요구된다. 기존의 시민사회운동가로서 박원순은 재산기부, 인권과 여성변론, 시민운동, 나눔운동, 정책대안 제시로 일관해 온 그의 삶의 가치를 현실정치에 어떻게 접목, 승화시킬 것인지에 대한 비전을 제시해야 한다.

둘째, 시민정치의 엄정한 책임윤리이다. 박원순의 현실정치 참여를 계기로 한국 시민운동의 주력은 한국정치 그 한복판에 서게 되었다. 선거 결과 사회운동의 재후퇴가 없는 정치 자체에서의 엄정한 책임윤리 정립은 이제 그의 필수 덕목이 되었다. 재벌비판과 활용에 대한 모순을 극복하기 위한 공적 논리의 창출이다. 시민사회운동가 박원순에서 대표되듯 재벌 비판과 재벌 활용으로 충돌해 온 모순을 극복할 공적 논리의 창출이다. 한국에서 공공성의 상실과 확보의 결정적 갈림길은 재벌 대면에서 해결되어야 하기 때문이다.

셋째, 포퓰리즘 리더십 경계이다.[5] 박효종 서울대 교수는 "서울 시장은 문제제기가 아니라 문제를 해결하는 리더십을 보여 줘야 하는데, 아직까진 이런 모습이 부족해 보인다. 박 시장이 민원에 적극 대처하는 소통의 리더십을 보여 주려고 노력하는 것은 장점이지만 1,000만 서울 시민을 위한 시정은 시민운동과 다르며 시장은 먼저 제한된 자원과 예산을 어떻게 하면 복지와 도시행정에 효율적으로 사용할지 고민해야 한다." "선거공약을 제한과 여과 없이 다 실천하겠다는 식으로 해선 안 된다. 이런 식의 리더십은 포퓰리즘 리더십으로 경계해야 한다."

함성득 고려대 교수는 "상당히 잘 적응하고 있지만 한미 자유무역협정(FTA)을 거론하고, 혁신과 통합 모임에 적극적으로 참석하는 등 아직도 정치와 행정의 영역에서 여전히 헷갈려 하는 것 같다. 서울시민들은 정치가가 아니라 행정가를 원한다." "행정가로서는 예산 조직개편 등을 보여 줘야 하는데 인사조차 아직 제대로 하지 않았다. 취임 100일은 허니문 기간인 만큼 빨리 행정가로서 자리를 잡아야 한다."

강준만 전북대 교수는 '월간 인물과사상' 12월호 칼럼에서 박 시장을 정면 비판 "(시민단체 시절) 입으로는 '풀뿌리'를 강조하면서도 낮은 곳으론 가지 않고 실제로는 늘 정관재계 거물들과 깊은 친분을 쌓는 방식의 정치가형 시민운동을 해 왔다." "(박 시장의 시민운동은)속된 말로 시민을 '인질'이나 '빽'으로 삼아 자신의 정치적 영향력을 극대화하는 고도의 정치공학" "대중이 보기엔 (안철수 교

5) 문화일보 2011.11.23. "행정가 아닌 정치인 행보…… 市政 불안감 해소를", '박원순 서울시장 1개월' 평가.

수나 박원순 시장 모두) '매력남들'이지만 정치판에 뛰어들면 한국
정치가 '정치인의 의지'의 문제라기보다는 구조적이고 해묵은 습속
과 관행의 문제이고 그 책임의 상당 부분은 정치인 못지않게 일반
대중에게도 나눠져야 한다는 걸 깨닫게 될 것이고, 따라서 이들에
대한 대중의 열광도 식으리라는 것은 필연이다."

Ⅳ. 맺는말

　네트워크 혁명을 치르면서 시민들이 의사결정과정에 참여하고
개입하는 일은 결코 회피할 수 없는 지배적 흐름이 되어 가고 있
다. 그렇다면 네트워크 혁명에 적합한 정부-시민 관계는 어떠한
형태로 나타날 것인가? 그것은 권위와 자율의 조화로운 결합의 형
태이다. 이에 관해 히싱(Erik Hysing)이 제시하고 있는 지배 유형들은
매우 시사적이다.[6] 히싱(Erik Hysing)의 지배 유형(Mode of Governing)
중에서 사사분면의 '탈정치의 정치화' 현상인 시민정치는 비정부
행위자가 국가의 권위 및 정부에 의존하지 않고, 스스로 규칙과 규
제를 마련하고 실천하는 자율적 관리(self-governing) 형태이다. 이는
비정부 행위자들이 정부의 권위 및 지도에 저항 혹은 불신하는 경
향이 강하다. 아울러 정부의 개입 능력이 매우 제한적일 경우이다.
분권과 분산, 개방과 유연화를 통한 참여의 극대화, 혁신적 정책 아
이디어의 획득, 민주주의의 실천 등 긍정적인 요소들을 내포하고

---

6) Hysing, Erik. 2009. "Governing without Government? The Private Governance of Forest
　Certification in Sweden." *Public Administration*. 87: 2, pp.312-326.

있는 반면, 포퓰리즘(populism)의 확산, 고비용-저효율의 정책과정, 정치적 갈등의 첨예화 가능성 등과 같은 부정적 요소도 있다.

여기에서 한국 민주주의에 새롭게 싹튼 정치가 이 글에서 주장하고자 하는 시민정치이다. 시민정치는 기존의 제도권 정치, 즉 의회정치, 정당정치, 대의정치에 불신을 가지고 있는 시민들이 종래에는 제도권 정치에 대해 부정적 입장에서 견제하고 균형을 유지하는 데에 목적이 있지만 이제 비제도권에서 시민사회운동에서 끝나지 않고 직접 정치에 참여하여 정치의 주체가 된 형태를 이른 상태를 말한다.

이 같은 시민정치를 가능하게 했던 시민사회단체들의 구체적 내면을 보면 그 활동영역의 편중, 지역적으로 중부권에 집중현상, 상근자의 규모와 교육 등 충원 문제, 예산의 영세성, 조직의 정비 문제 등 많은 문제를 내포하고 있다. 특히 중간자의 역할을 위한 노하우 쌓기와 역량강화가 매우 아쉬운 지금이다.

(참고문헌)

김용철, 2010, 내나라연구소 2010년 학술회의발제문 "네트워크사회의 정부-
    시민 관계" (6/16).
이종식, 2009, 『NGO와 지역사회의 이해』, 서울: 한국학술정보(주).
한국민간단체총람 편찬위원회, 2009, 『한국민간단체총람2009』, (사)시민운동
    정보센터.
문화일보 2011.11.23. "행정가 아닌 정치인 행보······ '市政 불안감' 해소를",
    '박원순 서울시장 1개월' 평가.
중앙일보, 2011.10.6. 중앙시평, 박명림, "박원순, 시민정치, 정당정치".

Hysing, Erik. 2009. "Governing without Government? The Private Governance
    of Forest Certification in Sweden." *Public Administration.* 87: 2,
    pp.312-326.
Tocqueville, Alexis de. 1981. *Democracy in America*, New York: Freedom Watch,
    pp.263-276.

별첨

시민단체 현황 서식

(작성자명 및 직책:)

	1. 가정, 2. 건강/보건의료, 3. 경제, 4. 과학기술, 5. 교육, 6. 교통, 7. 국제연대, 8. 국제협력, 9. 기념사업회, 10. 기부/나눔, 11. 기타종교, 12. 노동, 13. 농어민, 14. 도시개혁·토지·주택, 15. 문화, 16. 빈민, 17. 사법·행정, 18. 사회복지·노인, 19. 사회복지/아동, 20. 사회복지/장애인, 21. 사회복지/청소년, 22. 사회복지일반, 23. 소비자, 24. 시민사회일반, 25. 실업, 26. 언론/ 출판, 27. 여성, 28. 예산감시, 29. 이주노동자, 30. 인권/생명, 31. 자원봉사/구호, 32. 재외동포, 33. 정보통신, 34. 정치, 35. 종교일반, 36. 주민자치, 37. 지방자치/분권, 38. 청년/학생, 39. 통일/민족, 40. 평화, 41. 행정개혁, 42. 협동조합/생활공동체, 43. 환경	1	2	3
① 활동 분야				

② 단체명	한글명		한글약칭	
	영문표기		영문약칭	

③ 주소	대표전화		FAX	
	E-mail			
	인터넷 홈페이지			
	주소			

④ 설립	설립일		법인 형태	1. 사단 2. 재단 3. 사회복지 4. 특수 5. 기타

⑤ 설립 목적 및 사업	설립 목적	
	단체 소개 (150자 내외)	
	주요사업	

⑥ 연혁	

⑦ 회원 수, 연 예산	회원 수		연 예산	

⑧ 후원계좌	은행명:	계좌번호:	예금주:

⑨ 대표자 및 임원	대표자명	한글		생년월일		직위	
		한자					
		영문				임기	
		e-mail					

⑨ 대표자 및 임원	대표자 주요 학력					
	대표자 주요 경력					
	공동대표명					
	임원명					

⑩ 실무자	실무책임자명	한글		생년월일		직위	
		한자					
		영문				임기	
		e-mail					
	실무책임자 주요 학력						
	실무책임자 주요 경력						
	실무자 수						
	실무자명						

⑪ 정기간행물 및 주요 출판물	정기간행물명		창간연월		발행주기	
	주요출판물명 (서명, 저자, 발행연도)					

⑫ 지부, 부설 기관, 회원 단체, 참가 단체 등	구분, 단체명, 대표자, 주소, 전화, FAX

「시민단체 현황 서식」작성을 위한 도움말

※ 액셀 및 한글파일 중 한 가지를 **선택, 기입**해 주십시오.

1) ①항의 코드는 총람 및 KNGO.net DB 분류를 위한 것으로서
제시된 43개 분류 항목 중 귀 단체 성격에 가장 맞는 3개 항

을 우선순위 순으로 직접 선택 기입해 주시면 됩니다.

2) ②항 단체명의 영문 및 약칭 표기 시 대·소문자를 구분해 작성해 주시기 바랍니다.

3) ③항의 전화번호의 경우, 지역번호는 괄호 안에 표기하고, 주소 앞에 우편번호를 함께 기재해 주시기 바랍니다.

4) ④항의 법인형태는 제시된 4개 항 중에서 해당되는 번호를 기입하되, 제시되지 않은 기타 형태의 법인은 직접 기재해 주시기 바랍니다.

5) ⑤항의 목적 및 소개란은 각각 150자 안팎의 문장으로 작성해 주시고, 주요 사업란은 사업명만 중요도 순으로 짧게 적어 주십시오.

6) ⑥항의 연혁란에 주력 사업명 외 행사 일시, 장소, 인원 등 세부내용은 기재하지 않습니다. 계획 중인 2005년도 하반기 사업의 경우에도 사업 진행이 확실히 이뤄질 것으로 판단될 경우에는 연혁에 담아 주십시오.

7) ⑦항의 회원 수 및 연간예산은 가능한 현 회원 수와 올 예산을 기재해 주시기 바랍니다.

8) ⑧항의 계좌는 후원 및 모금전용 공개계좌를 적어 주시고, 예금주를 밝혀 주시기 바랍니다.

9) ⑨항의 연대단체의 경우에는 상임대표를 대표란에 기재하고, 공동대표와 임원은 각각 해당란에 기재해 주십시오. 임원의 경우 직위와 성명을 쓰고, 괄호 안에 현직을 적어 주십시오.

10) 대표자 및 실무책임자 임기는 구체적인 기간(예, 2005.1.1~2006.12.31)을 기록해 주십시오. 각 단체의 팀장급 이상 상근자는 실무자란에 모두 기재해 주십시오.

11) ⑪항의 정기간행물의 경우 계간 이상은 모두 적어 주시고, 주요출판물은 서명, 저자, 발행연도를 기재해 주십시오.

12) ⑫항의 지부, 부설기관, 회원단체, 참가단체란에는 지부와 지회는 물론 연구소, 연구센터, 문화센터 등 관련 단체 모두를 포함 작성해 주십시오.

제10장 정부의 시민사회정책 평가
- 이명박 정부의 시민사회정책 평가[*] -

I. 이명박 정부의 국정지표

이명박 대통령은 2008년 2월 25일 제17대 대통령으로서 취임하였다. 이명박 정부는 5대 국정지표 아래 20대 국정전략과 100대 국정과제를 확정하여 발표하였다. 선진 일류국가 건설을 목표로 활기찬 시장경제, 인재대국, 글로벌코리아, 능동적 복지, 섬기는 정부를 주요 국정지표로 삼았다. 이 글은 현재 대통령 임기 5년을 경과하면서 이명박 정부의 성과를 평가하고 현 정부에서 부진했던 과제를 다음 정부에서 지속적으로 추진할 수 있도록 하려는 데에 목적에 있다. 100대 국정과제 중에서 5개 국정지표에 의해 분류해 보면 ▲섬기는 정부(행정·지방자치) ▲활기찬 시장경제(경제·산업) ▲

* 본 글은 『내나라』 제21권에 게재된 것을 일부 수정·보완한 것임.

능동적 복지(복지・서민생활・일자리) ▲인재대국(교육・과학기술) ▲성숙한 세계국가(통일・안보・외교・문화) 등이 시민사회에 대한 정부정책이다.

이명박 정부 5년에 걸쳐 쟁점이 된 시민사회운동들을 전 지구적 기회구조 요인과 한국 국내의 시민사회운동의 쟁점영역별로 검토해 보고 이들에 대한 종합적 평가를 시도해 보고자 한다.

II. 전 지구적 기회구조들: 외부적 요인들

지구화시대는 지구적 기회구조가 상호 긴밀하게 연결되어 있다. 관련 이슈에는 국가, 지역, 세계가 있다. 또한 상호 영향을 주고받는 관계로써 공간적으로 가까워지고 평평해진 것이 사실이다. 최근 한국 시민사회에 중요하게 미친 범지구적 기회구조의 변화를 살펴보고자 한다.[1]

1) 지구적 위기론

우리나라는 서구사회와 조건이 다르긴 하지만 21세기에 들어서면서 시민사회에 대한 담론은 급속하게 변화・확산되었다.[2] 20세기는 경제성장과 발전이 주도적이었던 반면 21세기는 정보통신기술(ICT)이 가장 두드러진 발전 요소다. 한편, 기후환경변화, 식량・

---

1) 임현진・공석기, 2011, "한국 시민사회, 신자유주의 세계화의 대안을 준비하고 있는가?" 『한국 시민사회연감 2012』(2012.12), 23-26쪽.

2) 김영래, "21세기의 새 정치의 화두: 시민사회운동", 『한국정치 어떻게 볼 것인가』, 박영사, 2006, 321-351쪽.

에너지자원, 미국발 금융위협, 유럽재정 위기 등은 전 지구적 복합위기를 거론하는 지배적 요소다.[3] 이러한 위기의 원인은 20세기 말 지구촌의 지배이념이 되었던 시장 중심의 신자유주의 정부정책에 있다.

2) 신자유주의의 확산

신자유주의 정책은 1970년대 말부터 미국과 영국에서 당시 레이건 행정부와 대처 행정부에서 시작되었다. 국가가 관장해 온 주도권을 민간에게 이양하는 것이다. 다시 말해 공동체의 이익을 위해 희생한 국민의 개인적 자유를 국민에게 돌려주겠다고 함으로써 출발하였다. 이러한 변화에 대해 두 나라의 정부는 국민에게 강력한 지지를 얻었다. 당시 국민들은 거시적 경제발전이라는 국가경제계획과 중동석유위기 등 기존의 지배질서체제에 대해서 회의적이었으므로 더욱 강한 지지를 받을 수 있었다. 이러한 정책에 맞추어 각국에서는 정부의 규제를 완화하고 자유화·민영화를 추진하였다. 그 결과 국가 중심에서 시장 중심으로 패러다임이 변화하였다. 이러한 패러다임의 변화는 결과적으로 전 지구적 삶을 같이하는 세계화를 가져오게 된 것이다.

3) 글로벌 금융위기

2008년 미국발 금융위기의 영향으로 전 세계적인 경제위기가 진행되었다. 그 여파가 아직도 끝나지 않고 있다. 현재 유럽 몇몇 국

---

3) 김진현, "지구촌 세 가지 복합위기와 한국의 갈 길", 제113차 희망포럼 정책토론, 2009.6.19.

가는 재정위기가 향후 세계경제의 기준을 또 한 번 뒤흔들어 놓을 것으로 예상된다. 신자유주의는 세계화를 지배해 온 논리다. 톱다운(top-down) 방식의 세계화를 주도한 신자유주의는 민영화, 자유화, 탈규제라는 주요 정책을 자본주의 세계경제체제의 핵심주제어로 삼고 있다. 이른바 '워싱턴 컨센서스(Washington Consensus)'[4]라고 불리는 신자유주의는 정부의 개입을 줄이고 자율적인 시장기제에 맡겨 자유로운 자본의 이동을 허용한다.

미국 월가에서 비롯된 금융위기가 유럽으로 확산되어 유로존의 위기까지 이어지고 있다. 최근에는 소위 '자본주의 4.0'이라고 표현되는 새로운 버전의 자본주의 체제가 주목받고 있다. 이것은 신자유주의 세계화의 핵심인 시장혁명이 2008년 가을 미국의 금융위기로 끝났음을 의미한다. 아나톨 칼레츠키(Anatole Kaletsky)는 시장 인센티브로 모든 것을 해결한다면, 정치와 경제는 파국을 맞을 것이라고 했다. 그 대안으로 아담 스미스의 '도덕론'과 막스 베버의 '프로테스탄티즘의 윤리'와 같은 제도와 문화의 개입이 필요할 것이라고 했다.[5] 이러한 변화를 역설적으로 보여 준 것이 바로 2011년 9월 17일에 시작된 뉴욕 맨해튼 월가 시위다. '월가를 점령하라(Occupy Wall Street)'라는 시위는 미국은 물론 전 세계로 확산되었

---

4) 이는 1990년 전후 등장한 제3세계 국가적 위기발생 극복을 위해 구조조정을 통해 미국식 시장경제체제로의 확산 전략을 말한다. 미국, IMF, 남미 국가들의 금융 당국자들이 1989년 워싱턴에 모여 남미 국가들이 따라야 할 10가지 주요 경제 정책에 대해 합의를 도출하였다. 그 합의 내용은 ① 건전재정 보장과 재정적자 억제, ② 공공지출 축소(특히 군사, 행정 분야), ③ 조세기반 확대와 효율적 집행을 목표로 한 세제개혁, ④ 시장이 금리를 결정하는 금융자유화, ⑤ 수출주도 성장을 지원하는 경쟁환율, ⑥ 수입허가제 폐지와 관세인하를 수반하는 무역자유화, ⑦ 외국인 직접투자 장려, ⑧ 국영기업 민영화를 통한 경영 효율화와 실적 향상, ⑨ 경제의 규제철폐, ⑩ 재산권 보호 등이다.

5) Kaletsky, Anatole(위선주 역), 『자본주의4.0』, 서울: 컬처앤스토리, 2011.

다. 신자유주의 세계화 혹은 금융세계화로 인해 더욱 악화된 전 지
구적 불평등 및 사회적 양극화에 대한 초국적 사회운동이 촉발된
것이다. 그동안 미국은 반세계화 운동이 잠잠하였다. 하지만 신자유
주의 세계화 네트워크의 핵심인 뉴욕 월가에서 사회운동이 시작되
었다는 사실은 신자유주의 세계화를 주도한 국제금융기관-WTO,
IMF, World Bank-이 근본적인 개혁이 불가피함을 의미하는 것이
다. 동시에 각개 전투식으로 진행되었던 초국적 반세계화 운동이
'지구정의(global justice)'라는 글로벌 프레임으로 수렴된 것이다. 이
것은 더욱 강한 초국적 연대활동을 이룰 수 있는 지구적 기회구조
가 열린 것을 의미한다.6) 물론 지역, 국가, 풀뿌리 운동이 이러한
기회를 어떻게 이해하고 적용하며 응용하는가 하는 문제는 별개다.

4) 자연재난과 환경위기

2011년 3월 11일, 일본 동북 지역 후쿠시마 대지진이 몰고 온
핵발전소 방사능 유출은 바다와 토양을 오염시켰다. 북미, 남미, 아
프리카, 동남아 지역은 오랜 가뭄으로 인해 식량생산에 어려움을
겪고 있다. 여기에 미국 금융위기와 유럽연합의 재정위기가 더해지
면서 전 지구적 차원의 기후, 환경, 식량, 자원, 금융, 경제의 심각
한 위기가 우리의 생명과 안전을 위협하고 있다.

일본 후쿠시마 원자력발전소 폭발 사고는 소련 체르노빌 사고
(1986년 4월 26일)와 미국 스리마일(Three Mile Island) 사고(1979년
3월 28일)에 이은 대규모 원전사고이다. 이 사고는 지진에 의한 전

---

6) Moghadam, Valentine. *Globalization and Social Movement: Islamism, Feminism, and the Global Justice Movement*. Lanham: Rowman & Littlefield. 2008.

력공급 중단에 따라 냉각수가 공급되지 않아 핵연료가 녹아내리는 사고로까지 확대되었다. 수습과정에서 방사능 증기가 배출되고, 오염된 물은 바다로 바로 배출되었다. 또 죽음의 재라고 불리는 세슘이 기준치의 1,000배나 방출되었다. 일본정부는 뒤늦게 사고현장 20km 반경 이내 주민을 대피시켰지만 주민들의 일부는 방사선에 피폭되었다. 가장 큰 문제는 일본정부가 사건을 축소 보도한 것이다. 투명한 보도를 하지 않아 국민들을 방사능 공포에 빠트렸다. 일본정부는 아직까지도 원전 사고 후 수습 중에 있으며 더 이상 원자력발전소 규모를 늘리지 않겠다는 계획을 발표하였다. 일본의 시민사회단체는 연일 정부를 규탄하는 시위를 벌여 왔다. 최근에는 일본 내 원자력 발전을 전면 중단할 움직임도 보이고 있다.

문제는 글로벌 위험을 야기할 수 있는 원전사고에 대한 고조된 관심이 핵 발전 문제에 대한 근본적 문제 제기로 이어가지 못했다는 점이다. 후쿠시마 원전 사고가 전례를 찾기 힘든 사고였음에도 불구하고 일본 시민사회는 물론 한국도 원자력과 에너지 문제에 대한 근본적인 성찰의 자세를 갖고 대안 에너지 모델 및 사회발전 모델을 모색하는 데 도달하지 못했다. 일본 후쿠시마 원전 사고는 전 세계에서 가장 안전하다는 일본 원전에서 일어난 사고였기 때문에 인간의 과학문명에 대한 맹신과 안전신화의 허구성을 확인하는 계기가 되었다. 결과적으로 핵 위험과 관련한 예방적 자세(precautional approach)를 견지할 필요성을 보여 주는 귀중한 교훈이 되었다. 특히 한국 사회 내 방사능 오염 및 원전사고에 대한 불안감이 고조되었다. 원전건설 반대 여론이 거세졌음에도 불구하고, 한국 정부는 오히려 원자력 산업을 확대하겠다는 정책을 발표하였

다. '원자로 설계방식이 다르다'며 녹색성장을 위한 청정에너지로
서의 원자력임을 강조하였다. 그러나 우리나라는 핵발전소 도입 이
후 10년 주기로 중대 사고가 발생하였다.

한 가지 주목할 사항은 중국정부의 원자력 발전소 건립계획이다.
2010년까지 15기가 건립되었고 2020년까지 무려 두 배 가까이 그
수를 늘릴 계획이다. 문제는 건설 위치가 대부분 한반도와 가까운
동남 지역에 몰려 있다는 것이다. 이러한 동북아시아 지역의 위험
은 문자 그대로 위험이지만 동시에 한·중·일 시민사회의 협력을
확대할 수 있는 기회가 될 수 있다. 최근 그린피스 동아시아지부
(Greenpeace East Asia)가 설립되어 주목을 끌고 있다. 여기에는 그
린피스 베이징 사무소, 서울 사무소, 홍콩 사무소, 타이베이 사무소
가 소속되어 있다. 그린피스 일본 지부는 이미 국가지부로 활동하
고 있다. 따라서 별도로 활동하면서 동아시아 지부와 사안별 연대
활동을 할 것으로 예상된다. 후쿠시마 원전 사고를 계기로 한·중·
일 시민사회가 지속적으로 만날 수 있는 발판이 마련된 셈이다.

5) 민주화 열풍과 소셜 미디어의 영향력

2010년 말 북아프리카 튀니지에서 시작되어 아랍 전역으로 확산
된 민주화 운동(재스민혁명)은 어느 누구도 예상치 못한 극적인 정
치 변동임에 틀림없었다. 이러한 저항운동의 배경에는 신자유주의
세계화 정책이 있다. 그 중심에는 권력과 부의 집중현상의 결과인
사회 양극화가 자리 잡고 있다. 시민들 사이에 팽배해 있는 이러한
불만과 저항을 촉발시킨 것 중의 하나는 인터넷 활동이다. 트위터
를 비롯한 페이스북 등 소셜네트워크서비스(SNS)를 통한 온라인상

의 의사소통이다. 예컨대 이집트의 경우, 정부가 정치적 격변 과정에서 트위터와 페이스북의 사용을 차단했으나 시민의 저항운동을 막지 못했다. 이집트의 인터넷 사용 인구는 전체 인구의 20%인 2,000만 명이며, 인구의 6%가 페이스북을 사용한다. 동시에 언론과 인터넷에 대한 정부의 통제 정책이 가장 강력한 대표적인 나라였다. 2005년 인터넷이 정치와 온라인 소통에 활용되기 시작하면서부터 이집트 정부는 인터넷과 언론을 강도 높게 압박하였다. 그 결과 수많은 블로거들을 체포했으며 기본적인 언론 및 표현의 권리를 제한하였다. 하지만 인터넷을 통한 국민의 저항은 더욱 강화되었고 그들의 소통을 막지 못했다. 페이스북을 이용한 정치적 결집과 트위터에서의 해시태그(hash-tag)를 통해 국민들의 민주화를 향한 의사소통은 극대화될 수 있었다. 그뿐만 아니라 알자지라 방송은 SNS를 활용하여 이집트 정부의 인터넷 차단을 무력화시켰다. 미국 및 영국의 주요 미디어는 각종 SNS에 게시된 글들을 인용하여 이집트 사태를 전 세계에 알렸다. 이를 통해 SNS와 재스민혁명의 관계는 아주 밀접함을 보여 주었다.

Ⅲ. 시민사회운동의 쟁점사항들: 내부적 요인들

1. 정치 영역

1) 한국 시민사회운동의 역할과 특징
1987년 6월 항쟁 이후 권위주의체제가 물러나고 절차상의 민주화가 진행되면서 현재와 같은 한국 시민사회운동은 시작되었다. 시민들은 시민사회에서 다양한 결사를 맺는다. 또 민주주의의 공고화 과정에서 파생된 정치적 자유를 주장한다. 한편 가진 계층의 폭력에 저항하면서 경제적 자유를 찾아 대안사회운동(alternative society movement)을 실험하고 새로운 모델을 추구해 왔다.

한국 시민사회에서는 시민사회의 구조, 역사와 전망에 대한 많은 활동과 연구를 진행하여 왔다. 한국의 시민사회는 복잡한 사회문제를 분석하고 해결하는 인식적 기초가 되어 왔고, 삶의 의미를 재생산하는 실천적 수단으로 간주되어 왔다. 또 행위의 주체이자 철학적 토대를 제공해 주는 주역으로서 자리매김하여 왔다. 즉, 민주주의의 공고·확대·발전, 복지서비스의 생산, 지배·피지배 간의 새로운 거버넌스(governance) 형성, 사회적 자본(social capital)생성, 시대에 맞는 새로운 시민상의 확립, 자방자치의 실현, 지역사회의 개발, 공동선을 추구하는 공동체 복원, 그리고 기존의 회의적인 삶에 대한 대안사회의 모색 등 주도적 역할을 수행해 오고 있다.[7]

그러나 한국 시민사회 분석을 통해서 시민사회의 문제점과 과제를 제시하기도 한다. 구체적 내용을 살펴보면 <표 1>에서 보여주는 것처럼 활동영역의 편중현상이 심화되어 있다. 가장 활발하게 활동을 보이고 있는 영역은 복지, 환경, 정치·경제의 영역이다. 반면 모금, 소비자권리, 외국인, 대안사회, 국제연대 영역에서는 활동이 미약하다. 여기서 우리는 앞으로 한국 시민사회가 나아가야 할 방향을 알 수 있다. 활동이 미약한 분야는 시민사회활동의 주요 대

---

7) 박상필, "1990년대 이후 한국 시민사회의 발전", 한국NGO학회 특별학술대회 발표논문집, 2010.8, 117-137쪽.

상이 되어야 한다. 시민사회단체의 활동영역의 편중 이외에도 지역
적으로 중부권 집중현상, 상근자의 규모와 교육, 인원 충원 문제,
예산 영세성, 조직 정비 문제 등의 문제들도 지적되고 있다. 그중
시민정치를 표출하는 시민사회단체의 역량을 강화하는 문제가 가
장 시급하다.[8)

〈표 1〉 한국 시민사회단체 영역별 활동 단체 수

번호	분야	단체 수(개)	비율(%)
1	환경	1,491	11.78
2	인권	306	2.42
3	평화·통일	482	3.81
4	여성	687	5.43
5	권력감시	143	1.13
6	정치·경제	1,538	12.15
7	교육·연구	622	4.91
8	문화·체육	991	7.83
9	복지	2,215	17.50
10	청년·아동	1,035	8.18
11	소비자 권리	96	0.76
12	도시·가정	390	3.08
13	노동·빈민	347	2.74
14	외국인	240	1.90
15	모금	31	0.24
16	자원봉사	905	7.15
17	국제연대	229	1.81
18	대안사회	182	1.44
19	온라인활동	179	1.41
20	기타	548	4.33
	총 계	12,657	100

(출처) 한국 시민사회단체통계, 『한국민간단체총람2012』 해설 참조.

---

8) 이종식, "시민사회단체 분석을 통해 본 시민정치의 문제점", 『내나라』 제20권, 2011.11, 76-80쪽.

2) 이명박 정부 4년 국정과제 이행률

한국 시민사회의 이명박 정부의 정책 4년간의 5대 국정과제에 대한 평가는 전반적으로 낮다. 경제정의실천시민연합에서 발표한 자료를 통해 보면, 이명박 정부 4년 5대 국정과제 이행률을 알 수 있다. 국정과제 이행률에 대한 전문가 평가는 대부분 낮은 수준에 머물고 있다. 국정과제 이행률은 평균 39.48%이고, 전문가들의 만족도 평가는 5점 만점에 평균 1.69다. 백분율로 보면 33.9로 전문가들은 대체로 낮게 평가하고 있다.

3) 이념구도의 대립 강화

이명박 정부와 보수 세력의 집결, 야당과 진보세력의 집결은 한국 시민사회 내부의 이념적 대립을 강화시켰다. 여야 정권교체 출현은 긍정적으로 평가할 수 있다. 그러나 지나치게 비생산적으로 이념에 대립각을 세울 경우 민생정치를 외면하게 되는 위험성이 내재하고 있다.

보수와 진보 갈등의 구조적 원인은 해방정국 이후 분단체제에서 찾는 것이 일반적이다. 해방 이후의 좌우대립이나 혹은 항일운동의 노선에서 기원을 찾을 수도 있지만 좌파와 우파의 이념적 재생산을 가능하게 하는 구조적 요인은 한국전쟁과 분단체제에 있다. 그러나 진보와 보수의 대립구도는 현대사의 주요 정치과정을 통해 지속적으로 새롭게 배열되어 왔다. 예컨대 해방정국의 이념구도와 현재의 이념구도는 상당히 변화되었다. 특히 5·16 군부쿠데타와 신군부 쿠데타는 이념진영을 바꾸는 계기가 되었다. 실제로 5·16 군부쿠데타 이후 1987년까지의 군부 권위주의 정권에서 진보진영은 독재 권력의 억압 속에서 시민적 권리를 행사하지 못했기 때문에 저항운동에 그쳤다. 다만 보수진영은 이 시기에 박정희 군부세력과 전두환 신군부세력을 중심으로 재편되는 과정을 거쳤던 것이다.[9]

신군부 정권 이후 이명박 정부까지 '정권교체'는 무엇보다도 진보와 보수진영을 새롭게 재구성하거나 진용을 윤색하게 하는 계기가 되었다. 대통령과 권력의 실세들이 새로운 정치세력이면 그러한 윤색은 강화되기 때문이다. 이러한 점에서 볼 때, 오늘날 한국의 민주주의를 퇴행시키고 있는 현재적 이념갈등은 1987년 6월 항쟁 이후 전개된 '절차적 민주주의'의 실현 시점에서 가장 가까운 기원을 찾을 수 있을 것이다. 1987년 6·29선언 이후 노태우 정권의 등장과 김영삼 정권으로 이어지는 시기는 현재의 이념대립구도를 만드는 데 가장 가깝고 의미 있는 기원이다.[10]

1970~1980년대 반유신, 반신군부 운동을 주도했던 재야 민주화운동세력은 비록 다양한 정치경로를 채택했지만 범진보세력의 구심이 됨으로써 진보진영이 이 시기부터 공개적인 정치적 시민권을 얻게 되었다. 다음으로, 노태우 정부는 집권을 통해 신군부를 재등장시켰다. 김영삼의 집권과정은 가장 적극적이고 광범위한 보수 세력의 재구성과정이었다. 이명박 정권에서 잃어버린 10년이라고 언급했을 때 정권을 잃어버리기 전의 연속성은 바로 이 시기에 귀결될 수 있는 것이다. 한국에서 시민적 정체성으로 전개되는 시민운동은 1987년 민주화세력의 분화경로 가운데 하나로 형성되었다는

---

9) 조대엽, "1980년대의 시민사회와 제한된 민주화의 기원", 한국NGO학회 특별학술대회 발표논문집, 2010.8, 101-115쪽.

10) 상동.

점에서 시민사회 영역에서 진보와 보수가 형성되는 실질적 출발점
이 되었다고 볼 수 있다.[11)]

친기업적 효율성을 강조하는 정부와 보수 언론에 대해 반대하는
일부 시민들은 이명박 정부를 가리켜 '수구기득권세력', '고소영 정
권', '강부자 정권', '1%의 정권', '불통의 정권', '공안정권' 등으로
폄하하여 왔다. 한국 정치사회에서 이념갈등 현상은 정치발전에 장
애요인으로 작용하였다. 특히 2012년 4·11 19대 총선을 치르면서
통합진보당의 비례대표 선출과정의 불법적인 투표에서 좌파 종북
세력의 국회진출로 극화되었다.

4) 정보통신기술(ICT)의 발달과 사회연계망서비스(SNS) 활용

국내정치의 가장 큰 도전은 소셜네트워크서비스(social network
service)의 발달로 인한 시민들의 직접적인 정치참여다. 이를 통해
새로운 가치체계를 갈망하는 젊은 세대의 욕구를 발현하는 것이다.
울리히 벡(Ulrich Beck)은 지금의 독일 젊은이들은 정치에 회의적이
지만 대단히 정치적으로 행동한다는 것에 주목하였다. 이들이 정치
참여를 하게 된다면, 정당에 참여하는 것은 구태의연하기에 그린피
스(Greenpeace)에 가입하여 전 지구적 차원의 지구 정의 구현운동
에 참여할 것을 선호한다고 지적하고 있다.[12)]

이러한 새로운 시민사회의 변화 욕구에 대해서 한국 시민사회는
어느 정도 준비하고 있는가? 지금의 사회는 가치체계의 붕괴가 아
니라 가치 체계의 갈등이다. 사회와 정치, 그리고 민주주의와 관련

---

11) 상동.

12) Beck, Ulich, 2000, 『적이 사라진 민주주의』(정일준 역), 서울: 새물결.

해 그 양식과 내용 면에서 상이한 이미지들이 마주하고 있기 때문에 새로운 변화에 시민사회가 기민하고 적확하게 대응하는 것이 매우 중요하다.

특히 정보 활용 측면에서 한국정치에서 보수와 진보의 선거운동 양상 평가는 보수진영은 정보 활용에서 충분한 대응을 잘하지 못하고 있다는 지적을 받아 왔다. 2011년 6·2지방선거 결과에 대한 평가를 요약한 다음 글을 보면 그 같은 상황을 단적으로 읽을 수 있다.

> "진보진영은 시민사회가 활보하면서 헤게모니를 확대하기 위해 진지전의 구축에 어느 정도 성공하였다. 그것은 선거에서 상대진영을 이기고 승리한 측면에서 쉽게 읽을 수 있다. 이에 반해 보수진영은 이 점에서 패한 것이다. 한편 시민사회의 활동무대인 공공영역에서의 공론의 장을 활용하는 측면에서도 보수진영은 의사소통의 과정에서 정보통신기술을 선거전에 활용하는 데서도 실패한 편이다. 이에 비해 진보진영에서는 네트워크 사회의 정보통신 기제인 Twitter, PC, Computer, Handphone 활용에서도 승리하였다. 특히 소설가 이외수, 그리고 젊은 네티즌들의 Twitter의 활용 등을 볼 수 있다."[13]

한국에서 SNS의 영향력은 대단했다. 지난 2011년 10월 26일 서울시장 보궐 선거에서 시민들의 정치 참여가 소셜 미디어를 통해 이루어졌다. 이것은 선거라는 관습적인 정치참여 방식에 엄청난 충격을 주었다. 정당은 물론 시민사회 스스로도 그 영향력에 놀라지 않을 수 없었다. 10·26 서울시장 선거에서 소셜 미디어는 정당조직과 매스미디어의 영향력을 상당부분 무력화시켰다. 2040세대의

---

13) 이종식, "네트워크 혁명과 6·2지방선거", 『내나라』(제19권 2010.11.), 119쪽.

청·장년층은 신문·방송으로 대표되는 매스미디어보다는 스마트폰을 사용하여 온라인상의 소셜 미디어를 활용한다. 이를 통해 정보를 얻고 여론을 전달하며 후보자에 대한 지지를 분명히 밝혔다. SNS 영향력을 지나치게 확대 포장할 필요는 없다. 그러나 SNS의 도입으로 인해 한국정치는 선거 이외의 정치, 즉 소통의 정치에서 큰 변화가 예상된다. 페이스북, 트위터 등 스마트 정보통신기술에 의존하는 젊은이들의 직접적인 정치참여는 갈수록 보편화되고 있다. 이는 기존 대의민주주의 체제의 근간인 정당을 위협한다. 또한 정규 언론 중심이었던 매스미디어의 정치사회적 역할을 변화시킬 수 있는 계기가 될 수 있다. 최근 화제가 되고 있는 '나는 꼼수다' 현상은 사실의 측면보다 방법의 측면에서 독립 언론이 기성가치체계를 위협할 수 있는 가능성을 열었다. 이처럼 SNS의 등장은 한국 민주주의와 '공론의 장'의 구조적 역동성의 변화를 분명하게 보여준 사례라고 할 수 있다.

SNS를 통한 시민운동 활용을 살펴보면 앞으로 21세기 시민사회 형성을 도모하는 시민단체들의 활동 수단 중 하나가 될 것이 분명하다.[14] 최근 들어 시민단체의 움직임이 SNS를 적극 활용하는 방향으로 나아가고 있는 모습을 발견할 수 있다. 현재 많은 수의 시민단체들이 전용 트위터를 개설하여 사용하고 있으며, 시민단체의 이름으로 페이스북 페이지를 개설하여 홍보, 소통, 정보공유의 목적으로 이를 이용하고 있다.

---

14) 헌법재판소는 2011년 12월 29일 선거관리위원회가 선거 180일 전부터 공공 게시물, 즉 소셜네트워크서비스(SNS)를 통한 선거운동을 금지하는 것은 시민들의 선거운동과 정치적 표현의 자유가 침해된다고 판단하여 위헌으로 결정한 바 있다.

5) 희망버스와 새로운 시민문화

2011년 한국에서는 희망버스 운동이 월가의 반신자유주의 운동의 흐름과 맥을 같이한 바가 있었다. 한국의 희망버스 운동은 신자유주의에 대한 아래로부터의 대안 논의가 표현된 실제적 방식이된 것이다. 국내 한진중공업 사태는 일국의 산업구조의 변화가 아닌 전 지구적 차원의 산업구조 개편이 필요하다는 것을 보여 준다. 세계화된 자본과 노동 없는 민주주의의 문제의 핵심은 일자리 위기이며 이것은 노동자의 위기로 연결된다. 5차까지 이어진 희망버스는 새로운 운동문화의 아이콘이 되었다. 트위터와 같은 소셜 미디어(Social Network Service)의 영향력은 대단했다. 참가비 3만 원을 내고 무박 2일 여정에 참여한 사람 중 대다수는 기존의 노동 갈등 현장에서 볼 수 없었던 사람들이었다. 희망버스는 경기도 평택 쌍용자동차 노동조합과 제주도 강정마을의 연대활동으로 이어지기도 했다. 더 나아가 일국의 경계를 넘어선 국제연대활동 차원의 초국적 지지와 옹호 네트워크가 구축되었다. 미국 MIT의 노암 촘스키 명예교수와 독일 크리스티안 불프 대통령 등 해외 인사의 격려와 지지가 이어졌다. 또 르몽드와 알자지라 등의 해외 언론에 보도되면서 국제적 이슈로 떠오르기도 하였다. 그 결과 국내 정치권에서는 한진중공업만을 놓고 청문회와 국정감사가 열렸다. 또한 언론에서는 시사 다큐멘터리와 기획 기사가 봇물처럼 쏟아졌다. 희망버스를 촉발시켰던 김진숙 지도위원은 85호 크레인에서 309일 만에 내려왔다. 끝내 한진중공업 측은 정리해고를 철회하는 결과를 초래하기도 하였다.

2. 경제적 영역

1) 무역 1조 달러 달성

2010년 우리나라는 세계 7대 수출국으로 도약하였다. 이어서 2011년 무역 1조 달러를 달성하였다. 우리나라는 미국, 독일, 일본과 함께 세계에서 9번째로 국민소득 3만 달러의 위업을 달성한 국가가 되었다. 글로벌 금융 위기 이후, 1조 달러 국가군에 진입한 최초의 국가가 되었다. 금융위기 이후(2008→2010) 세계 교역은 2% 감소하였으나, 한국은 4.0% 증가하는 수치를 달성하였다.[15]

〈표 2〉 한국 수출증가와 무역규모 개선

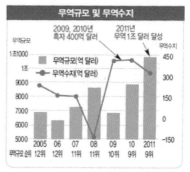

수출시장은 아세안 등 신흥국가 중심으로 다변화되었고, 기술개발을 통해 부품 소재 무역규모 면에서 흑자를 달성하기도 하였다. 2009, 2010년에는 상기 <표 2>의 무역규모에서 400억 달러 흑자를 냈다. 2011년에는 좀 떨어지기는 했으나 300억 달러의 흑자를

---

15) 청와대 홈페이지 http://president.go.kr/kr/policy/policy_year4.php 2012.7.22. 검색.

달성하였다.

2) 경제영토 세계 3위

우리나라는 유럽, 북미, 아시아 3개 대륙으로 FTA 체결을 확대했다. '국토는 좁지만 경제 영토는 대국'으로 도약하는 터전을 마련한 것이다. 경제영토 세계 3위(세계 GDP 대비 61%, 미국 포함)로 중국, 일본 등 주변 경쟁국 경제영토에 비해 약 4배 수준이다.

청와대 자료 <표 3>에서 보는 바와 같이 FTA 체결 이후, 무역 증가로 FTA 체결효과가 가시화되고 있다. FTA 체결국들과의 무역 증가율이 이전보다 2배 이상 증가했다. 한국·EU FTA 발효(2011년 7월) 이후에는 유럽 재정위기에 따른 수출 둔화를 최소화하는 효과를 보였다. FTA 혜택 품목이 2.7% 증가한 것에 비해 비FTA 혜택 품목은 34.1% 감소현상을 보였다. 2011년 7~12월에는 전체 수출이 7.9% 정도 감소하였다.

〈표 3〉 FTA 발효 전후 무역증가율 비교

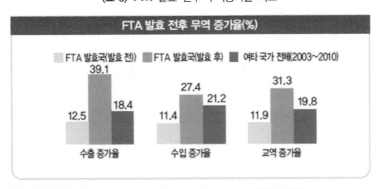

(출처) 청와대 홈페이지 http://president.go.kr/kr/policy/policy_year4.php 2012.7.22.검색.

3) 대·중소기업 간 동반성장 기반 조성

2010년 9월 '동반성장종합대책' 발표 이후 동반성장 추진시스템을 가동하여 민간 합의기구인 동반성장위원회를 중심으로 중소기업의 적합업종을 선정하였다. 2012년 1월 두부, 김 등 82개 품목을 중소기업에서만 취급하도록 하였다. 정부는 대기업의 일감 몰아주기, 과세와 하도급법, 대규모 유통업법 제정 등을 통해 변칙적 상속·증여를 차단하고, 중소기업 보호를 강화하였다. 2011년 12월부터 일감 몰아주기를 통해 지배주주 등이 얻은 이익에 대해 증여세 과세 제도를 도입하였다. 조합의 납품단가 조정 신청제도, 중소기업 기술탈취 행위에 대한 징벌적 손해배상 제도를 도입하였다. 2012년 1월부터 상품대금 감액, 반품 등에 대한 입증책임제로 전환하였다.

〈표 4〉 동반성장협약 체결 대기업 추이 및 수혜 중소협력사

(출처) 청와대 홈페이지 http://president.go.kr/kr/policy/policy_year4.php 2012.7.22.검색.

4) 경제 민주화와 사회양극화

경제 민주화란 경제활동의 주체인 기업이나 정부정책의 공정성과 효율성을 감시·비판하는 세력들이 자유롭게 의사결정에 참여할 수 있는 것을 의미한다. 따라서 경제 민주화는 연말 대선 정국

의 핵심 쟁점으로 예상된다. 경제 민주화가 이루어진 국가에서만 지속가능한 발전이 가능하기 때문이다. 아담 스미스는『국부론』에서 현대적 의미의 중소기업, 소상공인 그리고 자영업자들의 자유로운 경제활동을 강조하였다. 또한 노동자들의 최저임금을 높일 것을 주장하였다. 하지만 한국의 주류 경제학자들은 자유방임주의와 재벌중심의 경제성장을 주장한다. 이것은 한국 일반 시민들을 세뇌시켰고 불안정한 경제시스템이라는 결과를 가져왔다. 현재 한국 경제는 정치 민주화와 경제 민주화의 진전을 통해 세계적 수준의 경제 규모와 소득수준을 유지하고 있다. 그러나 소득수준이 겨우 2만 달러를 넘긴 것은 경제 민주화가 충분히 진전되지 못했음을 뒷받침한다. 2007년 12월 19일, 한나라당의 '경제 살리기'는 저소득층과 실업자 계층으로부터 완벽한 지지를 받았다. 그에 따른 한나라당 정권의 '747' 공약은 비정규직 급증, 일자리 불안, 가계 부채 급증 등의 고통을 서민들에게 안겨 주었고 GINI계수 악화, 아파트 매매 가격 상승과 국민 부담률의 증가라는 실패를 낳았다. 그 결과 많은 경제 관련 시민단체들의 활동이 활발하였던 것이다.

사회적 양극화는 국내의 가장 큰 문제다. 그 구조적 원인은 재벌 대기업 중심체제에 따른 결과이다. 이 문제를 극복하기 위해서는 재벌을 개혁하고 중소기업 중심의 체제로 전환되어야 한다.

중소기업과 대기업 간의 거래 관계에 있어서 시장질서의 공정성 확보는 매우 중요하다. 소규모 기업들은 협상력을 강화하여 규모 차이로부터 발생하는 불공정한 거래, 불합리한 납품가격 결정 등으로부터 보호받아야 한다. 이를 통해 중소기업과 소기업, 소상공업이 활성화될 것이다. 따라서 일자리 확충 및 소득의 안정화, 양극화해소, 대기업 경쟁력 강화, 국민경제의 선순환 발전 시스템이 작동하게 된다. 더불어 소비자를 위해 재벌개혁을 위한 제도적 개선이 이루어져야 한다.

한국 시민사회단체들의 활동을 살펴보자. 경제개혁연대는 3년 동안 재벌가와 국회의 경제문제에 대해 총 502건의 법적 대응을 요구했다. 경제정의실천시민연합은 한미 FTA, 쇠고기 협상, 도시가스 및 이동통신 요금 등에 관해 총 487건의 의견을 내놓았고, 참여연대는 경제와 그 유사범주에서 총 756건을 요구했다. 함께하는 시민운동 또한 경제 관련 분야에 많은 의견을 피력하였다. 각 단체는 그 단체의 각각의 특성에 맞는 경제 분야의 다양한 이슈에 관해 활발히 활동하고 있다. 특히 경실련과 참여연대가 전문가형의 시민운동에서 벗어나 시민들의 문제를 이슈로 택하고 있다는 점은 매우 바람직하다.

현 정부에 대한 경제개혁연대의 두드러진 대응은 재벌개혁에 대한 법적 대응이다. 해를 거듭할수록 재벌기업에 집중되는 경제력 비중이 증가되었다. 이에 시민단체는 집중도의 완화와 기업의 정당성 확보 등에 힘을 쏟았다. '시장지배적 사업자 추정제도'의 개혁, 자본이득세 도입, 전속개발권 일부 폐지 등은 재벌개혁을 위해 제시한 시민사회의 목소리다. 특히 2007년 6월에 금융위원회와 금융감독원을 상대로 제기한 '정보공개거부취소소송'에서 경제개혁연대가 인정받은 것은 시민사회가 이루어 낸 또 다른 성과라고 할 수 있겠다. 다음으로, 2011년 가장 큰 이슈였던 저축은행 사태가 시민사회가 저축은행대주주에 대해 이의를 제기하면서 시작되었다. 론스타 사건이 그 예다. 그 외에 서민을 위한 운동에는 3배 손해 배

상제도의 도입을 통한 골목상권 및 중소상공인 생활개선, 대기업과 중소기업 간에 수평적이고 협력적인 체계 전환이 있다. 이와 같은 개선은 국민경제의 선순환 구조의 확립과 기업들의 국제경쟁력 확보와 아울러 양극화를 해소시키고 사회통합을 이룰 수 있다. 경제 민주화특위가 제시한 법안들은 향후 민주통합당의 주요 경제정책으로 활용될 가능성을 남겼다.

3. 교육영역

1) 보육기관 국가 책임 지원

0~5세 보육은 의무교육의 연장이기 때문에 국가가 책임지고 대폭 지원을 확대하였다. 2012년에는 유아 학비·보육료 지원 대상을 0~2세·5세, 2013년 3~4세 유아로 확대하고 지원 단가도 연차적으로 인상하기로 하였다. 3~5세 공통과정 지원 단가(만 원)를 2012년 18~20만 원, 2013년 22만 원, 2014년 24만 원, 2015년 27만 원, 2016년 30만 원으로 각각 조정했다.

〈표 5〉 이명박 정부의 유아교육·보육 비전

구분	유아학비·보육료	양육수당
1단계(~2011년)	• 지원 대상 지속 확대 • (2008) 차상위 →(2009) 소득 하위50% → (2011) 소득 하위 70%	• 2009년 7월 양육수당 도입 • 지원 대상 및 금액 확대 • (2010) 24개월 미만, 10만 원 → (2011) 36개월 미만, 10만~20만 원
2단계 (2012년)	• 5세 누리과정 및 0~2세 유아교육·보육지원 확대	• 장애아동에 대해 취학 전(84개월)까지 양육수당 지원
3단계 (2013년)	• 3·4세 누리과정 도입	• 양육수당 지원 대상 확대(소득 하위 70%)

(출처) 청와대 홈페이지 http://president.go.kr/kr/policy/policy_year4.php 2012.7.22.검색.

2) 대학등록금 인상억제와 장학금 확대

이명박 정부는 지난 정부까지 크게 올랐던 대학등록금 인상을
강력히 억제하였다. 등록금 상한제를 도입(2010.1)하였으며 등록금
심의위원회를 설치하였다. 또 등록금 산정근거 공시 등을 통해 등
록금이 합리적으로 책정되도록 유도하였다. 국민정부와 참여정부
에서 등록금은 각각 34~40%, 35~57% 올랐었다. 그러나 현 정부
들어서는 4%대 상승에 그치는 성과를 거두었다.

〈표 6〉 대학 등록금 상승률 추이

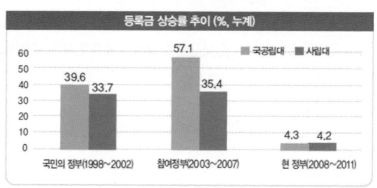

(출처) 청와대 홈페이지 http://president.go.kr/kr/policy/policy_year4.php 2012.7.22 검색.

대학 등록금에 관련하여 이명박 정부는 든든학자금제도(ICL)를
도입(2010)하였다. 취업 후 소득이 생기면 학자금을 상환하는 제도
로써 재학 중에 학비부담을 경감하고 신용불량자 양산을 방지하기
위함이다. 2010년 1학기 115천 명, 2010년 2학기 118천 명, 2011
년 1학기 156천 명, 2011년 2학기 147천 명 수준으로 수혜 대상은
증가하였다. 학자금에 대한 금리 또한 인하하였다. 학자금 금리는

2008년 2월 7.8%, 2009년 1월 7.3%, 2010년 1월 5.7%, 2011년 1월 4.9%, 2012년 1월 3.9%로 점점 낮추었다. 국가장학금은 과거 정부에 비해 약 20배 증가되었다. 2007년 1,000억 원에서 2012년 1조 9,000억 원으로 증가하였다. 2012년에는 '맞춤형국가장학금제도'를 도입하여 등록금 부담을 경감시켰으며, 1조 7,500억 원을 맞춤형 국가장학금으로 지원하였다.

3) 공정한 교육기회 확대

이명박 정부는 취학 전 아동에 대한 유아교육지원을 확대했다. 공정한 출발을 도모하고, 지역·계층 간에 교육기회의 격차 해소하는 데 노력을 기울였다. 돈이 없어 공부를 못 하는 일이 없도록 균등한 교육기회를 확대하였다. 아동·청소년 교육비지원 및 위기학생 지원 금액은 2009년 7,032억 원에서 2010년 7,744억 원으로 증가하였다. 저소득층 교육지원을 위해서 2009년 25,723억 원에서 2010년 26,642억 원으로 증액했으며, 농산어촌 학생의 교육지원 금액은 2009년 2,113억 원에서 2010년 3,962억 원으로 증액시켰다.16) 이명박 정부는 기초학력 향상지원체제를 구축하고, 방과 후 학교의 경쟁력 제고 등을 통해 취약계층에 대한 맞춤형 교육지원을 확대할 예정이다. 또한 재직자 특별전형, 대학의 기회균형 선발 인원을 확대하여 교육을 통한 사회적 계층이동 활성화를 추진할 것이다. 더불어 '학교교육의 자율성과 다양성 확대', '교육복지를 확대' 전략을 지속적으로 추진할 예정이다.

---

16) 청와대 홈페이지 http://president.go.kr/kr/policy/policy_year4.php 2012.7.22 검색.

4) 이명박 정부의 <학교만족두배, 사교육비절감> 정책

이명박 정부는 신자유주의적 교육개혁을 통해 교육의 상품화, 시장화를 지향해 왔다.[17] 이러한 교육시장화 정책은 실제 교육현장에서 심한 부작용을 낳았다. 학교 서열화, 영어열풍, 3불 폐지, 전국단위 일제고사 실시 등이 그러하다. 교육의 양극화는 더욱더 심해졌다. 결국 주거, 양육, 교육문제의 부담으로 저출산·고령화 사회라는 결과를 초래했다. 또한 우리나라의 공교육비와 대학등록금의 민간부담률은 OECD 국가 중 최고수준이다. 따라서 공교육에 대한 만족도는 떨어졌으며 사교육의 비중이 높아졌다.

〈표 7〉 이명박 정부의 <학교만족두배, 사교육비절반> 공약의 주요 내용

구 분	주 요 내 용
1. 고교 다양화 300프로젝트	○ 기숙형 공립고교 150개 ○ 마이스터고교 50개 ○ 자율형 사립고 100개 ○ 고교 특색 살리기 플랜 ○ 학생별 맞춤형 장학지원 시스템
2. 영어 공교육 완성프로젝트	○ 영어수업을 영어로 하는 교사 매해 3,000명 양성 배치 ○ 영어로 하는 수업 확대 ○ 원어민 보조교사 확보 체계 확립 ○ 교사 국제교류 프로그램 도입 ○ 영어 잘하는 대학생 활용 ○ 교육국제화 특구 확대 도입
3. 3단계 대입 자율화	○ 1단계: 학생부 및 수능 반영 자율화 ○ 2단계: 수능과목 축소 ○ 3단계: 완전 자율화
4. 기초학력, 바른 인성 책임 교육제	○ 기초학력 미달 학생 제로플랜(Zero Plan) ○ 바른 인성 책임제 ○ 학교별 학력정보 등 공시 ○ 지역 간·학교 간 교육격차해소

---

17) 김명신(함께하는교육시민사회모임 공동대표). "교육시민사회" 『한국시민사회연감2010』. 2010.

| 5. 맞춤형 학교
지원시스템 | ○ 교원의 경쟁력과 전문성 신장
○ 미래형 교육과정 개편
○ 교육여건 개선
○ 지역사회와의 협력을 통한 저소득층 학생 지원 |

(출처) "교육시민사회", 『한국시민사회연감 2010』. 2010.

대학 관련 대선공약 내용으로서는 대학운영에 관한 것이다. 대학의 경쟁력을 키우고 나아가 국가 경쟁력의 산실로 삼기 위해 성공신화 창조 글로벌 대학 5대 프로젝트를 계획하였다. 글로벌 연구대학, 맞춤형 인재대학, 평생 학습 대학, 글로벌 휴먼네트워크, 미래형 대학지원 시스템 등의 과제를 담고 있다.[18]

5) 교육의 시장주의 정책

한국 사회는 교육문제 해결을 위해 시장주의적 교육개혁과 진보주의적 교육개혁의 계속적인 교차적 노력을 하고 있다. 2009년 경기교육감 김상곤 교수는 'MB식 특권교육정책' 반대 공약을 내걸고 당선되면서 친환경 무상급식 실시 사안을 중요한 정책으로 대두시켰다. 한편 4대강 사업을 강행하는 정부에 맞서 전교조(전국교직원노동조합) 교사들이 시국선언을 단행하기도 하였다.

이명박 정부는 학교 평가와 교사 독려를 위해 일제고사를 추진하였다. 학습부진아 학생을 책임지겠다는 의도에서 시작되었다. 일제고사를 통해 사회적으로 학습부진아에 대한 관심이 고조되었으며, 교사 단체들의 구체적인 실천방안이 마련되었다. 하지만 방학 중 등교, 국어,영어, 수학 집중 수업, 경쟁 체제 확대라는 부작용이

---

18) 교육단체 대 토론회 발제(박정수, 2009 06).

생겨났다. 따라서 일제고사를 반대하는 전교조를 비롯한 시민사회는 '일제고사 반대 시민모임'을 결성하고 반대운동을 펼쳤다. 이에 정부는 전교조 교사해직 처분 등의 중징계를 내렸다. 결국 우리 사회는 2년 동안 입시학원 수입 70% 증가라는 결과를 가져왔다.

정부는 획일성에서 벗어난 학교의 다양화를 위해 학교 다양화 300계획을 발표하였다. 하지만 이 역시 학교의 서열화, 그에 따른 일부 학교의 지나친 특혜, 사교육비 증가의 부작용을 낳았다. 현실과의 괴리는 더욱 심화되어 상위 5%를 위한 교육이라는 인식을 심어주는 결과로 이어졌다. 이와 관련해 참교육 학부모회, 전교조 등은 자립형 사립고를 반대했고, 정부는 그 계획을 축소하기도 했다.

국민의 70% 이상이 찬성하는 교원평가제는 우수 교사 시상과 교사의 전문성 신장을 목표로 한다. 교육자치법 개정에 따라 교육감 선거는 주민 직선제로 치러진다. 주민 직선제는 지역주민 교육정책 수요의 증가로 긍정적인 반응이다. 그러나 실효성과 적합성에 대한 논란이 생겨났다. 연수와 연계시키는 평가 결과와 주민들의 참여율 저조로 성공 여부가 아직 불투명하다.

한편 사교육비, 유치원 납입금 등과 같은 교육물가는 매우 증가하였다. 전교조에서는 줄어든 교육예산의 편성을 분석하였다. 전체 예산 중 약 절반가량이 MB정부의 교육정책, 특히 영어 몰입교육 및 고교 다양화 300프로젝트에 집중되었다고 평가한다. 정치권에는 이에 반대하는 목소리가 번졌다. 그로 인해 교육 재정 살리기 운동본부와 함께 안정적인 교육재정을 위해 적극적인 운동을 펼치기도 하였다.

한국 사회는 대학 등록금이 전 세계에서 미국에 이어 두 번째로 높다. 이에 시민사회단체는 계속적으로 등록금 삭감 운동을 벌여 왔다. 이명박 정부는 서민을 위한 정책의 일환으로 취업 후 등록금 상환제도를 도입했다.

6) 교육의 사회운동화

친환경 무상급식과 학습준비물 제공, 학교 운영지원비 폐지 등을 시행하여 무상교육 복지정책을 확산시키고 있다. 또한 학생과 학부모의 지지 속에 혁신학교가 등장하였다. 혁신학교는 공교육 정상화 모델을 구현하여 다양한 창의적 학교 운영 모델이다. 앞으로 교육개혁은 사회 전체의 개혁이라는 인식으로써 자리매김하고 있다.

이명박 정부는 수도권대학과 지방대학 사이의 차이를 개선하고자 대학평가지표를 마련하여 구조조정을 추진해 왔다. 교육과학기술부는 대학구조개혁위원회를 만들어 대학구조조정 작업을 했다. 한편 진보진영의 학벌사회와 대학서열체제를 완화하기 위한 방안으로 국공립대학네트워크와 대학평준화를 제기하였다. 여러 시민단체와 함께 논의하여 서울대 법인화 법안을 통과시키고, 인천대학 법인화 등을 추진하였다.

이명박 정부의 교육제도에 대해 여러 시민단체는 적극적으로 대응했다. 국사교과서 교체에 관해 시민단체들은 교과서 공대위(공동대책위원회)를 구성해 기자회견을 열었다. 또 헌법소원을 제기하고 역사 왜곡 교과서 문제에 대해 일본을 방문하여 활동하기도 했다. 여러 단체들은 사교육비절감과 미래사회에 필요한 글로벌 인재 육성이라는 거창한 슬로건 뒤에 가려진 이명박 정부의 정책은 정치적 수단과 민주화를 역행시키고 있다고 지적한다. 또한 교육과정

개정 반대운동을 펴거나 사립학교법 폐지 등을 요구하는 목소리가 높아졌다. 그 외에 시민단체는 부산을 시작으로 여러 도시에서 교육희망네트워크를 조직하여 풀뿌리 교육운동을 확대하고 있다. 2009년 교육과학기술부는 학부모 관련 부서를 신설하였는데 학부모 의식고양에 힘쓴다는 점에서 바람직한 일로 평가할 수 있다.

4. 대안사회 운동

1) 나눔 공동체를 통한 모색

푸드뱅크란 식품제조기업 또는 개인으로부터 식품을 기부받아 소외계층에게 식품복지서비스를 전달하는 나눔 제도다. 이를 통해 공동체적 삶의 방식을 모색할 수 있다.

과거 아름다운 재단의 활동은 박원순 서울시장을 중심으로 이루어졌다. 아름다운 재단은 올바른 기부문화 확산을 위해 노력한다. 또 시민의식의 성장과 공동체 발전을 위해 기여하는 개인 및 단체를 지원하고, 정치적 중립을 목표로 삼는다.

2) 사회적 기업 활동을 통한 모색

2012년 8월 현재 노동부로부터 인증받은 기업은 680개 정도이다. 사회목적별로 일자리 제공형, 혼합형, 서비스 제공형 순이다. 전체적으로 봤을 때 사회적 기업 수는 적은 실정이다, 또한 수도권에 집중되어 있다.

대표적인 사회적 기업에는 (유)나눔 푸드와 (주)이장이 있다. (유)나눔 푸드는 취약계층에 식사를 공급하고, 지역과 연계한 생산자와 소비자 간의 공급방식을 개선하여 생산지역에서 소비될 수 있게 하며 또한 안전한 먹거리를 제공한다. (주)이장은 지역 내에서 산업 간 연관을 높이는 방식으로 지역 발전을 유도한다. 또한 내발적 발전 전략에 따른 지역순환경제 시스템으로 농산어촌지역의 위기를 해결하기 위해 시도하였다.

3) 국제연대를 통한 모색

국제민주연대의 목표는 지구상의 모든 사람이 인간으로서 소중한 권리를 존중받고 평화롭게 사는 세상을 만드는 것이다. 해외활동 감시를 통해 한국인은 자기성찰이 이루어지고, 사전교육을 통해서 해외에서 겪을 위협을 예방한다.

4) 교육을 통한 대안 모색

대안학교는 지식 위주의 기존 학교교육의 한계를 극복하기 위한 실천운동이다. 크게 정부 인가·비인가로 나뉜다. 인가의 경우 특성화 학교와 위탁형 학교로, 비인가의 경우 중등 전원형, 도시형, 초등, 통합형 대안학교로 나뉜다. 기존의 공교육의 획일적 교육 방법을 개선한 교육의 새로운 방안을 모색하고 있다. 한빛 청소년 검정고시반은 송파구 관내 중학교를 부득이하게 자퇴 후 방황하는 청소년을 바로잡아 주는 활동을 한다. 산청간디학교는 교육생태마을로써 학교 교육 과정과 마을의 인적·물적 자원을 결합하여 생산적 활동을 추구한다. 전일제 대안학교의 수는 130여 개다. '06년도에 대안학교 졸업자의 대학 진학률이 85%로 교육효과가 높다.

5) 영성 수련 공동체 활동을 통한 모색

영성 수련 공동체는 기존의 소비 지향적이고 친자본주의적인 삶에서 탈피하고 수련을 통해서 정신적 풍요로움을 느낄 수 있는 삶을 추구한다. 영성수련공동체의 유형에는 야마기시즘, 특별강습 연찬회, 스코틀랜드 핀드혼 공동체, 예수살이 공동체, 정토회 수행공동체 등이 있다.

6) 소비자생활 협동조합 운동

(1) 한국 소비자 생활 협동조합 운동의 지향점

협동조합운동은 서구자본주의의 태동과 함께 출발하여 초기에는 이상적 사회주의 사상이었으나 현실적으로 불가능하였다. 따라서 자본주의 구조의 폐해로 인해 피해를 입은 당사자의 삶을 방어하는 운동으로 발전하고 있다.

한국의 소비자생활 협동조합 운동은 일제침략기에 태동되었다. 60~70년대까지 여러 조합운동이 있었으나 대부분 실패하였다. 1980년대 말 민주화 시기에는 시민의 자발적 결사체들로부터 단위 생협이 조직되어 성장하였다. 1990년대 후반에는 조직화된 생협이 생성되었다. 취급품목 제한, 중산층의 조합원 구성, 폐쇄형 조합, 무점포형, 강한 시민운동의 성격을 띠며 성장해 왔다.

(2) 한국 소비자생활협동조합 현황

2008년 3,400억 원이었던 사업금액이 2010년에는 5,684억 원으로 증가하였다. 같은 기간 조합원 수는 33만 가구에서 52만 가구로 증가하였다. 이는 한국 전체 가구 수 중 약 3% 정도이며 점차 확대되고 있다.

(3) 소비자생활협동조합의 주요 활동

생협은 식품안전에 대한 조합원의 요구에 부응하여 취급하는 물품의 높은 안정성과 계약생산방식을 확실히 하고 관련 제도와 시스템을 투명하게 공개한다. 또한 조합원의 생활 경제에 기여하기 위해 생필품 가격을 안정시킨다. 생협의 비영리성은 물품의 가격 마진을 최소화한다. 이것은 경제위기 시 국민 생활 안정에 기여할 수 있다. 한편으로 생협은 농업의 몰락위기에서 친환경 농업을 보호하였다. 농업 육성 성과와 환경문제에 대한 대체에너지 활용방안을 연구하고 개발하였다. 친환경 무상 급식운동, 지역사회 시민경제의 활성화, 교육 연수를 통해 시민의식을 향상시키고, 나눔 활동을 하고 있다. 그 밖에 회생을 위해 생산자－소비자가 도모하면 지속 가능성이 보장된다고 보아 식품 클러스터를 통해 해결방안을 제시한다. 물류센터와 가공식품 업체를 묶어 대규모 식품 클러스터 단지를 조성하여 비용절감과 품질경쟁력을 높이는 효과를 기대할 수 있다.

Ⅳ. 이명박 정부의 시민사회정책 평가와 결론

〈표 8〉 이명박 정부의 5년간 국정과제 평가

1. 섬기는 정부 (행정, 지방자치)	2. 활기찬 시장경제 (경제, 산업)	3. 능동적 복지 (복지, 서민생활, 일자리)	4. 인재교육 (교육, 과학기술)	5. 성숙한 세계국가 (통일, 안보, 외교, 문화)
1. 국정철학 미약 2. 절대가치의 쇠락 3. 시민과 소통 부재 4. 이념대립강화 5. 권력층 도덕 불감 6. 인기영합 7. 지방의제 활성화	1. 무역 1조 달러 달성 2. 경제영토 확장 3. 동반성장기반 조성 4. 기업환경조성 5. 국가경쟁력 향상 6. 신용평가향상 7. 지방산업단지 조성 8. 경제민주화 9. 기업노동민주화	1. 복지사업활성화 2. 4대강사업 성과 3. 녹색성장 선점 4. 모금활동의 저조 5. 소비자권리 보장 6. 비정규직 미완 7. 일자리 목표미달 8. 고졸채용확대 9. 식탁마일리지증가 10. 전통시장 소상 인지원 11. 원자력대체 에 너지 개발	1. ICT 기술의 발달 2. SNS의 활용 3. 달우주인 탄생 4. 나로호 2차 실패 5. 대학등록금 억제 6. 사교육비 증가 7. 0~2세 유아교육 8. 무상급식부작용 9. 고교다양화 정책 10. 교육의 이념화 와 시장주의	1. 국격 향상 2. 다문화정책 3. 외국인 정책 4. 북한 인권정책 5. 국제연대와 협력 6. 대북관계개선 7. 희망버스시민문화 8. 대안사회운동 　- 나눔과 사회적 일자리 등 9. 군의 해이한 경 계경비

1) 정부와 시민을 연결해 주는 중간자의 역량 강화

글머리에서 지적했던 한국 시민사회의 문제점은 정부와 시민을 연결해 주는 중간자의 역할의 부족이었다. 우리는 이러한 중간자를 촉진자 또는 활동가로 상정할 수 있다. 즉, 위키피디아식 정의에 의하면 의사결정 촉진자란 "토론에서 특정한 입장을 취하지 않으면서 일단의 사람들이 그들 공통의 목적들을 이해하고 이를 달성하도록 뒷받침하는 사람"이다. 그야말로 중간자로서의 역할을 강조하고 있다. 이 같은 촉진자들은 특히 지방자치의 현장에서 활동한다. 지방의 의제·문제를 정리하여 지방자치단체의 정책으로 설정하는 중간촉진자로서의 역할을 한다. 중간촉진자는 지방의회의 의원이나 지방에서 활동하는 시민활동가로 대표되는 사람이나 시민사회단체의 단체 활동가들이 중간 촉진자에 해당된다. 이런 활동을 하고 있는 활동가들은 중간역할을 하고 있는 단체 활동가들이 있다. 우리는 중간 촉진자들이 캐나다 주택청의 '모두가 참여하도록'이나 브리티시콜롬비아 녹색건축원탁회의 '통합설계과정을 위한 로드맵' 같은 구체적인 활동을 할 수 있도록 설계하고 지원하는 일이 필요하다. 시민사회의 발전은 이 같은 중간촉진자의 역량 강화가 절실히 필요하다. 누가 의사결정촉진자가 될 것인가에 대해서 이러한 역할은 시민사회단체의 상근활동가들이 중심이 되어서 진행하는 것이 옳다. 이들 활동가에게 촉진자가 될 수 있도록 교육의 기회를 제공하고, 해외에 시민사회단체들을 견학시키고 하여 경험을 누적하여 노하우를 쌓게 해 주어야 한다.

2) 국가전제주의 억제와 불통의 불명예

국가전제주의는 중앙집권국가에서 발생하는 사상이다. 토크빌은 현대의 민주주의국가에서 '국가는 국민·시민·주민을 통제하고 간섭하고, 질식시키고 있다'[19)]고 본다. 그는 "① 평등을 달성하기 위하여 국가기구가 민주주의라는 이름으로 교육, 의료, 실업, 빈곤 등의 문제를 해결하기 위하여 팽창하면서 시민사회를 규제하고 감시하고 있다. ② 자본주의 사회에서 다수의 노동자가 소외되고 그들이 소수의 산업자본가들에게 예속되면서 불만세력으로 성장한다. 분업의 발달로 인해서 노동자들의 집중이 이루어지고 열악한 주거환경이 기존의 불평등한 사회질서에 도전하게 될 것이다. 이러한

---

19) Alexis de Tocqueville, 1981, *Democracy in America*, New York: Freedom Watch, pp.263-276.

사회질서에 대한 도전을 막기 위해 국가의 감시와 통제가 필요하게 되며, 그 결과 국가가 통제를 위해 팽창과 개입을 하게 된다. ③ 자본가들도 국가의 사회간접자본의 투자를 요구하고 있기 때문에 국가경제에 더욱 많은 개입을 하게 되며, 항만시설, 운하, 철도, 도로 등의 투자는 개별 자본가에 의해서 이루어질 수 없는 것임으로 국가의 개입이 필요하게 될 것이며, 그 결과 국가는 대규모의 기술자들과 노동자들을 고용하게 된다. 이 고용과정에서 국가권력은 시민사회를 압도할 정도로 비대해지고, 통제가 불가능할 정도로 권력의 집중이 나타나게 된다"고 한다. 그는 국가전제주의를 방지하기 위해서는 정치권력의 분산방안으로써 중앙집권적 행정조직을 줄이고, 정치적 전제주의와 사회적 부자유와 불평등을 막는 안전판으로서 자율적인 시민사회단체의 결사가 활발하게 이루어져야 한다고 주장한다. 이 점에서 더 많은 지방분권적 정책이 필요하였다. 이명박 정부의 지난 5년은 시민사회단체와 불통의 시민사회정책을 펼쳤던 것으로 평가한다.

3) 지방의제의 활성화에 노력

토크빌은 "보통선거를 통해서 출발한 국가권력도 민주적인 제도를 억압하고 자유를 박탈하는 새로운 국가전제주의로 변질되고 있다[20]"라고 했다. 중앙집권국가의 국가전제주의를 방지하기 위해서 권력의 지방이양과 지방자치의 활성화와 지방의제를 설정할 수 있는 작은 결사체들을 더 많이 조직해야 한다. 결사체 조직을 실행하

---

20) 상게서.

는 활동가들의 역할이 그 어느 때보다 더 절실하게 필요하다. 또한 이제는 그렇게 될 수밖에 없는 시대이다. 이는 역사를 거슬러 올라 가더라도 바뀌지 않는 철칙(iron law)과도 같은 것이다.

4) 이념 쟁역보다는 발전적인 비전 제시

지금까지 한국 시민사회운동의 중심은 거대한 담론에 사로잡혀 있었다. 이러한 운동에서 벗어나 실천적인 우리 주변문제에 사회국 가론(social state)[21)적 운동이 필요하다. 이러한 운동은 정부주도보 다 시민생활에 직접적인 연관이 있는 분야는 민간에 이양하여 적 재적소에서 이루어지도록 지원할 필요가 있다. 이 같은 견지에서 지구 시민사회는 국경을 넘어서 이해하고 해석하며 활동하는 세계 시민이 필요하다. 그러한 시민을 만드는 것이 무엇보다도 중요한 실천과제이다. 세계시민의 이상형은 태로우가 제시한 '풀뿌리 지구 시민(Rooted Cosmopolitan)'[22)과 같은 근접방법이 필요하다. 이러한 이상에 이르기 위해서는 어려서부터 성인이 되기까지 다양한 시민 활동-학습, 자원봉사, 회원가입, 캠페인 참여-과 일국을 넘어서 는 국제연대 활동을 지속적으로 반복하는 것이 필요하다.

---

21) 이는 시민단체가 실패한 정부의 자리를 대신하여 공동체를 복원하고, 마을의 문화회관, 도서관 등을 지어서 자율공동체로 활동함으로써 국가의 손길이 미치지 못하는 곳을 자율적으로 메워 나가자는 논리이다. 영국에서 캐머런 수상이 강조하고 있는 종래 국가가 관장하고 있던 복지, 특히 방범, 소방, 의료, 쓰레기 치우기, 공부방 등의 활동영역을 국가에서 시민사회로 이양하는 빅 소사이어티(big society), 즉 국가책임을 시민사회가 자율적으로 책임과 권한을 가지고 운영 하는 국가이존의 복지에서 스스로 복지를 강조하는 시민공동체를 말한다.

22) Sidney Tarrow, 2005, *The New Transnational Activism*. New York, NY: Cambridge University Press.

5) 새로운 운동 쟁역(issue)의 다양한 연계

새로운 운동 쟁역(issue)을 다양하게 연계할 수 있도록 지원이 필요했다. 가령 노동운동과 문화운동이 연계할 수 있는 다양한 문제에 대한 발전이 필요하다. 특히 교통, 주거, 재개발과 도시계획, 건축, 광장, 문화 공간 등에 있어서 이슈의 부각이 절실하다. 지역화폐, 도시농업, 문화 생협, 농산물 생협 등과 같은 실질적인 비자본주의 혹은 대안적 삶의 양식을 자신의 생활공간에서 실천할 수 있는 프로그램을 기획해야 한다. 시민사회 운동은 회원 및 대중들과의 소통이 절대적으로 필요하다. 그러나 인터넷, 모바일, 소셜 미디어 등의 인터페이스는 민주주의 확대의 가능성과 동시에 자본과 제도에 의한 지배의 가능성이 있음을 늘 경계해야 한다. 시민들이 제도적 변화를 추동하여 유발될 수 있는 자본의 지배력 확대를 막아야 하기 때문이다.

사회정의에 수렴을 주목하고 운동 간 연대활동을 더욱 강화할 필요가 있었다. 이를 위해서 끊임없이 복합적 사고를 할 줄 아는 시민정신을 함양한 새로운 시민을 생산·배출해야 한다. 시민사회 단체들도 다양한 운동을 상호 연대해야 한다. 농민은 환경문제에 관심을 가지게 되었으며, 여성이 빈곤의 문제와 환경문제에 관심을 갖게 되었다. 인권, 환경, 반신자유주의, 국제협력, 여성, 농민 등의 부문과 지역의 경계를 수직 혹은 수평적으로 넘어선 다양한 연대활동과 수렴현상이 더욱 빈번해지고 강화되어야 할 것이다.

6) 국가 공권력의 소중한 분위기

국가 공권력을 귀중하게 생각하게 하는 시민사회의 분위기 조성이 아쉽다. 사회질서와 기강이 무너지면 전쟁에서 병사가 무기를 들고 싸울 의사가 없는 것과 똑같다. 질서는 경제발전에도 중요한 원천이 된다. 부패가 만연하고 국가 기강이 무너지면 인도의 간디는 망국의 징후로 보기도 하였고,[23] 다산 정약용은 공직자에게 주요한 덕목이 청렴이라고 하였다. 다산은『牧民心書』제2권 律己六條 제2조에서 청렴을 이렇게 생각하였다.[24] 부정부패의 척결이 더욱 강화될 필요가 있었다.

> "청렴하다는 것은 수령된 자의 본연의 의무로서 온갖 선정의 근원이 되고 모든 덕행의 뿌리가 된다. 청렴하지 않고 목민관이라 할 수 있는 자는 일찍이 없었다(廉者 牧之本務 萬善之源 諸德之根 不廉而能牧者 未之有也)." "청렴하다는 것은 천하의 큰 장사다. 그런 까닭에 크게 재물을 탐하는 자는 반드시 청렴해야 한다. 사람들이 청렴하지 못한 까닭은 그 지혜가 짧기 때문이다(廉者 天下之大賈也 故 大貪必廉 人之所以不廉者 其智短也)."

---

23) 인도의 간디는 망국의 사회악을 ① 원칙 없는 정치, ② 노동 없는 부, ③ 양심 없는 쾌락, ④ 인격 없는 교육, ⑤ 도덕 없는 상업, ⑥ 인간성 없는 과학, ⑦ 희생 없는 종교 등이라 했다.
24) 다산 정약용, 『牧民心書』제2권, 律己六條 제2조.

〈참고문헌〉

김명신(함께하는교육시민사회모임 공동대표), "교육시민사회", 『한국시민사회연감 2010』, 2010.
김영래, "21세기의 새 정치의 화두: 시민사회운동", 『한국정치 어떻게 볼 것인가』, 박영사, 2006.
김진현, "지구촌 세 가지 복합위기와 한국의 갈 길", 제113차 희망포럼 정책토론, 2009.6.19.
박상필, "1990년대 이후 한국 시민사회의 발전", 한국NGO학회 특별학술대회 발표논문집, 2010.8.
이종식, "네트워크 혁명과 6·2지방선거", 『내나라』 제19권, 2010.11.
이종식, "시민사회단체 분석을 통해 본 시민정치의 문제점", 『내나라』 제20권, 2011.11.
임현진·공석기, "한국 시민사회, 신자유주의 세계화의 대안을 준비하고 있는가?" 『한국시민사회연감 2012』(2012.12), 2011.
조대엽, "1980년대의 시민사회와 제한된 민주화의 기원", 한국NGO학회 특별학술대회 발표논문집, 2010.8.

Beck, Ulich, 2000, 『적이 사라진 민주주의』(정일준 역), 서울: 새물결.
Kaletsky, Anatole(위선주 역), 2011, 『자본주의4.0』, 서울: 컬쳐앤스토리.
Moghadam, Valentine. 2008. *Globalization and Social Movement: Islamism, Feminism, and the Global Justice Movement*. Lanham: Rowman & Littlefield.
Tarrow. Sidney. 2005. *The New Transnational Activism*. New York, NY: Cambridge University Press.
Tocqueville, Alexis de. 1981. *Democracy in America,* New York: Freedom Watch.

청와대 홈페이지 http://president.go.kr/kr/policy/policy_year4.php 2012.7.22. 검색.
CMHC_Everyone_Involved_WUF_2008.pdf
Road_map.zip

제11장 시대정신과 새로운 시민상*

Ⅰ. 서론: 새로운 시민정신의 필요성

최근 몇 년 전부터 우리 사회에서는 공정사회 구현, 정의로운 삶을 강조하고 있다. 이 말의 뒤에는 한국 사회가 정치적으로나, 경제적으로나, 도덕적으로나 이러한 공정한 삶에서 멀어져 있다는 것을 단적으로 말해 주고 있다. 우리는 남을 믿고 살아가는 삶의 규칙이 제대로 정립이 되어 있지 못하다는 것을 역설적으로 표현해 주는 말이다.

그런데 한국 사회에서 최근 공정사회론에 대한 필요성이 부각되고 있는 데에는 여러 가지의 공정하지 못한 사회적 경험이 그 배경에 있다. 그러한 배경들을 정리해 보면 다음과 같은 점들이 있다.[1]

---

* 본 글은 『내나라』 제22권에 게재된 것을 일부 수정·보완한 것임.

- 신자유주의적 시장화 경향에 따른 경쟁과 효율 만능의 문화에 서 파생된 승자독식의 문화가 팽배한 점에서 찾는다.
- 고위공직인사 등 국정운영에 있어서 불공정 의식의 확대와 고 위공직자 선발기준과 도덕성의 문제에서 찾는다.
- 공공성 개념의 문제에서 공정한 개념이 강자나 승자 합리화에 서 오는 힘이 정의가 되는 사회에 대한 의혹의 증대이다.
- 일부의 "불공정한 정부정책에서 공정한 사회의 구현이 과연 가 능한가?"라는 비판적 전망에서 찾는다. 이러한 의구심이 국민 들의 마음 한편에 있다는 것이다.
- 고위 공직자들의 후보 낙마와 자녀 특채 같은 점에서 찾는다.
- 친서민정책 담론과 함께 공정한 사회에 대한 구현의지에 대한 국민들의 관심의 증대 등이다.

이러한 새로운 시민정신의 필요성에서 선행 연구자들의 새로운 시민상을 검토해 보고, 다음으로 역사적으로 인류사회에 있어 왔던 인간의 존엄성을 위한 기존의 질서를 극복하기 위한 투쟁들을 사 례로 살펴보고, 그런 연후에 새로운 시민상을 위한 제언을 해 두고 자 한다.

---

1) 조대엽, 2010.12.2. 한국NGO학회 학술대회 발표논문 "공정사회론과 미시민주주의" 참조.
 - 신자유주의적 시장화 경향에 따른 경쟁과 효율 만능의 문화에서 파생된 승자독식의 팽배한 문화.
 - 고위공직인사 등 국정운영에 있어서 불공정 의식의 확대와 고위공직자 선발기준이 일만 잘 하면 되지 않느냐는 식의 기준.
 - 공공성 개념의 해체. 공정한 개념이 강자나 승자 합리화에서 오는 힘이 정의가 되는 사회에 대한 의혹의 증대.
 - 대통령의 광복절 축사에서 산업화와 민주화 이후 선진화 방안으로 '공정한 사회' 제시 이후 연속강조.
 - "불공정한 정부정책에서 공정한 사회의 구현이 과연 가능한가?"라는 비판적 전망도 있다는 점.
 - 김태호 국무총리 후보 외 2명의 장관 후보 낙마와 같은 점.
 - 유명환 외교통상부 장관이 딸 특채논란으로 인해 사임하는 등 고위층의 불공정한 관행도 한 배경.
 - 친서민정책 담론과 함께 공정한 사회에 대한 의지에 대한 관심의 증대.

Ⅱ. 공정하고 건강한 시민정신의 유형

1) 루소의 사회계약론적 시민형

의무란 "자기 이익에 기초하는 것이 아니라 본질적으로 나의 의지나 판단과는 상관없이 상황상 할 수밖에 없는 것"으로 파악한다. 사회계약론적 의무란 "모든 사람이 자기 방식대로 이익을 추구하기에 급급하다면 사회가 붕괴하고 모두에게 불행한 결과를 초래하게 될 것이다. 이를 막기 위해 일종의 사회적 계약으로서 법이나 도덕 같은 의무체계를 형성하게 된다"는 생각이다. 법의 이행과 도덕적 의무를 다하는 시민정신을 함양하고 있는 인간유형이 이에 해당한다.

2) 칸트(Immanuel Kant)적 정언명령적 시민형

의무를 "절대적 가치를 갖는 선한 의지를 움직이는 준칙을 찾는 일"이라고 본다면, 독일의 철학자 칸트(Immanuel Kant)는 이러한 준칙을 '정언명령(categorical imperative)'이라고 하였다. 이 같은 명령은 선한 의지 이외에 다른 어떤 목적도 갖지 않는다. 이에 비해 "우연한 목적과 여건에 따라서 달라지는 준칙"을 칸트는 '가언명령'이라고 하였다. 이는 "모든 사람은 그 쓸모와 관계없이 각각의 소중한 의미를 지닌 존재로 동등하게 대우받는다"는 생각이 그 출발점이다. 칸트적 순수이성 비판론에 입각한 절대가치를 소중하게 여기고 선한 의지를 가지고 행동하는 인간유형이다.

3) 하버마스(Jürgen Habermas) 공공영역에서의 시민형

하버마스(Jürgen Habermas)는 시민사회를 '시민들이 공공의 문제를 숙의할 수 있는 과정에 자연적으로 나타날 수 있는 공적 공간(public sphere)'으로 정의하고 올바른 공론의 장이 되기 위해 다음의 네 가지 조건을 제시하고 있다. 첫째, 보편적 접근 가능성으로 모든 참여자가 동등한 발언기회를 가질 수 있어야 한다. 둘째, 보편적 규범과 합리적 정당화가 이루어지는 공간, 즉 모든 담론의 비판 및 반박 가능성이 열려 있어야 한다. 셋째, 명령, 반대, 허락, 금지등 규제적 언술행위에 대해 어느 한쪽만이 특권을 갖지 말아야 한다. 넷째, 자기 자신의 태도, 감정, 의도 등을 솔직하게 드러낼 수 있는 공간이어야 한다. 이러한 조건이 갖추어진 공간이어야 올바른 공론의 장을 형성할 수 있다고 본다.2) 그는 공공영역으로서 시민사회를 "이방인이 서로 만나서 칼을 빼지 않은 어떤 장소로서, 무례가 비폭력적 방식으로 해결될 수 있는 어떤 장소로서, 지속적으로 자기 자신과 싸움을 벌이면서도 평화롭게 갈등을 해결하는 모종의 특성을 가지는 사회"3)라고 하고 있다. 이처럼 타자와의 관계에서 갈등을 폭력적 방식이 아닌 평화적 방법으로 해결하는 인간유형이다.

4) 코헌과 아라토(Jean L. Cohen & Andrew Arato)의 상호작용적 시민형

그들은 하버마스의 체계와 생활세계, 즉 규범과 가치에 논의의

---

2) Jürgen Habermas, 1989, *The Structural Transformation of the Public Sphere*. Boston: MIT Press.

3) Jürgen Habermas, 1996, **Between Facts and Norms: Contribution to a Discourse Theory of Law and Democracy**, Cambridge: MIT Press.

바탕을 두고, 시민사회를 '무엇보다도 친밀한 영역으로서 가족, 결사체들의 영역으로서 자발적 결사체, 사회운동, 그리고 공공 의사소통 형태들로 구성된 경제와 국가의 사회적 상호작용의 영역'이라고 정의하고 시민사회를 구성하는 핵심적 요소로서 다음의 네 가지를 제시하고 있다. 첫째, 다원성(plurality)이다. 다원성과 자율성이 생활형태의 다양성을 허용하는 가족, 비공식집단, 자발적 결사체가 허용되는 사회가 형성되어야 한다. 둘째, 공공성(publicity)이다. 문화와 의사소통의 제도가 이루어지는 곳이어야 한다. 셋째, 사생활(privacy)이다. 사적 자아의 발견과 도덕적 선택의 영역이 확보되어야 한다. 넷째, 법률성(legality)이다. 적어도 국가와 경향적으로 경제로부터 다원성, 사생활, 공공성을 경계 지우는 데 필요한 일반적인 법률과 기본권의 구조를 갖추어야 한다.4) 그들은 아울러 이러한 구조들이 현대의 다양화된 시민사회의 제도적 공존을 모색한다.5)

5) 벤자민 바버(Benjamin R. Barber)의 건전한 사회적 시민형

벤자민 바버는 건전한 사회, 즉 건전한 시민공동체를 다음과 같이 규정하고 있다.6)

첫째, 건강한 민주적 시민사회를 위한 처방으로서 자유로운 제도와 사회성이 정부에 의해 압도당하지 않고 시민의식에 편안하게 의존할 수 있는 사회,

---

4) Jean L. Cohen and Andrew Arato, 1992, *Civil Society and Political Theory*, Cambridge: The MIT Press. p.346.

5) Jürgen Habermas. 1996, *Between Facts and Norms: Contributions to a Discourse Theory of Law and Democracy* translated by William Rehg. Cambridge: The MIT Press. pp.367-368.

6) Benjamin R. Barber, 1998, *A Place for Us: How to Make Society Civil and Democracy Strong.*

둘째, 공적 부분과 사적 부분을 정반대의 것으로 보지 않으며 실제로 현실적 사회에 개입을 의미하는 제3의 매개적 영역을 상정하여 활기 넘치는 시민활동을 원하는 시민적 이상을 실현하는 사회,

셋째, 단지 혈연이나 경제적 논리만으로 규정되는 배타적인 운명보다는 다원적 정체성과 다양한 목적을 갖는 존재로서 우리 개개인의 시민의식을 사회와 연계시킬 수 있는 사회,

넷째, 정부와 그 주권을 행사하는 제도로 이루어진 국가영역과 개인 및 시장에서 계약에 의해서 계약에 의한 결사체가 존재하는 제3의 영역을 설정하여 이를 시민공동체로 규정하고 있다.

바버는 공적인 시민적 대화의 속성(commonalty)을 강조하고 있다. '건강한 시민사회란 담론의 시민성이 유지되는 사회, 즉 공론의 장이 작동되고 있는 사회'로서 대화의 장을 중요시하고 있다. 그는 대화를 공적이고 시민적인 것으로 만들어 주는 아홉 가지 조건을 제시하고 있다.

첫째, 공통의 습속(commonality)이다. 시민들이 갖는 공통의 습속이 시민들의 대화에서 준비가 되어 있어야 한다. 가시적이고 명확한 공통의 기반, 협력적 전략, 공동의 이해관계, 그리고 공공복리를 바탕으로 할 때 시민적 대화가 가능하다는 것이다. 즉, 공동체에 기반을 둔 대화가 이루어져야 한다는 것이다.

둘째, 시민과의 협의(deliberation)이다. 시민들의 공적 목소리는 협의적이고, 자기 반성적이고, 성찰적이고, 비판적인 특징을 갖는다. 인내심을 갖고 반복하여 충분한 시간을 가지고서 비판적으로 교차 확인하는 작업이다.

셋째, 포용성(inclusiveness)이다. 이는 공적 대화는 광범위하고 다

양한 목소리를 포괄한다. 민주적인 공동의 습관을 통해 차이를 인정하는 분위기의 필요성을 강조한다. 사적 영역에서의 논쟁은 임의적이고, 자기 선택적이고, 소외당할 수 있는 점이 많다.

넷째, 잠정성(provisionality)이다. 공중의 목소리는 항상 임시적이며, 개선과 진보의 과정에 놓여 있고, 심지어 모순적이기도 하다. 공중의 목소리가 갖는 특징은 독단에 저항하는 면역성을 갖게 해주며, 민주주의의 관용과 개방의 정신을 표현하는 것이다.

다섯째, 남의 말을 경청하는(listening) 입장이다. 공중은 목소리를 가지고 있고 귀도 갖고 있다. 사적 이익은 확실하게 자기의 필요를 말함으로써 확인할 수 있고 표현될 수 있다. 공적 이익은 사람들이 오직 서로의 이야기를 들을 수 있을 때 비로소 동감하고 조화를 이룰 수 있으며, 확인되고 표출될 수 있다.

여섯째, 학습하는(learning) 태도이다. 시민대화에 참여하기 위해서는 배움에 대해 개방적인 태도를 가져야 한다. 적과의 대화를 통해 공동의 기반을 발견하고 자신의 입장을 수정할 수 있어야 한다.

일곱째, 수평적 의사소통(lateral communication) 행위이다. 공적 대화는 지도자와 시민들 사이의 대화가 아니라 시민들 간의 수평적 대화를 의미한다. 진정한 의미의 공적 대화는 수평적 대화를 통해서만 이루어진다.

여덟째, 상상력(imagination)의 발휘이다. 공적인 목소리는 이타적인 행위로서가 아니라 상상력을 통해 공동이익을 재구성하여 자기 이익의 산물로서 다른 사람의 이익을 인식할 수 있고, 타인과의 공감대를 형성할 수 있는 사적인 자아를 구성할 수 있는 요소이다.

아홉째, 권한행사(empowerment)가 가능토록 해 주어야 한다. 시민성이 권력을 행사한다. 시민적인 대화는 공유되는 대화이고, 공유되는 행위의 기반이고, 대화자를 실천하는 자로 바꾼다. 공적 대화에서 공적인 것은 행동의 결과에서 나타난다.[7]

바버는 이러한 공적 공간에서의 공적 목소리를 형성해 내기 위해 입법화를 통해서 시민사회를 지원해야 할 내용을 구체적으로 다음 여섯 가지로 지적하고 있다.

첫째, 공적 공간의 확대와 강화(enlarging and reinforcing public spaces),

둘째, 새로운 정보통신기술을 시민을 위한 활용방안 강구(fostering civic uses of new telecommunications and information technologies),

셋째, 세계경제의 생산의 국내촉진과 민주화(domesticating and democratizing production in the global economy),

넷째, 세계경제의 소비의 국내촉진과 민주화(domesticating and democratizing consumption in the global economy),

다섯째, 봉사 훈련 프로그램 강화(reinforcing services and training programs),

여섯째, 자유로운 다원주의 사회의 토대가 될 인문학과 예술학의 육성(cultivating the arts and humanities as an indispensable foundation for a free, pluralistic society) 등을 강조하고 있다.[8]

바버는 이처럼 목소리가 큰 사람이 아니라 공적 공간에서 공적 목소리를 형성해 내는 인간유형을 강조한다.

---

7) Benjamin R. Barber, 1998, *A Place for Us: How to Make Society Civil and Democracy Strong*, New York: Hill and Wang. Chapter 4. pp.116-121.

8) *Ibid*, Chapter 3. p.75.

6) 마이클 샌델(Michael Sandel)의 윤리적 시민형

마이클 샌델 교수는 미국 사회 내에 존재하는 네 가지 '불균형'을 지적한다.[9] 이러한 불균형은 모두 상호 연관된 불균형이다.

첫째, 미국을 움직이는 이념 지형에 불균형이 있다. 미국뿐만 아니라 영국의 정치를 지배적으로 규정해 온 것은 공리주의(Utilitarianism)와 자유주의(Liberalism)다. 샌델 교수는 공리주의·자유주의의 압도적인 위상에 이의를 제기한다. 그는 정의가 자유·행복의 문제일 뿐만 아니라 도덕의 문제라는 점을 상기시킨다. 자유주의에서 정의로운 사회란 선택의 자유가 극대화된 사회다. 공리주의는 행복을 효용(utility)과 복지(welfare)의 극대화와 계량화를 추구하고 '최대다수의 최대 행복(the greatest happiness for the greatest number)'을 추구한다. 샌델 교수는 공리주의·자유주의를 극복하기 위해 아리스토텔레스의 '좋은 삶(good life)'과 '공동선(common good)', 칸트의 '정언명령(定言命令·categorical imperative)'을 동원한다. 아리스토텔레스·칸트의 철학 전통을 통해 샌델 교수는 정치는 도덕에 기반이 되어야 한다는 주장을 하고 있다.[10]

둘째, 정치와 경제의 관계에 불균형이 존재한다. 샌델 교수에 따르면 미국은 '자유시장 경제'에서 더 나아가 아예 '자유시장 사회'로 변화했다. 경제활동이 사람과 사람 사이의 관계를 규정하는 사회다. 따라서 시장이 요구하는 가치가 공정성과 정의에 바탕을 둔

---

9) Michael J. Sandel, 2010, *Justice:: What's the Right Thing to Do?*, Penguin Books.

10) 마이클 샌델 교수는 정의에 대해 세 가지 우리가 추구해 온 접근방법론을 설명한다. 하나는 효용과 복지의 극대화, 즉 최대다수의 최대행복 추구, 둘째는 개인의 시장에서 자유로운 선택과 자유주의적 평등주의에 입각한 원초적 평등주의 추구, 셋째는 미덕의 함양과 공동선에 대한 합리적 추구 등을 들고 있다(Ibid, p.260).

가치들을 대체했다. 샌델 교수는 상품화될 수 없는 가치, 가격을 매길 수 없는 가치도 존재한다는 사실이 미국 사회에서 경시되고 있다는 점을 지적한다. 20세기 초반에만 해도 미국 정치권에는 정치가 경제를 어떻게 통제할 것인가를 논의하는 분위기가 있었다. 지금은 사라지고 없다. 미국 자유주의는 비대해진 경제의 힘과 타협하고 용인한다.

셋째, 개인과 국가, 공동체 사이에 불균형이 있다. 미국 사회의 지나친 개인주의는 공동체 의식의 쇠퇴를 가져왔다. 이는 큰 문제다. 도덕의 문제에 있어서 국가가 중립적이라는 것은 시장이 중립적이라는 것과 마찬가지로 신화이며 거짓말이기 때문이다.

넷째, 세속주의가 사회적 원칙으로 자리 잡음에 따라 세속의 윤리와 종교적·영적 윤리 간의 간격이 벌어졌다. 현대 미국 사회에서 종교적·영적 신념에서 나오는 주장은 개인의 취향·선호의 문제로 치부된다. 샌델 교수는 종교와 영성에서 나오는 주장을 오히려 특별히 존중할 필요가 있다고 주장한다. 그는 종교가 사회적 담론을 살찌울 수 있다고 본다. 종교가 공공 영역의 토론에서 배제되면 종교적 극단주의자들의 주장이 그 자리를 차지하게 된다. 샌델 교수는 특히 민주당이 70년대 이후 미국 정치의 도덕적·정신적 원천을 공화당이 독점하도록 허용해 온 것에 대해 우려한다. 샌델 교수는 민권운동의 핵심 문헌 중 하나인 마틴 루터 킹 목사의 '버밍엄 감옥에서 보낸 편지(Letter from Birmingham Jail)'가 기독교 신앙을 적극적으로 표출하고 있음을 지적한다. 그래서 샌델 교수는 버락 오바마 대통령이 지난 대선에서 종교적인 테마를 연설에서 드러내고 유권자들의 '시민적 이상주의(civic idealism)'를 자극한 데 대해 환영하는 입장이었다.

미국 사회의 이런 문제점을 지적하는 샌델 교수는 좌파인가, 우파인가. 『정의란 무엇인가』(Justice: What's the Right Thing to Do?)는 영국 중도좌파의 뜨거운 관심을 불러일으켰다. 샌델 교수가 지지하는 정책으로만 봐서는 그가 좌파 혹은 중도좌파라는 평가도 있다. 그러나 샌델 교수가 해 온 작업은 좌파·우파의 위선과 일관성 부족을 폭로하는 것이었다. 우파나 좌파는 시장이나 국가가 중립적이라고 전제한다. 샌델 교수는 그렇지 않다고 본다. 그가 존 롤스의 『정의론』을 비판하는 이유 중 하나는 정치가 도덕의 중립 지대라는 관점이다. 마이클 샌델 교수는 시민공화주의(Civic republicanism)나 공동체주의(communitarianism)를 추구하는 정치철학자로 분류된다. 공동체주의는 마르크스주의가 생명력을 상실한 미국 학계에서 현실 비판과 대안 제시를 기능케 하는 중요한 학문적 대안으로 떠올랐다.

정의에 있어서 가치중립이란 없다. 『정의란 무엇인가』를 마무리하는 것은 '공동선의 정치'다. '공동선의 정치'를 위해선 '새로운 시민성(a new citizenship)'이 필요하다. 샌델 교수는 강의와 책의 제목이 '정의'나 주제는 어떤 의미에서 시민성이기도 하다고 말한다. 그는 사회의 정의를 실현하기 위해서는 가치중립적 태도보다는 적극적으로 참여하는 새로운 시민적 미덕, 신애국주의, 자기희생, 이웃에 대한 배려를 명예롭게 여기고 보상하는 데 찬성하고 그 같은 인간유형을 육성해야 한다고 주장한다. 또한 그는 공동체의 연대와 시민적 자긍심을 위해 군복무가 보편화될 필요가 있다고 주장한다.

7) 존 롤스(John Rawls)의 불의에 불복종(Civil Disobedience)하는
　시민형

시민불복종이란 존 롤스(John Rawls)는 그의 저서『정의론(A Theory
of Justice)』에서 "일반적으로 행해지는 정부의 법률이나 정책에 변화
를 촉구할 목적으로 법에 반하는 공적인, 비폭력적인, 양심적인 그
러나 정치적인 행위"로 정의한다.11) 시민불복종이란 "표현의 자유
와 참여의 자유가 훼손당했을 경우 혁명적 불복종과는 달리 직접
물리적 실력행사가 아닌 시민들의 정의감에 호소하여 법의 정의롭
지 못한 부분에 대한 반성을 촉구하는 행위"이다. 시민불복종의 대
상이 될 수 있는 경우는 "법의 절차나 내용이 사람을 불평등하게
대우함으로써 그 부담이나 이득이 불공정하게 돌아가는 점이 분명
한 경우"가 된다.

존 롤스는『정의론』에서 다음의 네 가지 조건을 지적하고 있다.

첫째, 정의를 침해하는 법률이나 정책에 항의하는 행위(resistant &
disobedient act)이다. 이는 단지 자신에게 불리한 법률이나 정책에
저항하는 태도를 말하는 것이 아니다. 사회 구성원을 수단이나 도
구로 다루는 권리 침해에 항의하는 행동을 뜻한다. 즉, 정의를 침해
한 법률이나 정책에 항의하는 행위이다.

둘째, 공적인 행위(public act)이다. 이는 공공적으로 도리와 정의
에 어긋나는 법률에 저항하는 행위이다. 예를 들어, 제2차 세계대전
당시 영국에서 동성애를 처벌하는 법률이나 청나라 말기에 태평천

---

11) John Rawls. 1971. *A Theory of Justice*. Cambridge Masschusetts. pp.363-391.
　　"……defining civil disobedience as public, nonviolent, conscientious yet political act contrary to
　　law usually done with the aim of bringing about a change in the law or policies of the
　　government."

국의 난의 지도자 홍슈취안(홍수전)의 평민에 대한 남녀 만남 자체를 금지한 법과 정책 같은 것에 저항하는 공공적 행위를 말한다.

셋째, 비폭력적 행위(nonviolent act)이다. 비폭력적이라는 의미는 남을 해치거나 해칠 위험성이 있는 행위가 아니라는 것이다. 예를 들어, 1960년 어느 날 미국 노스캐롤라이나(North Carolina) 주에서 인종차별에 항의연좌 농성을 벌인 농업기술대학 흑인 학생 4명이 있었다. 당시에 식당에서는 백인과 흑인이 앉을 수 있는 자리가 따로 있었는데, 이들 4명의 학생은 백인 좌석에 앉아서 식사 주문을 하였다. 식당 주인이 주문을 거절하자 경찰관이 이들을 연행해 갈 때까지 보편적 정당성에 항의하는 인종차별에 반대하는 연좌 농성을 벌인 것이다.

넷째, 양심적이고 정치적 행위(conscientious yet political act)이다. 이와 같은 경우는 첫째, 정치적 다수에게 여러 가지의 정상적인 방법을 거쳐 항의하고 호소했지만 소용이 없을 경우, 둘째, 기약 없는 미래를 기다리기에서 피해와 상실이 심각할 경우 등으로 가정할 수 있을 것이다.

롤스는 역시 정부의 부당하고 부정의로운 법률이나 제도, 그리고 정책에 대한 정당한 절차에 의한 불복종할 줄 아는 인간유형을 강조한다.

Ⅲ. 시민정신과 시민불복종론 사례

1) 수전 앤서니(Susan Brownell Anthony, 1820~1906)

1872년 11월 1일 아침에 뉴욕 주 로체스터 선거 사무실에서 자신의 임무를 행하던 세 명의 남자는 당황했다. 이 미스 앤서니가 세 명의 여자 형제들과 밧줄로 몸을 묶고 나타나 유권자 등록을 원했다. 그런 일은 어디에도 없었다! 공무원들은 친절하게 그들에게는 선거권이 없다고 설명했다. 하지만 결의가 확고한 이 여인은 쉽게 물러서지 않았다. 수전 앤서니는 "미국에서 태어났거나 시민이 된 모든 사람은 미합중국의 시민이고, 이들의 시민권과 자유는 제한되어서는 안 된다"는 수정 헌법 14조[12]를 인용했다. 선거권이 고전적인 시민권이라는 것은 아무도 부인할 수 없다.

그리고 뉴욕 주 법 어디에 남자들만 투표할 권리가 있다고 되어 있나? 해당 법 조항에는 성(性)에 대한 암시가 없다! 그녀는 이런 것들을 주장했지만, 아무 소용이 없었다. 선거 사무소의 공무원들은 한 치도 물러서지 않았다. 수전은 점점 분노가 치밀어 올랐다. 그녀는 지난 20여 년 동안 여성의 가장 중요한 권리인 참정권을 얻기 위해 투쟁했다.[13] 그녀가 거저 전미여성참정권협회 회장이 된

---

12) 1868년 미합중국 수정헌법 제14조(14th Amendment of the US Constitution which was ratified in 1868 after the Civil War): 'All persons born or naturalized in the United States, and subject to the jurisdiction thereof, are citizens of the United States and of the State wherein they reside.'

13) 2005년 2월 15일 미국 뉴욕 주민들은 1920년 여성 참정권을 쟁취하는 데 앞장섰던 선구적인 여성 운동가 수전 B. 앤서니 여사의 185회 생일을 경축했다. 조지 파타키 뉴욕 주지사는 앤서니 여사가 태어난 2월 15일을 앤서니 여사의 생애와 유산을 되새기는 날로 지정하는 법안에 서명했다. 앤서니 여사는 노예폐지론자, 노동운동가, 교육개혁가였고, 무엇보다도 여성 참정권을 쟁취하기 위한 필생의 노력으로 사람들의 뇌리에 기억되고 있다. 뉴욕 주 로체스터에서 1906년 86세의 나이로 숨을 거두었다.

것이 아니었다. 선거 사무실에서 수전은 매서운 공격을 퍼부었다.

> "당신들이 시민으로서의 내 권리를 부정한다면, 나는 당신들 하나
> 하나를 고발하고, 최고 재판소에 상고하겠소!"[14]

실제로 시민권에 대한 부당한 거부는 처벌을 받을 수 있었다. 그러나 부당한 허가 역시 마찬가지였다. 한 공무원은 훗날 재판에서 "페스트냐, 콜레라냐를 선택하는 것이었습니다." "우리가 어떤 결정을 하든, 우리는 고발당하게 되어 있었습니다"라고 말했다. 양측이 격렬한 논쟁을 벌인 후, 그들은 수전을 선거인으로 등록시키기로 결정했고, 그녀가 나흘 후 투표용지를 투표함에 넣을 때 두말없이 이를 받아들였다. '여자가 투표했다'는 소문이 순식간에 퍼졌다. 모든 신문이 이에 대해 상세하게 보도했고, 한 격분한 남자 시민이 '불법 선거'라며 고발장을 냈다. 자신에게 어떤 일이 닥칠지 예상하고 있던 수전은 모금을 시작했다. 그녀는 이 재판을 확인했다. 이 재판은 그녀를 위한 멋진 광장을 마련해 줄 것이다!

> "난 지난 대통령 선거에 자격 없이 선거에 참여하는 '범죄'를 저
> 질렀다는 혐의로 오늘밤 이곳 여러분 앞에 서 있습니다. 오늘밤
> 내 임무는 내가 행한 투표란 행위가 범죄가 아니며 미국 시민으로
> 서 그 어떤 종류의 권력도 거부할 수 없는 헌법이 보장한 권리를
> 행사했음을 증명하는 것입니다."[15]

1873년 6월 이틀간의 법정 심문이 있던 날, 방청객 중에는 전 대

---

14) 수전 앤서니, 『위대한 연설 100』(사이먼 마이어·제레미 쿠르디 지음, 쌤앤파커스 펴냄, 2010).
15) 상기책.

통령 필모어도 있었다. 법원 방청석은 빈자리가 없을 정도로 꽉 찼다. 수전 앤서니는 법을 어겼는가, 아닌가? 수전의 변호사 헨리 셀던은 그녀가 법을 어기지 않았다고 주장한다. 그는 미국 수정 헌법 14조에 따르면 자신의 의뢰인은 분명히 미합중국의 시민이고, 그녀의 시민권은 제한되어서는 안 된다고 주장했다. 그러나 시민임을 결정하는 것은 무엇인가? 셀던은 많은 헌법학자들의 말을 인용하여 '선거할 권리'라고 대답하면서, 이것으로 이 사안은 명쾌하게 설명되었다고 했다.

그 밖에 수정 헌법 15조[16]는 시민이 그의 인종, 피부색 또는 과거에 노예였다는 이유로 투표를 방해받는 걸 금지했다. 그렇다면 성별의 차이 때문에 투표를 못 하는 것은 무슨 이유인가? 여성들은 자신들이 입법 과정에 전혀 영향을 미치지 못하는 법을 따르라고 강요받는다. 또는 자신들이 동의하지도 않은 세금을 내도록 강요받는다.

독립선언문의 아버지들도, 똑같은 이유, 즉 그들이 정치적인 대변자가 못 된다면 더 이상 세금을 내지 않겠다는 이유로 100여 년 전에 영국으로부터 독립했다. 그들은 "대표권이 없으면 세금도 없다"고 주장했었다. 세 시간에 걸친 셀던의 변호가 끝나자, 헌트 판사는 미리 준비해 둔 연설문을 주머니에서 꺼냈다. 그는 간단히 수정 헌법 14조는 여성의 선거권에 대한 내용을 포함하고 있지 않다고 주장했다.

---

16) 1870년에 인준된 수정헌법 제15조에 따라서 흑인 남성도 투표권을 갖게 되었다.
  "Section 1. The right of citizens of the United States to vote shall not be denied or abridged by the United States or by any State on account of race, color, or previous condition of servitude."

14조는 생명, 자유, 재산, 공평한 재판의 권리, 그리고 행복을 추구할 권리만을 인정한다며, "그러므로 배심원이 유죄 평결을 내리는 것은 당연하다. 나는 이것으로 그렇게 하길 명령한다"고 했다. 이런 터무니없는 독단에 항의하자, 헌트 판사는 보란 듯이 배심원들을 해산하고, 직접 수전 앤서니에게 100달러 벌금형을 선고했다. 그럼에도 불구하고 다음 날 뉴욕의 신문은 "승리자가 있다면, 그건 미스 앤서니다. 그녀는 선거를 했고, 미국 헌법은 충격을 받았다"고 썼다. 그녀는 벌금을 내지 않았고, 아무도 벌금을 강요하지 않았다. 그녀는 1906년 죽을 때까지 끊임없이 여성의 참정권을 위해 싸웠다.

뉴질랜드가 1893년, 오스트레일리아가 1902년에 여성 참정권을 인정했다는 소식을 듣고 만족해했다. 1890년 미국의 와이오밍 주가 여성 참정권을 허용했고, 1900년까지 콜로라도, 아이다호, 유타가 그 뒤를 따랐다. 그러나 수전 앤서니가 태어나고 100년이 지난 1920년 8월 26일이 되어서야 미합중국의 수정 헌법 19조는 "선거할 권리가 성별의 차이 때문에 거부되거나 제한되어서는 안 된다"고 적어 넣었다.[17] 또한 1979년 7월 2일, 미합중국 조폐공사는 수전 앤서니의 업적을 기리기 위해 동전에 그녀의 초상을 넣었다.

앤서니 달러(Anthony Dollar)라 불리는 1달러화는 1979~1981년에 걸쳐 발행되었고 2000년 인디언 소녀 사카가위(Sacagawea) 달러 발행 전 원활한 달러주화의 유통을 위하여 1999년에 추가발행을 한다. 발행 초기에는 그리 활발하게 유통되지는 못했으며, 현재도

---

17) 1920년에 인준된 수정헌법 제19조에 다음과 같이 여성 투표권을 인정했다.
"The right of citizens of the United States to vote shall not be denied or abridged by the United States or by any State on account of sex."

기념주화로서의 기능이 더 크다고 한다.

앤서니 여사의 노력은 20세기에 들어와 결실을 보게 된 셈이다. 1918년 윌슨 대통령은 연방헌법에 여성 투표권을 명문화할 것을 의회에 요청했고, 앞에서 말씀드렸듯이 1920년에 수정헌법 제19조로 여성 투표권이 미국 헌법에 들어왔다. 앤서니 여사를 비롯한 많은 미국 여성들의 노력이 대통령과 의회를 움직였던 것이다. 그 와중에 우리 민주화 운동처럼 많은 운동가가 체포되었고 수형 생활을 하기도 했다. 로체스터 대학교에 앤서니 여사의 이름을 딴 기숙사가 있는 것은 여사가 인권운동을 했던 시기 대부분을 로체스터에서 살았기 때문이다. 뉴욕 주 로체스터가 자랑스럽게 여기는 지역 인사이기도 한 것이다.

2) Martin Ruther King(1929.1.15∼1968.4.4)

    1929년 1월 15일 애틀랜타 오번가 501번지에서 출생
    1944년 9월 20일 모어하우스 대학 입학
    1948년 2월 25일 애버니저에서 목사 안수
           6월 8일 모어하우스 대학에서 박사 학위 수여
    1951년 5월 8일 크로저 신학교에서 신학박사 학위 수여
    1954년 4월 14일 앨라배마 주 덱스터 교회 목사 취임
    1955년 6월 5일 보스턴 대학에서 신학박사 학위 수여
    1955년 12월 1일 로사파크스 부인 흑백분리법률 위반죄로 체포
           12월 5일 몽고메리진보연합(Montgomery Improvement Association) 회장

그가 목사로 재직하던 앨라배마 주에서의 1955년 12월 1일. Rosa Parks라는 할머니가 버스에 타자 백인전용 좌석 바로 뒷좌석

에 앉아 있었다. 백인남성이 차에 오르자 자리를 내주고 뒤로 가서 가라는 버스운전사의 말에, 파크스 할머니는 이를 거부하고 백인 남자들에게 뭇매를 맞고 경찰에 체포되기에 이르렀다. 이 사건을 전해들은 당시 몽고메리 주 덱스터 침례교회의 목사로 있던 27세의 킹은 파크스 할머니의 공판일이었던 12월 5일부터 버스 보이콧을 전개하자는 성명서를 내고, 일요일(12월 4일) 몽고메리의 각 교회에서 인쇄물을 나누어 주어 시민들의 참여를 유도하였다. 흑인 승객의 60%만 협력해 주어도 대성공일 거라고 예상했지만, 거의 100%가 협력을 하는 기적이 일어났다. 혼잡한 출퇴근 시간 동안 인도는 직장으로 그리고 다시 집으로 느긋하게 걸어 다니는 사람들로 가득 찼다. 앨라배마 주립대학의 학생들이 자동차 함께 타기를 자발적으로 거부하고 있었고, 개중에는 20km나 되는 길을 걸어 다니는 사람들도 있었다. 이러한 가운데 당일(12월 5일) 오전에 있었던 파크스 부인의 즉결재판에서는 흑백분리에 관한 시 조례를 위반했다는 이유로 파크스 부인에게 유죄가 선고되고 벌금 10달러와 재판비용을 합쳐서 총 12달러를 지불하라는 판결이 내려졌다. 파크스 부인은 일심에 불복하여 항소를 제기했다. 이는 흑백분리법률을 위반한 죄로 흑인에게 유죄판결이 내려진 최초의 사건이었다. 과거에는 이런 사건들은 기각되거나 공안방해죄로 기소되었다. 킹 목사는 이를 계기로 새로 형성된 저항 단체인 몽고메리 진보연합(MIA: Montgomery Improvement Association)의 회장으로 선출되었다. 이렇게 전개된 몽고메리 버스 보이콧 운동은 예상을 깨고 만 1년이 넘도록 지속되기에 이른다. 하지만 그사이 킹 목사를 비롯한 이들 단체에는 아래와 같은 위협과 탄압이 있었다.

1956년 1월 30일 자택폭파
　1월 16일 5마일 과속으로 체포 구금
　2월 21일 MIA 지도자들을 보이콧 금지법률 위반죄로 기소
　3월 22일 불법보이콧 주도로 386일 구류형을 선고받고 항소

　1963년 8월 워싱턴 대행진 연설에서 킹 목사는 전날에 준비해
왔던 연설 원고가 마음에 들지 않아 즉흥적 연설을 시작하려고 마
음을 가다듬고 있었다. 이때 그 대행진을 함께한 흑인 여성가수 마
헬리아 잭슨(Mahalia Jackson, 1911~1972)이 "저들에게 꿈에 대해
말해 주세요, 마틴!"라고 했다. 킹 목사는 이 말을 받아 "친구들, 오
늘 그리고 내일 우린 어려움에 직면하게 될 것입니다. 그럼에도 불
구하고 내겐 꿈이 있습니다"라고 하는 명연설을 했다.18) 킹은 자신
이 꿈꾸는 미국의 모습을 "조지아 주의 붉은 언덕에서 전 노예의
자식들과 전 노예주인의 자식들이 같은 식탁에 앉아 형제애를 나
누는……" 사회의 모습을 눈으로 보듯 그려 내었다. 이 명연설이
있고 난 50년 뒤인 2013년 8월에 그 자리에 유색인으로서 처음으
로 미국 흑인 대통령인 버락 오바마가 당시의 상황을 재현했다.

"I have a dream that one day on the red hills of Georgia, the sons
of former slaves and the sons of former slave owners will be able to
sit down together at the table of brotherhood."

　3) 넬슨 만델라의 남아프리카공화국 인종분리 정책의 부당성 변호
　1964년 4월 20일 재판에 회부된 피고 넬슨 만델라(1918~2013)
는 자기변호에 앞서 이렇게 말했다. "제가 첫 번째 피고인입니다(I

---

18) 마틴 루터 킹, "제게는 꿈이 있습니다", 『세상을 바꾼 25인의 연설』(투앤비 컨텐츠, 2007).

am the first accused)." 변호사였던 그가 자신과 공범으로 기소된 동료들을 위한 변론을 직접 맡은 것이다. 담담한 문장으로 시작된 그의 긴 변론은 남아프리카공화국 인종분리정책(Apartheid Policy)의 부당함을 사력을 다해 알리는 내용이었다. 자신의 죄목과 복역 기간을 말한 후 시인할 혐의는 시인했다. 이후 빈틈없는 주장이 전개된다. "아프리카인들이 경험하는 부당한 대우는 백인우월주의 정책의 직접적 결과"라는 점을 경험과 주변의 사례를 들어가며 설명한다. 만델라의 변론은 쿠바 피델 카스트로 의장의 "역사가 날 용서할 것"이라는 연설의 영향을 받은 것으로 알려져 있다. 가장 인상적인 문장은 변론 말미에 나온다. "저는 모든 사람이 조화를 이루면서 평등한 기회를 누리는 민주적이고 자유로운 사회라는 이상을 소중히 여겨 왔습니다. 제 삶의 목적이자 성취하고픈 이상입니다. 필요하다면 이 이상을 위해 목숨 바칠 각오도 돼 있습니다."[19]

만델라의 변론은 당시 삼엄한 검열에도 불구하고 널리 보도됐고 국제사회의 뜨거운 관심을 이끌어 냈다. 그가 국제적인 인사로 주목을 받게 된 결정적 계기가 된 것이다. 만델라 석방 운동과 지지 성명이 세계 곳곳에서 이어졌다. 재판부는 같은 해 6월 만델라와 공범 7명에 대해 종신형을 선고했다. 당시 상황을 전한 가디언은 "법정 구속되기 직전 만델라는 엄지를 들어 보였다. 하지만 법정으로 들어오지 못해 밖에서 판결을 기다리던 아내와 딸을 마지막으로 볼 기회는 없었다"고 보도했다. 만델라는 26년간 복역했으며 1990년 2월 11일 석방됐다. 1994년 5월 대통령으로 취임하면서 그

---

19) 넬슨 만델라, "저는 첫 번째 피고입니다", 『세상을 바꾼 25인의 연설』(투앤비 컨텐츠, 2007).

는 또 한 편의 연설을 남겼다. "남아공의 영웅들은 여러 세대에 걸쳐 내려온 전설적인 인물들입니다. 하지만 우리의 진정한 영웅은 국민 여러분입니다."

4) 1989년 중국 천안문사건

굴곡 많은 근현대사를 경험한 중국은 추모해야 할 굵직굵직한 십 주년만 거론해도 해마다 반복된다. 2009년에 돌아봐야 할 역사적 순간은 단연 오사운동 90주년(1919.05.04), 중화인민공화국 건국 60주년(1949.10.01), 그리고 톈안먼 사건 20주년(1989.06.04)이라고 할 수 있다. 오사운동에 대한 새로운 책과 관련 학술대회는 풍성했다. 물론 오사운동의 정신을 본받아 비판정신을 분출하는 것은 최대한 억제시키고 학술제도 내에서의 회고만 가능하게 했다. 가을이 되면 건국 60주년을 기념하는 다양한 행사가 기획되고 있었다. 그러나 "육사 톈안먼 사건"은 중국 어디서도 흔적을 찾을 수 없다. 홍콩에서 매년 열리는 추모 촛불집회에는 사상 최대인원인 15만 명이 운집했으며, 언제나처럼 미국 등 서방국가는 재평가를 요구하는 성명을 내고 중국 외교부는 그에 대한 강한 불만의 목소리로 응수하지만, 그것 자체가 이미 통과의례화되어 가고 있다(톈안먼 광장의 검문 강화 및 유튜브, 트위터, 플리커 등의 차단이 있었지만). 육사 20주년은 너무나 조용히 지나갔다.

한국의 여러 매체에서도 6월 4일을 전후하여 톈안먼 사건을 다루는 기사를 내보냈지만 단편적인 뉴스에 그쳤고, 20년이 경과한 사건 자체의 의미에 대한 특집은 거의 찾을 수 없었다. 해외의 경우 BBC, RFI 등의 중국어 사이트에서 팡리즈, 왕단 등 핵심 관계자, 사건 당시 취재 기자, 관련 학자 등의 인터뷰와 글을 통해 다양한 방식으로 20주년을 조명하고 있으며, 해외 중화권 뉴스 사이트인 dwnews(多维新闻网), "縱覽中國; China in Perspective" 등에서도 다양한 목소리를 들려주고 있다.

후야오방은 덩샤오핑의 신임을 잃은 뒤에도 여전히 중앙정치국에서 자리를 유지하고 있었는데, 1989년 4월 15일 중앙정치국 회의에 참석했다가 격론을 벌이던 중 치명적인 심장마비를 일으켰다. 정치적으로 기민한 학생들은 민주적 성향의 후야오방에 대한 자신들의 진심 어린 존경을 표시하고 싶은 마음을 넘어서 마침내 정치적 기회가 왔음을 인식했다. 고위 공직자가 죽었을 때 정부가 잠시 정치적 반대의견을 용인한다는 사실, 즉 "살아 있는 사람을 비판하기 위해 죽은 자를 애도하는" 전통을 되살릴 수 있는 좋은 기회임을 그들은 알고 있었다. 행진과 시위의 규모는 하루가 다르게 커져갔으며 집회와 언론의 자유 같은 기본적인 민주적 권리를 보장하라는 요구서를 발표하고, 관료들의 부패와 족벌주의를 비난했다.

그러나 덩샤오핑은 1989년의 학생활동가들을 문화대혁명 시기의 반란자들과 비교하면서 둘 다 '천하동란'을 일으키려는 목적을 가지고 있다고 주장했다. 4월 26일자 인민일보 사설에서 그는 학생 시위가 "나라 전체를 혼란에 빠뜨리기 위한" "계획된 음모"이며 이는 "중국공산당의 지도와 사회주의 체제를 부정하기 위한 것"이라고 말했다. 따라서 불법적인 집회와 허가받지 않은 시위는 엄금해야 하며 학생들이 노동자, 농민 그리고 타교 학생들과 연대하지 못하도록 해야 한다고 경고했다.

이에 시위의 규모는 더욱 커졌으며 일부 시민은 학생들의 행진

대열에 가담했고 어떤 사람들은 음식과 돈을 주는 등 자발적이고 인정 넘치는 연대의 모습을 보여 주었다. 그것은 당시로서는 최대 규모의 시위였으며, 목격자들은 시위 참가자들의 비상한 자제력과 학생들의 조직술에 놀라움을 금치 못했다. "이들은 익명의 시위집단이 아니라, 질서정연하게 행동하는 신원이 확실한 집단들이었다." 이 운동의 규율 잡힌 행동과 흥겨운 모습, 반전통적인 카니발 같은 환경은 '중국의 우드스탁(woodstock)'이라 불릴 정도로 대항문화의 축제인 것처럼 보였다.

계엄령이 선포된 뒤에도 인민의 군대인 인민해방군은 비무장 민간인에 대한 발포를 거부하고 시위군중과 금방 친해졌다. 그러자 노련한 직업군인으로 구성된 부대로 변경된다. 6월 9일 덩샤오핑은 텔레비전에 나와 그가 '반혁명 폭란'이라고 부른 것을 섬멸한 군대와 경찰의 노고를 치하하고 시위대와의 싸움과정에서 사망한 수십 명의 병사들의 가족에게 위로를 전했다. 그러나 덩샤오핑은 민간인 희생자들에 대해서는 '사회의 쓰레기'라고 비난하면서 어떤 유감도 표시하지 않았다. 이들은 젊은 시위자들을 처벌하고 배은망덕한 자들에게 겁을 주기로 결정한 이후 이 위기를 평화롭게 해결할 수 있는 모든 기회를 의도적으로 무시했다. 무력진압에 이어 곧바로 체포의 물결이 전국을 뒤덮었다.

5) 근대화운동과 동학혁명 – 불복종사상

1894년의 동학혁명은 우리나라 근대사의 분수령을 이루는 역사적 전환기에 일어난 일대사건에 그치는 것이 아니라 반봉건 근대변혁주체의 운동과 반침략적 저항주체의 운동을 동시에 수행코자

한 아래로부터의 운동이라는 점에서 일찍부터 학계의 주목을 받아 왔다.

첫째, 개화사상

(1) 동학사상과 동학운동

동학사상은 한국의 근대사에서 민주주의 정신을 가장 잘 표현하고 있는 것이다. 동학의 기본사상은 侍天主와 人乃天이다. 사람이 곧 하늘이라는 것이다. 인간이 만물의 기본으로서 최고의 존재 가치를 가진다는 것이다. 侍天主란 모든 인간은 마음속에 천주를 모신 평등한 인간이라는 반봉건적 평등주의를 표방하는 동학의 중심 사상이다. 따라서 사람을 대하기를 하늘을 섬기는 것과 같이 하라 (事人如事天)는 동학의 교리는 당시의 봉건적 신분질서를 중요시하는 유교적 세계관을 부정하는 것이다. 신분에 따른 인간을 억압하는 계급제도를 부정하고, 인간의 평등을 강조하는 점에서 중요하다.

이러한 동학사상을 바탕으로 하여 전개된 운동이 동학운동이다. 이러한 동학의 교세가 발전하자 조정에서는 교주 최제우를 잡아 처형하였다. 그러나 동학의 평등주의와 혁명정신은 전국적으로 더욱 확산되어 나갔다. 이러한 동학의 교세확장운동은 1893년의 교조신원운동으로 제기되어 공화문 앞 연좌 상소로 확대되었다. 2대 교주 최시형은 전국의 동학교도들에게 동원령을 내려 그해 4월 전국에서 2만에 달하는 교도들이 충청도 보은에 집결하여, 종교적인 문제뿐만 아니라 斥倭洋과 輔國安民의 기치를 내걸고, 외세에 대항하는 민족적 저항운동으로 전개되었다. 이러한 보은집회를 조정에서는 무력으로 해산시켰다. 이에 반발하는 무장봉기를 주장하는 동학도들의 남접과 무력 신중론을 주장하는 북접이 의견의 일치를 보지 못하다가, 무장봉기함으로써 봉건적 보수세력을 타파하고, 외세를 물리치고, 보국안민을 이룰 수 있다는 신념이 남접을 중심으로 퍼지게 되었다.

(2) 갑오농민전쟁

이러한 남접을 중심으로 하는 무력봉기의 확대를 전개하게 되었다. 동학도들이 봉건적 억압 속에서 만민평등을 주장하는 동학사상은 신분적 억압과 경제적 착취에 신음하는 농민대중이 결합된 반봉건 반외세운동으로 번져 나갔다. 특히 갑오농민전쟁은 한편으로는 봉건체제 개혁을 통해 사회경제적 혁명을 일으키고자 한 것이며, 다른 한편으로는 일본을 비롯한 외세의 침략을 저지하고, 국권수호를 위한 민족자주운동이었다. 이러한 정신은 대한제국 시대에 각종 '반봉건 반외세 민중운동'으로 발전해 왔다.[20]

둘째, 자주적 근대화 운동

동학운동이 지배계급의 권력에 의해 억압받아 온 일반민중의 혁명운동이었다면, 개화운동은 관리층 내부에서 자각한 지식인들의 개혁운동이었다. 개화운동의 주도세력은 일본, 미국 등지에서 선진 근대문물을 접할 수 있었던 지배계층 출신의 젊은 청년층이었다.

---

20) <전봉준의 민중운동의 특성>: 반봉건 반외세 민중운동
    1. 피압박민중의 신분해방: 노비문서 파기, 백정의 고깔 벗기기.
    2. 균등 사상: 세금과 토지 분배.
    3. 민주주의와 자유주의: 탐관오리숙청, 민중정치참여, 문벌타파와 인본, 청춘과부개가허용.

(1) 갑신정변

갑신정변은 1884년 정치제도의 개혁을 위해 시도된 운동으로서 심화된 민족적 위기에 대한 자각을 기반으로 내정개혁을 단행하여 근대국가를 형성하려는 개화운동이다. 김옥균, 사광범, 서재필, 박영효 등 소장파는 사대주의적 수구파를 처단하고 신정부수립을 선포하였다. 이들은 문벌의 타파, 사민평등, 정부기구 간소화, 지조법의 개조 등 내정개혁을 꾀하였다. 그러나 일본이라는 외세를 등에 업고 쿠데타 형태로 정권을 장악하였으나 청국군대가 투입되면서 정변은 결국 3일 천하로 끝나고 실패로 돌아갔다. 그러나 정변의 주된 정책들이 봉건적 신분질서를 타파하고 인간의 평등권을 보장하려던 근대적인 정신을 담고 있어 역사적 의미가 중요하다. 정치적으로는 청국과의 종속관계를 청산하고, 조선왕조의 전제주의적 정치체제를 입헌군주제로 바꾸려는 정치개혁이었다. 사회적으로는 문벌을 폐지하고 인민평등권을 제정하여 봉건적 신분질서를 청산하려고 하였다는 점을 중요시할 수 있다.

(2) 갑오경장

1894년 개화당이 정권을 잡으면서 갑신정변에서 시도하였던 정치개혁의 구체적 내용을 실현하였다. 갑오경장은 갑신정변의 실패로 정계에서 밀려난 인사들을 중심으로 정권을 잡고, 한편으로 일본의 내정 개혁을 강요받아 단행되었다. 갑오경장은 갑오농민군의 개혁내용을 일부 수용하여, 정치적으로 전제군주제를 약화시키고, 문벌과 반상신분제 타파, 과거제 폐지와 능력에 의한 인재등용, 공사노비법 폐지 등 사회개혁을 담고 있다. 이러한 개혁의 내용이 근대민주정치의 근간인 인간의 자유와 평등을 제도상으로 실현하려고 한 점에서 근대적 민주화 운동으로 평가되고 있다. 그러나 갑오경장은 민중의 지지와 참여가 없이 친일적인 개화세력에 의해 단행되었기 때문에 그 과정에서 침략의 야욕을 가진 일본의 의도로 조선은 근대적 민족국가의 형성에 실패하고, 일본이 청일전쟁에서 승리하자 한반도 침략을 본격화하고 말았다.

Ⅳ. 새로운 시민상 정립

첫째, 나와 같이 관계를 갖는 사람들과 소통하는 시민

예부터 사람생활에 人倫을 중요시해 왔다. 이 인륜은 나 하나만의 일도 아니며, 어느 한 가정만의 일도 아닌 것으로 생각한다. 그것은 자기와 관계를 맺고 있는 모든 사람과의 공동의 관계라고 생각한다. 예를 들어, 한 가정의 문제는 아버지와 어머니, 형제자매, 그리고 아들 딸 등 가족이라는 공동체 구성원 모두의 문제가 될 것이다. 가족 간에 만일 소통이 없다면 이러한 가정의 문제를 해결해 낼 수가 없을 것이다. 그래서 소통은 아무리 강조해도 지나치지 않을 것이다. 가족에서뿐만 아니라 사회생활에서도 남을 배려하고 소통을 잘하려고 하는 그런 마음의 자세가 현대를 살아가고 있는 우리들에게 요구되고 있는 것이다. 소통의 방법으로서 자기중심적 소통, 자기의 의사와 같은 사람과의 소통, 그리고 남의 이야기를 들어 줄 줄 아는 포용적 소통을 말할 수 있다. 우리는 첫째의 소통은 자기 이기적 생각에 사로잡혀 있는 것이다. 두 번째는 나와 뜻을 같이하는 사람과만이 대화하고 소통하는 사람이다. 진정한 소통은 세 번째의 남의 이야기를 들을 줄 아는 소통이 되어야 한다.

둘째, 남과 상대에게 필요로 하는 시민

우리의 가정생활에서 상대의 마음을 읽어 줄 줄 아는 그런 자세가 요구되는 것처럼 우리 사회생활에서도 남의 마음을 이해해 줄 줄 아는 그런 자세가 요구된다. 가령 부부가 같이 살아가는 동안에 여러 가지의 좋은 일, 어려운 일들이 있는데 그렇게 살아가는 부부 사이에 같이하는 마음이 없다면 아마 이 부부 생활은 원만하게 이어가지 못할 것이다. 그래서 부부는 항상 내가 돌보아야 할 아내와 내가 돌보아야 할 남편이 있다는 것을 잊지 말아야 그 부부생활이 원활하게 이루어질 것이다. 다시 말해 나의 남편이 무엇을 필요로 하고, 나의 아내는 지금 무엇을 필요로 하고 있는지를 항상 생각하는 그런 자세를 갖추고 생활하듯이 우리의 삶도 남과 같이 살아가는 사회생활에서도 이러한 상대에게 필요로 하는 사람이 될 것이 강조되는 것이다. 그래서 상대에게 필요한 부분을 읽어 줄 줄 알고, 도움을 줄 줄 아는 그런 관계를 형성하게 되면 마치 남편과 아내가 상호 필요로 하는 것처럼, 또는 상대에게 도움을 주는 것처럼 되어 줄 것이 우리 사회에 요구되고 있는 것이다. 다음의 소동파의 아내의 사례를 음미해 보자.[21]

셋째, 이기심을 버리고 남을 배려할 줄 아는 시민

---

21) <後赤壁賦>
　　蘇東坡: 有客無酒 有酒無肴, 月白風淸 如此良夜何.
　　客: 今者薄暮 擧網得魚 巨口細鱗 狀如松江之魚 顧安所得酒乎.
　　東坡婦: 我有斗酒 藏之久矣 以待子不時之需.

정상적인 가정에서 부모는 이타심을 가지고 가족 모두의 복지를 늘 염두에 두면서 헌신적으로 가정을 꾸려 나간다. 원래 가정이란 것이 마치 시장에서 보이지 않는 손(즉, 가격기구)이 거래당사자들 사이의 상충된 이해관계를 적절히 교통정리 하듯이 가정에서는 부모의 사랑 어린 보살핌이 가족구성원들의 다양한 요구를 적절히 교통 정리하게 되는 것이다. 이런 상황에서는 가족 구성원 그 어느 누구도 이기적으로 행동해 봐야 소용이 없게 될 것이다. 예를 들어서 형이 제 욕심만 생각하고 동생한테 1만 원을 빼앗아 갔다고 해 보자. 그러면 부모는 동생의 용돈을 만 원 올려 주는 대신 형의 용돈을 1만 원 삭감할 수도 있을 것이다. 결과적으로 형은 얻는 것이 없게 될 것이다. 따라서 형은 이기적으로 행동할 필요성을 느끼지 않을 것이다. 반대의 경우를 생각해 보면, 동생이 불량배들에게 용돈을 뺏겨서 울고 있다고 가정해 보자. 이것을 보고 측은하게 생각한 형이 동생에게 2만 원을 주었다면, 그 부모는 형이 기특해서 용돈을 2만 원 이상 올려 줄 수도 있을 것이다. 결국 이기적이지 않고 이타적으로 행동하는 것이 형에게 이익이 될 뿐만 아니라, 가족 구성원 모두가 이타적으로 행동하게 될 것이다. 가정이란 보통 이런 것이다.

만일 부모가 가족들을 위해서 헌신적으로 봉사해 주지 않는다면 (이타심의 중심축이 없다면), 가족들 사이의 시기심이나 이기심은 가족의 해체를 초래하게 될 것이다. 결국 가정은 이타심이 함양되고 퍼져 나가는 사회의 중심단위가 된다는 결론에 이르게 될 것이다.

이러한 정리는 비단 가정에만 적용되는 것은 아니다. 다른 집단에 대해서도 비슷한 얘기를 할 수 있다. 예를 들어서 헌신적인 사장과 소수의 이타적인 간부가 이끄는 회사라면, 그런 회사는 높은 경쟁력을 가지게 될 것이고, IMF와 같은 어려움을 당했을 때 사원들의 헌신으로 위기를 극복할 힘을 갖게 해 줄 수도 있었을 것이다. 따라서 결국 "인간 생활에서 이기심보다 이타심의 발로는 우리가 생각하는 것 이상으로 막중하다"라고 결론을 내릴 수 있다.

넷째, 지성적 사고를 하는 시비분별력 있는 시민

최근 인터넷 속에서 진실과 가짜의 논쟁이 심각하게 사회를 위협하고 있는 것 같다. 다시 말해 '비지성적 집단의 행동이 진실을 왜곡한다'는 것이다. 한 예로서 인기 가수 타블로(이선웅)의 이야기가 이를 잘 보여 주고 있다. 네티즌들은 그의 스탠포드 대학 학력에 대해 의문을 제기하면서 정확한 사실을 밝히라는 것이다. 경찰 당국과 학교 당국에서 조사하고 수사한 결과 밝힌 내용에 대해서 '타진요(타블로의 진실을 요구한다)'가 믿지 못하겠다는 것이다. 또 다른 네티즌인 '상진세(상식이 진실인 세상)'에서는 공식적으로 그 결과에 승복하고 사과하고 잘못을 시인하는 자세를 보이고 댓글을 삭제하는 등 그 일에 대해서 막을 내렸다. 그래도 타진요는 그러한 사실 자체도 매수공작이라고 하고 있었다. 이 사건을 두고 한국 사회의 디지털 사회의 미래를 걱정하는 사람들이 늘고 있는 것 같다.[22]

또한 우리는 2008년 초반에 있었던 촛불집회를 기억하고 있다. 여중생 두 명이 "우리는 미국산 쇠고기를 먹고 죽고 싶지 않아요"

---

22) Hysing, Erik, 2009, "Governing without Government? The Private Governance of Forest Certification in Sweden." *Public Administration*. 87: 2, pp.312-326.

지배행위자	권위적 지배(authority)	협력적 지배(cooperation)
정부	Ⅱ. 명령·통제(권위적 통치)	Ⅰ. 조정·장려(협력적 통치)
비정부	Ⅲ. 제한적 지배(위임적 통치)	Ⅳ. 정부 없는 통치(시민정치)

라는 이런 표현에서 시작되어 미국산 소고기를 먹으면 모두가 다 죽는 것처럼 인식하는 식으로 우리 시민들이 마치 마녀사냥을 나서는 사람 같았다. 이러한 비지성적인 사고로 행동하는 경향에 따라 우리는 역사를 바꿀 뻔하기도 했던 것이다. 이러한 점을 보고 필자는 사랑하는 사람들에게 '지성적으로 행동할 것'을 강조하게 되었다. 모르는 것이 죄일 수는 없지만 이것이 남에게, 우리 사회에, 국가에 대해, 더 나아가 전 인류에 대해 죄악이 되고, 사회적 비용을 낭비하게 만든다면 이 얼마나 큰 죄악이 될 것인가? 우리의 사소한 일상생활에서도 정확한 지식에 의한 판단으로 삶을 영위하도록 노력하라고 강조하고자 한다.

다섯째, 지는 방법을 배우는 사회적 윤리를 실천하는 시민

경주 최부잣집에서는 만석 이상의 농사를 하지 말라고 하였고, 사회적 윤리의 실천을 중요시한다. 첫째, 청백리정신에 바탕을 둔 근검절약정신을 실천한다. 둘째, 이루기 힘든 일일수록 자신을 낮추고 겸손한 마음으로 행한다. 셋째, 주변에 사람들이 끊이지 않게 하고 항상 후하게 대접한다. 넷째, 자신을 낮춰 상대가 경계하지 않도록 한다. 다섯째, 덕을 베풀고 몸으로 실천한다. 여섯째, 이등을 위해 일등만큼 노력한다.

그렇다. 세상에는 2등도 있고 3등도 있고 최 꼴찌도 있는 법이다. 전 세계를 휩쓸고 있는 한국 낭자들의 골프군단을 보면 곧 잘 알 수 있다. 반드시 1등이 아니라도 열심히 하면 총상금의 랭킹이 달라질 수도 있는 상황이다. 더 열심히 하는 선수가 올해의 선수상을 받게 될 것이기 때문이다.

<경주최부잣집 300년 부의 비밀>[23]

1. 집안을 세우다.
　　첫째, 부를 유지하기 위한 최소한의 지위만을 가진다.
　　둘째, 한국적 인간관계에 바탕을 둔 노사관계를 실천한다.
　　셋째, 함께 일하고 일한 만큼 가져간다.
2. 원칙을 지키는 경영을 한다.
　　넷째, 군림하지 않고 경영하는 중간관리자를 세운다.
　　다섯째, 量入爲出, 들어올 것을 헤아려 나갈 것을 정한다.
　　여섯째, 사회적 책임을 저버리지 않고 받는 만큼 사회에 환원
　　　　　한다.
　　일곱째, 때를 가려 정당한 방법으로 재산을 늘린다.
　　여덟째, 지나치게 재산을 불리지 않는다.
3. 사회적 윤리를 실천한다.
　　아홉째, 청백리정신에 바탕을 둔 근검절약정신을 실천한다.
　　열 번째, 이루기 힘든 일일수록 자신을 낮추고 겸손한 마음으
　　　　　로 행한다.
　　열한 번째, 주변에 사람들이 끊이지 않게 하고 항상 후하게
　　　　　대접한다.
　　열두 번째, 자신을 낮춰 상대가 경계하지 않도록 한다.
　　열세 번째, 덕을 베풀고 몸으로 실천한다.
　　열네 번째, 이등을 위해 일등만큼 노력한다.

---

23) 전진문, 2004, 『경주최부잣집 300년 부의 비밀』, 서울: 황금가지.

4. 가치 있는 일을 위해 부를 버린다.

열다섯 번째, 가치 있는 일을 위해서는 모든 것을 기쁘게 버린다.

V. 맺는말

결론적으로 생각하면 한국에서 이 시대가 요구하는 시민사회는 복잡한 사회문제를 분석하고 해결하는 인식론적 기초이자, 삶의 의미를 재생산하는 실천적 수단으로 간주되고 있다. 그래서 한국 시민사회는 내가 좋아하는 이웃과 안전하게 살아갈 수 있는 강건한 민주주의, 복지서비스의 생산과 지속, 새로운 거버넌스의 형성, 좋은 사회적 자본(social capital)의 생성, 지역사회의 개발, 공동체 정신의 복원, 기존의 삶에서 보다 나은 대안사회의 모색 등 중심적 행위자이자 철학적 토대로 자리매김하여 왔다.[24] 이러한 시대정신에 부합하는 한국의 시민이 필요한 것이다.

---

24) 김영래, 2013, "박근혜 정부와 시민사회 활성화", 사단법인 시민(창립기념포럼, 2013.7.2).

〈참고문헌〉

김영래, 2013, "박근혜 정부와 시민사회 활성화" 사단법인 시민(창립기념포럼. 2013.7.2).

조대엽, 2010.12.2, 한국NGO학회 학술대회 발표논문 "공정사회론과 미시민주주의."

전진문, 2004, 『경주최부잣집 300년 부의 비밀』, 서울: 황금가지.

넬슨 만델라, "저는 첫 번째 피고입니다", 『세상을 바꾼 25인의 연설』(투앤비컨텐츠, 2007).

마틴 루터 킹, "제게는 꿈이 있습니다", 『세상을 바꾼 25인의 연설』(투앤비컨텐츠, 2007).

수전 앤서니, 『위대한 연설 100』(사이먼 마이어·제레미 쿠르디 지음, 쌤앤파커스 펴냄, 2010).

Barber, Benjamin R. 1998. *A Place for Us: How to Make Society Civil andDemocracy Strong.*

Cohen, Jean L. and Arato, Andrew. 1992. *Civil Society and Political Theory.* Cambridge: The MIT Press. p.346.

Habermas, Jürgen. 1989. *The Structural Transformation of the Public Sphere.* Boston: MIT Press.

Habermas, Jürgen. 1996. *Between Facts and Norms: Contribution to a Discourse Theory of Law and Democracy.* Cambridge: MIT Press.

Hysing, Erik. 2009. "Governing without Government? The Private Governance of Forest Certification in Sweden." *Public Administration.* 87: 2, pp.312-326.

Rawls, John. 1971. *A Theory of Justice.* Cambridge Masschusetts. pp.363-391.

Sandel, Michael J. 2010. *Justice: What's the Right Thing to Do?,* Penguin Books.

蘇東坡 ＜後赤壁賦＞
미합중국 수정헌법 제14, 15, 19조

제12장 시민운동 무엇이 대안인가?

- 공동선을 추구하는 대안운동[*] -

Ⅰ. 시작하는 말 - 공동선과 대안사회운동

2007년 8월 30일 소통·연대·변혁 사회운동포럼이 '사회운동의 대안이념과 변혁의 전망은 무엇인가?'라는 주제로 토론한 내용을 잠시 회고해 보고자 한다. 이 포럼에서는 공통질문으로서 한국 시민운동의 혁신방향과 미래에 대한 전망 등을 토론하고 있었지만 주로 한국 사회운동의 평가와 그 혁신방향에 관해 중점적으로 논의하였다.[1]

먼저 평가 부분에서 소주제는 '우리 운동은 지금 어디에 서 있는가?'이었다. 한 활동가는 "신자유주의 시대가 우리의 일상을 어떻

---

[*] 본 글은 『한국시민사회연감2010』과 『내나라』 제23권에 게재한 "대안사회"를 일부 수정하여 재게재한 것임.
1) 2007년 8월 30일 소통·연대·변혁 사회운동포럼 토론문 참조.

게 공격해 들어오고 있는가. 인권의 패러다임 안에서, 고전적인 자유권의 영역에서 나타나는 침해양상은 더욱 심각해지고 있다"며 "운동 안에서, 개인의 삶에서 어떻게 작용하는가에 대해서는 충분히 얘기되지 못한 거 아닌가?"라고 반문하기도 하였다. 이에 대해 어느 여성 활동가는 장애운동의 역사를 되짚으며 "여성과 비정규직, 성소수자, 장애인을 한 세트로 묶어서 연대 발언이 주어질 때, 소수 운동으로 묶여지는 것, 장애인 운동이 타자화되거나 비주류라는 얘기를 들을 때 장애운동이 사회운동으로 어떻게 가능할까를 고민하게 된다"고도 하였다. 또 다른 활동가는 "조직적으로 사회운동이 위기라고 하지만, 위기의 핵심요인은 "80년대의 운동은 조직적인 결함을 보완해 줄 이념적 민주화의 과제가 역동적으로 결합해 운동권과 대중이 결합할 수 있었던 반면, 지금은 조직적 결합이 취약한 것이 치명적으로 드러나는 상황"이라고 하였다. 결론적으로 한국 시민운동의 평가 부분에서는 "숙제를 풀어내는 방식으로 자유주의 방식의 관리주의적 경향과 대안주체 형성의 사회 운동적 경향"을 지적하며 "80년대는 상식적으로 이해가 안 될 만큼의 억압의 상태였기 때문에 민주주의를 주장하는 것 자체가 대안사회의 이념으로, 이데올로기를 형성할 수 있었던 반면, '87 체제'2)가 완성되는 과정에서는 민주화를 대체할 대안 이데올로기를 운동진영이 형성하지 못했다"고 평가를 내리고 있었다. 여기에서 우리는 한국 시민운동의 대안활동의 구체화된 핵심사항을 찾지 못하고 있는

---

2) '87체제'는 군부권위주의를 타파하고 직접선거로 대통령을 선출하기 위한 유신헌법의 잔재인 헌법의 개정을 주 내용으로 하는 '6 · 29민주화 선언'을 이끌어 낸 민주화 세력의 승리로 결정 난 통치체제이다. 그러나 오늘의 진보와 보수를 엄격하게 경계를 짓는 사건으로 간주되기도 한다.

상황임을 확인할 수 있었다. 그러나 분명한 것은 구체화되지 못하였지만 2008년과 2009년 한국 사회의 경제적 어려움을 통해서 나눔의 문화를 익혀서 공동체로서의 삶을 추구하고자 한다는 점이다. 나눔의 문화공동체를 형성하는 일은 인식의 전환과 의식의 변화, 지구적 삶의 방식, 그리고 생태적 공간의 영유라는 점에서 찾아볼 수 있다.

한국 시민운동 혁신방향에 대해서는 이 포럼은 하나의 연합형태로 이어질 수 있는 방안들이 포럼 내에서 모색되길 바란다고 기대를 보였다. "사회운동을 강화하자고 하는 것은 대안사회로 나가자는 것"이라며 "현실투쟁에서 자본주의와 맞서 싸우면서 체제 내로 닮아 가는 것이 아니라, 현실투쟁을 잘하면서도 새로운 사회의 주체가 양성될 수 있도록 시민운동들이 소통, 연대하자"는 것이었다. 국제주의, 페미니즘 등에 무지했고 눈감았던 과거를 진정으로 반성하고 혁신함으로써 보편적 이념이 탄생할 수 있다고 보고 있었다.

그렇다, 한국 시민운동의 대안은 '87체제' 이후의 새로운 운동 어젠다를 찾는 일과 그 운동방향의 연대활동이다. 대안운동은 시민의 생활세계(life-world)[3]에서의 보편적 이념의 발견이라는 것으로 함축되는 것이다. 우리가 모색하고자 하는 시민운동의 구체적 대안은 정치적, 경제적, 사회적 거대한 명제에 도전하는 것이 아니라 우리 시민들의 일상적인 생활세계에서 삶의 질을 보다 구체적, 실천적, 혁신적, 그리고 합리적으로 바꾸어 나가는 일이다.[4] 행위의 주

---

3) Jürgen Habermas, 그는 사회를 권력 매체에 의해서 조종, 통합되는 국가영역, 화폐에 의해 조종되고 통합되는 경제영역, 그리고 생활세계(life-world)로 구분한다. 그 생활세계를 사적 영역과 공적 영역으로 구분하고 공적 영역이 우리들의 개인생활을 공적 생활로 전환하는 공론의 장으로서 중요한 역할을 하는 시민사회로 간주하고 있다.

체인 개인, 집단, 기업, 정부 등의 혁신적 의식개혁이라는 방향 전환이 있어야 한다. 기존의 사회운동을 대신할 대안사회는 사회운동의 형태가 참여, 능동, 개방, 생태 등을 개혁, 개방, 혁신하는 운동으로 전개되어야 한다. 우리 한국 사회의 대안운동은 정치, 경제, 사회, 교육 등 전 분야에서, 또 영역에 따라서는 크게, 또는 작게 진행되고 있는 중이다. 현재의 우리가 추구해야 할 방향을 그들 나름대로 모색하고 있다.

이 글에서는 한국 시민운동 중에서 대안운동으로서 기존의 방식을 대신할 정치, 경제, 언론 등은 그 해당 분야에서 구체적인 연구가 필요한 부분으로 간주하고 제외한다. 따라서 여기에서는 다음과 같은 순서로 글을 전개해 가려고 한다. 첫째는 나눔을 통한 대안운동 모색의 사례로서, '푸드뱅크'와 '아름다운재단'의 활동, 둘째는 사회적 기업 활동을 통한 대안운동 모색의 사례로서 '(유)나눔푸드'와 '(주)이장'의 활동, 셋째는 국제연대를 통한 지구적 대안운동의 사례로서 '국제민주연대'의 활동, 넷째로는 영성수련공동체의 활동을 통한 대안운동의 사례로서 '야마기시즘과 특별강습연찬회', '스코틀랜드의 핀드혼 공동체', '예수살이 공동체', '정토회수행공동체' 등의 활동을 살펴봄으로써 우리의 대안운동의 현황과 과제를 짚어 보고자 한다.

---

4) Alvin Toffler, 그는 이러한 인류생활의 큰 변화를 물결(wave)로 비유하여 설명하고 있다. 제1의 물결은 농업혁명, 제2의 물결은 산업혁명, 제3의 물결은 지식혁명으로 설명하고, 미래에는 제4의 물결의 시대로 간주하고 이러한 삶의 근본적인 변화는 부(富)가 물질만능주의나 개인주의적 이기주의로가 아닌 배려와 공동체적 삶의 방식을 강조하는 새로운 물결을 예고하고 있다.

Ⅱ. 대안사회운동의 유형

1. 나눔 공동체 운동

1) 푸드뱅크(Food Bank)

푸드뱅크는 "식품제조기업 또는 개인에게서 식품을 기부 받아 결식아동, 홀로 사는 노인, 재가장애인, 무료급식소, 노숙자쉼터, 사회복지시설 등 소외계층에 대한 식품지원복지서비스를 전달하는 식품나눔 제도"이다. 1998년 외환위기로 인한 사회적 배경에 따라 시작된 푸드뱅크는 현재 전국에 297개의 푸드뱅크가 활동하고 있을 만큼 활발하게 움직이고 있다.

이 푸드뱅크사업은 1967년 미국에서 '제2의 수확(Second Harvest)'이라는 이름으로 처음 시작된 이래 1981년 캐나다, 1984년 프랑스, 1986년 독일 등 유럽연합 국가들과 같이 주로 사회복지 선진국들을 중심으로 발전하여 왔다. 한국에서는 국제통화기금(IMF)으로부터 구제금융을 받던 때인 1998년 1월 서울·부산·대구·과천에서 처음으로 시범사업을 실시한 이후 2013년 현재까지 중앙조직인 전국 푸드뱅크 1개소 외에 17개소의 광역 푸드뱅크, 280개소의 기초 푸드뱅크가 설치 운영되고 있다.

〈표 1〉 한국의 전국 푸드뱅크 활동연역

연도	활동내역
1998.01	푸드뱅크 시범사업 실시(서울, 부산, 대구, 과천)
1998.09	푸드뱅크 특수전화 1377 설치 및 전국사업 확대
1998.12	푸드뱅크의 정착화 방안 연구(한국 보건사회연구원)
2000.05	한국사회복지협의회를 전국푸드뱅크로 지정
2000.12	심벌마크 및 캐릭터 선정(전국푸드뱅크)
2001.08	전국 푸드뱅크 홈페이지 운영
2002.01	식품제조업, 유통업을 영위하는 개인 법인의 식품 기부 시 전액 손비로 인정
2002.07	푸드뱅크운영관리 DB시스템 구축 운영
2006.03	식품기부활성화에 관한 법률 제정
2006.09	식품기부활성화에 관한 법률, 동법시행령, 동법시행규칙 시행
2009.01	취약계층 식품지원 서비스 강화를 위한 푸드마켓사업 전국 확대 시행
2009.06	식품기부활성화에 관한 법률개정 발의(안홍준 의원, 폐기)
2009.09	기부식품 중앙물류센터 개소(대전광역시 유성구 대정동 302-1)
2012.03	농산어촌 복지소외계층 지원을 위한 이동푸드마켓 설치·운영
2013.03	푸드뱅크 및 푸드마켓 425개소 운영(전국푸드뱅크 1개소, 광역푸드뱅크 17개소, 기초푸드뱅크 280개소, 기초푸드마켓 127개소)
2014.4.10	남양유업(대표이사 이원구)과 한국사회복지협의회(회장 차흥봉) 푸드뱅크사업단 '푸드뱅크 식품나눔 캠페인' 협약식 체결

푸드뱅크는 1999년 보건복지부(현 보건복지가족부) 산하 기관인 한국사회복지협의회와 CJ제일제당을 비롯한 기업들이 연계해 출범하였다. 그중에 CJ는 푸드뱅크 출범 초기에 전체 기부 실적의 50% 이상을 차지할 정도로 주도적인 역할을 담당했다. 2001년부터 2008년까지 CJ의 푸드뱅크 기부 물량은 밀가루, 설탕, 고추장, 스팸 등에 걸쳐 171억 원(출고가 기준) 규모이다.

푸드뱅크의 주요 사업은 기탁식품의 모집·분배·관리, 식품기탁 관련 조사·연구·개발·홍보·교육훈련, 푸드뱅크 관련 국제교류 및 협력사업 등이다. 미국 등 선진국의 경우 민간 비영리기관에 의해 운영되는 것이 일반화되어 있는데, 한국에서는 대한성공회·YMCA(기독교청년회)·시민단체 등이 '먹거리 나누기 운동 협의회'

를 결성해 각각 푸드뱅크 사업을 펼치고 있다.

대표적인 활동은 실직노숙자·독거노인·장애인 등을 위한 무료 급식소 운영, 결식아동들을 위한 지역 공부방 운영 및 급식 실시 등이다. 2002년 2월부터는 냉동탑차 6대를 이용해 남은 음식물들을 좀 더 효율적으로 분배하는 등 소외된 이웃들에게 사랑의 식품을 나누어 주는 운동을 전개하고 있다. 중앙조직인 전국푸드뱅크 사무실은 서울특별시 마포구 공덕동 456번지 한국사회복지회관에 있다.

현재 진행 중인 사업으로는 식품을 직접 보고 나눌 수 있는 물품 나눔 장터, 김장 만들기 체험행사, 사회복지법인 '나눔 복지회' 쌀 500포 전달식 등을 추진하고 있다. 식품 나눔이라는 활동을 통하여 기업과 시민사회단체의 참여활동을 통해 공동체적 삶의 방식을 모색하고 있다.

2013년 노인에 대한 인식전환 캠페인을 전개하고 있다. 8월 2일 차흥봉(71) 세계노년학회(IAGG: International Association of Gerontology and Geriatrics) 회장은 서울 마포구 공덕동 한국사회복지협의회 집무실에서 "노인들에 대한 기존 인식을 바꾼다면 앞으로 다가오는 고령사회를 위기가 아니라 새로운 도전과 기회의 장으로 충분히 만들 수 있다. 노인을 긍정적으로 보는 패러다임의 전환이 필요합니다. 스스로 일하면서 사회에 참여하고 기여할 수 있습니다. 이것이 제가 생각하는 고령자 자립사회의 모습입니다"라고 강조했다.

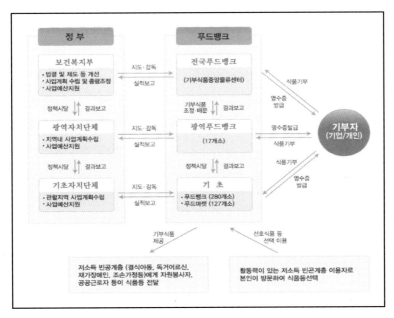

<그림 1> 사업추진 체계

2) 아름다운재단 활동

아름다운재단은 대한민국의 재단법인으로 건전한 기부 문화 조성을 목표로 삼고 있다. 시민운동으로 활발한 사회참여를 해 왔던 변호사 박원순이 중심이 되어 2000년 8월에 창립되었으며, 본격적인 나눔 문화의 전파에 앞장서 왔다는 평가가 있다. 박원순은 미국에도 아름다운재단의 지부를 설치해 운영하고 있다. 2000년 동아일보와 공동으로 아름답게 돈쓰기 운동을 전개하고 이듬해에는 대한민국 6개 포털사이트와 공동으로 "함께 나누는 세상 만들기" 온라인 캠페인을 전개하는 등 언론사와 연합한 캠페인을 벌여 왔다. 연예인이나 정치인들의 참여도 적지 않다. 2002년에 서울특별시장

이명박이 등불기금을 조성하고 2003년에는 배우 장서희가 출연료의 1%를 기부했다. 스포츠 선수 하인즈 워드는 다민족 가정 아동을 위한 하인즈 워드 기금을 아름다운재단에 설립했으며, 종군위안부 피해자인 김군자, 태평양 설립자인 서성환의 기부도 언론의 조명을 받았다. 본부는 서울 종로구 가회동에 있고, 2009년 시민운동가 박원순 변호사가 초대 상임대표직을 맡아 왔다. 2013년부터는 윤정숙 상임이사가 주로 활동을 맡고 있다.

<표 2> 아름다운재단 활동 연혁

활동 연도	활동 내역
1999년	아름답게 돈쓰기 운동 기획과 아름다운재단 설립 제안
2000년	창립총회 개최
2001년	아름다운재단 첫 기금 배분사업 실시, 잡지 『아름다운 1%』 창간
2002년	아름다운재단 100인 위원회 발족
2003년	송년회비 나눔을 위한 <아름다운 송년회 1% 나눔> 캠페인 전개
2004년	캠페인 <주제가 있는 재밌는 1% 나눔>, <나눔이 희망으로 바뀝니다> 전개
2005년	<1% 기금> 기획배분-풀뿌리시민단체 공익활동 지원
2006년	기부자 참여 프로그램 <처음자리마음자리, 동호회, 나눔장터> 실시
2007년	기부컨설팅 <아름다운이별학교> 실시
2008년	시민참여의 나눔문화 확산을 위한 <꿈을 담은 모금함 '무지개상자'> 캠페인 전개
2009년	연말 캠페인 <희망은 지지 않습니다> 전개
2010년	창립 10주년 기념 사이트 <나눔으로 함께 만든 10년> 오픈
2011년	방학 중 결식아동 급식비 지원사업 <결식0제로> 캠페인 전개

2012년	생애 첫 번째 나눔, <돌기념 나눔> 이벤트 전개
2013년	11월 17일 <세계 미숙아의 날>을 <세계 이른둥이의 날>로 선정 12월 5일, 이른둥이 가정 찾아가는 <2013 다솜이희망산타> 진행
2014년	- 국내 최초 '기부문화' 석박사 연구비 지원 - '노란봉투' 캠페인-17,757명, 이효리부터 노엄 촘스키까지 세계적 반향

아름다운 재단의 사업목적은 ① 본 재단은 우리 사회에 올바른 기부문화를 확산시키고, 이를 통해 도움이 필요한 소외계층 및 공익 활동을 지원하는 데 목적을 둔다. ② 본 재단은 우리 사회의 시민의식의 성장과 공동체 발전을 위해 기여하는 개인 및 단체를 지원하는 데 목적을 둔다. ③ 본 재단은 정당을 비롯한 모든 정치적 단체에 대하여 중립적 입장을 견지한다.

이 재단의 개요를 보면 다음과 같다.

첫째, 아름다운 재단은 시민의 힘으로, 시민이 주인이 되어 이끌어 가는 재단이다. 특정 개인이나 단체와의 관계에 있어서 어떠한 이해관계도 없이, 어떠한 영향도 받지 않으며, 또한 어떠한 치우침도 없이 오로지 우리 사회의 공익과 공동의 선을 위해서 일한다. 아름다운 재단은 기부자를 기부금액에 따라 차별하거나 특별한 혜택을 제공하지도 않으며 도움이 가장 절실하게 필요한 곳을 찾아 실질적이고 효과적인 지원이 이루어지도록 할 뿐입니다. 아름다운 재단의 사업은 항상 기부자와 수혜자 모두에게 정당성과 신뢰성을 인정받을 수 있도록 노력한다. 기부자의 소중한 돈을 어떻게 쓰고 있는지, 또한 기부자의 소중한 돈으로 진행하는 사업은 어떻게 진행되고 어떠한 성과를 내고 있는지, 아름다운 재단은 크고 작은 모든 일을 기부자들과 시민들에게 낱낱이 공개한다. 우편요금 몇백 원, 전화요금 몇만 원, 직원들의 월급에 이르기까지 아름다운 재단의 살림살이도 더 이상 보여 드릴 것이 없을 만큼 모두 공개한다. 모든 사람이 믿고 기부할 수 있는 재단, 아름다운 재단은 세상에서 가장 깨끗하고 정직한 재단이 되려고 한다.

둘째, 아름다운 재단은 다양한 분야에서 열심히 활동하는 사람들이 함께 모여서 일한다. 종교계와 법조계, 시민사회단체와 경제계, 사회복지와 NGO 분야에서 존경받고 신뢰받는 인사들이 이사회와 위원회에서 아무런 대가도 없이 참여하고 있고, 사회 각 분야에서 실력과 경험을 쌓은 직원들도 성공적이고 보람된 사업을 이루기 위해 함께 뛰고 있다. 우리는 제대로 된 사업은 도덕성과 전문성이 함께 갖추어져야 한다.

셋째, 아름다운 재단은 기부자의 선한 뜻과 권리를 존중한다. 아름다운 재단에서는 모든 기부자들이 자신의 뜻대로, 기부금의 목적과 용도를 지정할 수 있다. 기금을 출연하는 기부자는 자신의 이름으로, 자신이 희망하는 영역으로 지원하는 독립 기금을 가질 수 있으며, 1천 원의 소액을 기부하는 기부자 역시 아름다운 재단의 다양한 공익기금을 선택하여 그 기금으로 기부할 수 있다. 그리고 모든 기부자는 스스로 선택한 공익기금의 기부자로 영원히 그 이름을 남길 수 있다.

현재 하고 있는 사업으로는 2009년 10월부터 '희망은 지지 않습니다'라는 캠페인을 진행 중이다. 2010년 1월까지 진행되는 이 캠페인은 우리 사회의 사회적 약자들을 비롯한 시민들의 공익향상과 대안모색 활동 지원을 위한 정기기부자 모집 캠페인으로 서울 시내 광장 등 거리 곳곳에서 낙엽 퍼포먼스 등 다양한 이벤트로 시민들을 만나려는 활동을 벌일 계획이다. 길거리에 떨어져 있는 나뭇잎을 활용하여 만든 예쁜 낙엽 메시지를 보내거나, 버려지는 낙엽을 재활용한 사업 등으로 경제적 측면에서는 천만 원 정도의 인쇄비를 아낄 수 있을 것이다. 정기 기부 신청서가 있어서 신청서를 작성한 후 우편으로 보내면, 캠페인에 참여할 수가 있다.

이 캠페인은 아름다운 재단이 오래전부터 해오던 1% 기부 참여 캠페인으로 공익 1% 기금으로 이웃을 돕고 세상을 바꾸는 단체와 사람을 발굴하여 지원하고 있다. 무상급식으로 결식 없는 학교를 만들려는 학부모 모임, 대형 마켓보다 인정 넘치는 재래시장을 지키려는 젊은 예술인들, 돈을 벌기보다 사회를 바꾸는 일을 찾으려는 사회적 기업가, 경쟁을 가르치기보다 안전한 놀이터를 먼저 고민하는 마을공동체 등 우리 주변에 나눔을 실천한다.

> "겨울이 오고 낙엽은 져도, 희망은 지지 않듯, 아름다운재단은 '절망에 지지 않고 희망을 지켜 나가는 사람들이 있다'고 믿기에 '낙엽'을 통해 이웃과 사회를 걱정하는 당신의 마음을 적어 시민들에게 전하고자 합니다."

이러한 캠페인에 참여하는 방법은 첫째, 나눔에 동참하기. "정기 기부는 힘이 세다!" 공식홈 www.hopejiji.org에서는 최소 1천 원부터 누구나 정기기부를 신청할 수 있다. 둘째, 블로그로 동참하기이다. 여기에는 공식블로그와 이웃맺기로 블로그 글에 리플 달기 등, 캠페인 관련 소식 퍼나르기 혹은 캠페인 관련한 글을 엮인글 포스팅하기, 블로그에 포스팅할 때마다, 네이버 메일을 사용할 때마다

(콩메일이 체크되어 있을 경우에만!) 쌓이는 콩을 캠페인 블로그에 달려 있는 콩저금통에 저금(기부)하기! 등이 있다. 셋째, 자원활동 신청하기로 블로그 기자단, 사진촬영 및 영상편집, 힘으로 보태기 등이 있다.

2010년에는 창립 10주년 기념 사이트 <나눔으로 함께 만든 10년> 오픈, 2011년에는 방학 중 결식아동 급식비 지원사업 <결식0제로> 캠페인 전개, 2012년에는 생애 첫 번째 나눔, <돌기념 나눔> 이벤트 전개 등을 실행하고 있다.

2014년 진행 중인 사업은 노란봉투 캠페인이 있다. 알라딘과 함께하는 마일리지 기부이벤트로 손배소와 가압류를 당한 노동자와 그 가족의 긴급 생계비를 지원하기 위한 "노란봉투, 책으로 다시 한 번"으로의 캠페인을 전개하고 있는 중이다. 세월호 참사를 기억하자는 "기억 0416" 캠페인을 전개 중이다.

아름다운재단은 이와 같이 참여, 나눔, 아름답게 돈 쓰는 방법을 모색함으로써 삶의 대안을 모색하고자 한다.

2. 사회적 기업 활동

2007년 1차 인증에서 36개, 2차에서 19개, 2008년 1차 인증에서 27개, 2차에서 24개가 인증을 받았다. 여기에 2008년 1차 인증에서 제주특별자치도가 3개의 사회적 기업을 인증했다. 그래서 인증 사회적 기업은 모두 109개가 되지만, 2014년 1월 현재 1개 사회적 기업이 지정을 반납해서 1,012개의 인증 사회적 기업이 존재하고 있다.

인증 사회적 기업을 정부의 분류를 수용해 사회적 목적별로 구분해 보면 일자리제공형이 가장 많으며, 혼합형이 그 뒤를 잇고 있다. 사회서비스제공형은 가장 적은데, 혼합형 자체가 일자리제공형과 사회서비스제공형의 혼합형인데다가 한국에서 사회적 기업의 활동이 사회서비스의 범주에 포함할 수 있는 게 대부분이기 때문에 이러한 구분을 바탕으로 사회서비스제공을 목적으로 하는 사회적 기업이 적다고 볼 수는 없다.

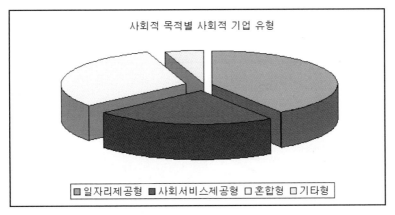

〈그림 2〉 목적별 사회적 기업 유형

<그림 2>는 인증 사회적 기업의 활동을 사회서비스를 기준으로 분류한 것이다. 기타가 가장 많은데, 이중에서는 상당수의 장애인직업재활시설이나 장애인표준작업장이 포함되어 있다. 이들 중 상당수가 기계 부품을 조립하거나 모자, 양말, 장갑 등을 주로 제작해서 공공기관에 납품하거나 시장에 판매하고 있어, 제조업으로 분류할 수 있다. 이들 중 일부는 노동부의 사회적일자리창출사업에 참여하기도 했다. 기타 외에는 환경이나 간병가사지원이 많은데,

환경 분야에는 청소 사업과 재활용 사업이 함께 포함되어 있다.

<그림 3>은 2008년 8월 인가기준으로 사회적 기업의 지역별 분포를 보여 주고 있다. 사회적 기업이 있는 지역을 광역자치단체별로 구분을 해 보면 서울이 29개, 경기도가 20개로 역시 수도권에 사회적 기업이 가장 많이 있다. 흥미로운 것은 과거 개발독재시기에 수도권과 함께 발전 지역으로서 자리매김했던 영남 지역에 사회적 기업이 매우 적다는 것이다. 대구, 경북, 부산, 경남, 울산을 모두 합쳐서 14개에 불과하다.

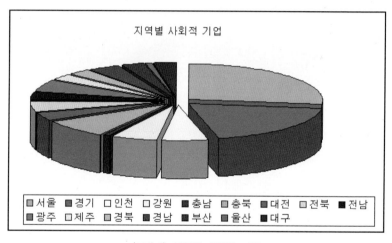

〈그림 3〉 지역별 사회적 기업

도시와 농촌을 비교해 보면, 108개 인증 사회적 기업 중 15개가 읍, 면 지역에 있어 대부분의 사회적 기업은 도시에서 활동하는 것으로 나타난다. 기초자치단체별로는 서울시 마포구에 6개의 사회적 기업이 있어 가장 많지만, 인구 대비로는 안성에 5개의 사회적 기업이 자리 잡고 있어 안성은 인구 대비 사회적 기업이 가장 많은 기초자치단체이다.

2014년 1월 현재 사회적 기업은 총 1,012개다. 지역별 분포는 다음과 같다.

〈표 3〉 사회적 기업의 지역별 분포

서울	인천	대전	대구	광주	울산	부산	세종	경기	강원	충남	충북	전남	전북	경남	경북	제주	계
212	55	28	44	46	33	61	3	171	46	38	46	41	64	42	58	24	1012

주로 농촌이나 중소도시에서 활동하면서 대체로 지역 내부의 역량을 결집한 결과물로서 사회적 기업을 도출하였거나 사회적 기업이 낙후된 지역의 활성화에 기여할 수 있어야 한다고 생각하는 사례를 중심으로 진안의 '(유)나눔푸드'와 안성의 '(주)이장'을 살펴보고자 한다.

1) 행복을 나누는 도시락 - '(유)나눔푸드'

사회적 기업 (유)나눔푸드가 있는 진안은 인구가 3만이 채 안 되는 대표적인 과소지역이다. 1977년에 9만 1,209명으로 세대당 5.8명에 이르던 진안군의 인구는 30년 후인 2006년에는 인구 2만 7,425명에 세대당 인구는 2.4명으로 대폭 축소되었을 정도이다. 농촌 인구의 유출은 어제오늘의 일이 아니지만, 인구가 이 정도 되면 지역으로서는 생존 그 자체가 목표가 될 수밖에 없으며, 이러한 지역을 기업이 시장으로 설정한다는 것은 위험천만한 일일 수 있다. 그러나 사회적 기업은 이처럼 시장 자체가 거의 존재할 수 없을 것 같은 지역에서도 존재하며, 존재 그 자체로서 의미가 있는 것이 아니라 경우에 따라서는 그 활동을 통해 지역의 재생에 기여하기도 한다. 2008년 2차 인증 사회적 기업인 (유)나눔푸드의 활동에서 의미를 찾자면, 지역 재생을 위한 실천을 들 수 있다.

(유)나눔푸드는 행복도시락센터를 기반으로 하고 있다. 2008년 8월 현재 사회적기업 인증을 받은 행복도시락센터는 모두 6개이며, 29개의 행복도시락 센터 중 군단위에서 활동하고 있는 것은 모두 4개이다. 행복도시락센터 전북진안점이 사회적 기업으로 전환한 (유)나눔푸드는 행복도시락센터 중 유일하게 농촌에서 활동하는 사회적 기업이기도 하다. 행복도시락센터는 기본적으로 "지자체－정부－NGO－기업"의 협력모델에 근거해 있다. 이 중 어느 하나라도 부족하면 행복도시락센터로 지정받을 수가 없다. 그래서 인구 3만이 채 안 되는 과소지역에서 활동하는 행복도시락센터 진안점의 사회적 기업 인증은 이와 같은 협력모델을 잘 가꾸고 있음을 의미한다.

(유)나눔푸드의 시작은 진안지역자활센터가 2003년부터 진행한 시장형자활근로 '외식사업단에서부터이다. 이 밖에 진안지역자활센터는 2004년부터 진안군으로부터 결식계층에 대한 급식사업을 위탁받아 운영하는 사회적일자리형자활근로를 시작하였는데, 각각 운영하던 두 사업단을 2006년부터 통합해서 운영했고, 2007년에는 자활공동체로 인증을 받았다. 자활공동체로 인증 받으면서 행복나눔재단으로부터 행복도시락센터로 지정받으면서 사회적 기업으로서의 전망을 다져 갔는데, 그 결과 2008년 8월에 사회적 기업으로 인증을 받게 되었다.

(유)나눔푸드는 현재 진안군으로부터 결식계층급식사업을 위탁

받아 진안군 내 취약계층에 식사를 공급하고 있다. 어떻게 보면 보호된 시장을 확보하고 있는 셈인데, 이 사업만으로는 (유)나눔푸드가 적자를 면할 수 없다. 주된 원인은 원자재 가격 상승과 배송지가 산재해 있어 유류비가 많이 들기 때문이다. 도시와 달리 농촌지역은 급식을 받아야 할 취약계층이 여기저기 멀리 떨어져 있을 수밖에 없는 것이 장애 요소로 작용하고 있는 것이다. (유)나눔푸드는 출장 뷔페와 유료도시락 및 유과 판매 등으로 적자를 상쇄시키고 있다. 진안군은 2009년부터 관내 지역아동센터에 대한 급식을 (유)나눔푸드에 위탁하였다. 이렇게 되면 공공급식 시장이 확대되면서 매출 증대로 다소 상황이 나아질 것으로 (유)나눔푸드는 기대하고 있다. 그러나 (유)나눔푸드는 공공급식 시장의 확대에만 기대지 않고 홍삼가공 및 장류 사업으로 생산품을 다원화해서 수익구조를 다양화할 예정이다.

그런데 (유)나눔푸드가 수익 창출에 어려움을 겪는 숨겨진 이유가 있다. 그것은 바로 로컬푸드적 실천 때문이다. (유)나눔푸드는 현재 가공식품을 제외하고는 90%가량을 진안에서 생산된 농산물을 사용하고 있다. 나머지는 생선, 해산물, 육류 일부 등 사실상 진안에서 구매하기 어려운 품목들이다. 이 과정은 진안에 있는 식자재 납품업체를 통해 생산지 및 생산자 표시를 확인한 다음에 구매하는 형태를 취한다. 결국, 수익성에서 다소간의 어려움을 겪더라도 지역의 생산자와 업체들에 이익이 돌아갈 수 있어야 한다는 의식이 (유)나눔푸드의 운영에 배어 있는 셈이다.

이제, 농촌의 위기는 새삼스러운 말이 아니다. 농촌의 위기를 극복하기 위한 다양한 실천들도 곳곳에서 모색되고 있다. (유)나눔푸드는 국내에서도 가장 대표적인 과소지역에 위치한다. 그러나 사업 시작 단계에서부터 빈곤층을 조직해 결식계층을 지원하는 활동을 아이템으로 삼았다. 농촌의 취약함은 단지 농업의 위기와 인구의 감소에만 한정되지 않는다. 취약계층을 지원할 시스템 자체의 부재 역시 농촌의 취약함을 심화시키고 있는 주원인이다. 그런데 (유)나눔푸드는 빈곤층을 사업 참여자로 조직해서 빈곤층을 지원하는 사업 아이템을 발굴했고 지자체와 협력해 공공급식 시장을 확보했다. 그리고 대기업 SK를 끌어들여 그들의 자본을 유치했고, 자활공동체와 사회적 기업으로 나가는 경로를 통해서 일자리를 만들었다. 또한 지역의 생산자의 협력을 통해 지역의 공공급식 시장을 위해 창출되는 재원이 지역에서 소비될 수 있도록 하고 있으며, 그 결과는 지역 생산자에게는 일정한 소비 시장을 제공했고, (유)나눔푸드의 소비자들에게는 안전한 먹거리를 제공하고 있다.

진안의 (유)나눔푸드는 지역과 연계한 생산자와 소비자 간의 공급방식을 개선함으로써 생산지역에서 소비될 수 있게 함으로써 안전한 먹거리를 제공하는 삶의 대안을 모색하고자 한다.

2) 농촌어촌의 새로운 미래를 꿈꾼다 – '(주)이장'

얼마 전부터 한국에서도 그린투어리즘에 대한 관심이 높아져 가고 있다. 그린투어리즘은 친환경적 관광을 통해 도시와 농산어촌 간의 교류를 확대하고 농산어촌 주민의 소득을 증진시키는 활동을 말한다. 그런데 한 번 생각해 보자. 농산어촌을 방문한 도시민은 마을회관이나 마을 민박집 등에서 숙박한다. 그런데 밥값으로 1인당 5,000원을 낸다고 가정하면, 마을에서 식사를 준비하기 위한 비용

중 쌀값으로 마을 작목반에서의 구입비용이 800원일 경우와 읍내 또는 인근 도시의 할인매장에서 구입한 비용으로 500원이 들었을 때 경제적으로 어느 경우가 더 이익이겠는가? 언뜻 보기에는 할인 매장에서 산 것이 더 이익인 것처럼 보인다. 그러나 (주)이장의 임 경수 대표에 의하면, 마을 작목반에서 좀 더 비싸게 사들였을 경우 가 더 이익이다. 그 돈이 바로 마을 주민에게 가기 때문이다.

그리고 임경수 대표가 강연할 때 항상 지적하는 것이 있는데, 바 로 지역의 발전은 지역 내에서 산업 간 연관을 높이는 방식을 취해 야 한다는 것이다. 가령, 마을에서 콩을 생산하는 것은 1차 산업이 다. 이 콩으로 마을 주민들이 두부나 메주를 만들면 2차 산업이다. 그리고 메주 만들기 체험 행사나 각종 도농교류 행사와 결합한다 면, 이는 3차 산업이 된다. 임경수 대표는 이렇게 지역 내에서 산업 간 연관을 높였을 때 지역의 경제발전, 고용창출 등이 이뤄질 수 있다고 본다. 그에 의하면, 수출주도형의 한국 산업은 산업 연관도 가 떨어져서 아무리 수치상으로 높은 성장을 이뤄도 국내의 경제 활성화에 기여하기는 어려우며, 성장의 열매는 대기업이나 해외 기 업들에게 돌아갈 뿐이다. 그래서 그는 이처럼 지역 차원에서 산업 연관 효과를 높이기 위한 고민을 해야 함을 끊임없이 주문하고 이 를 실천에 옮긴다.

(주)이장은 바로 이러한 시각에서 농산어촌 재생을 위한 활동을 하는 사회적 기업이다. 2001년 8월에 설립한 (주)이장은 2007년 12 월에 노동부로부터 사회적 기업으로 인증을 받았다. 사실, (주)이장 은 '생태주의 지향', '공동체지향', '다양성, 실험정신, 네트워크의 중요시' 등을 기본이념으로 설정하고 일찌감치 사회적 기업임을 표

방해 왔다. 특히 (주)이장은 사회적 기업이 지역의 문제를 파악하고, 지역의 역량을 강화해 지역의 문제를 해결해 나가야 한다는 주장을 펼치고 있다. 이를 구체적으로 실천해 내고자 2008년 봄에는 한겨레경제 연구소와 함께 지역경제디자인센터를 개소했으며, 농산어촌 지역의 사회적 기업 간 네트워크를 구축하기 위한 활동을 진행하고 있기도 하다.

임경수 대표에 의하면, (주)이장의 활동은 NGO 방식과 회사 방식의 결합이라고 할 수도 있다. 그는 오래전부터 생태공동체운동에 뜻을 두었지만 NGO보다는 수익도 발생시키고, 고용도 창출하며 할 수 있는 환경운동으로 (주)이장과 같은 기업적 방식의 활동을 택했다. 임경수 대표는 회사 방식을 택한 이유로 '전문인력의 확보, 일에 대한 정당한 대가와 보장, 빠른 의사 결정'을 든다. 그리고 '종업원 지주제, 팀별 자율경영, 자율근무제, 전공 및 경력 불문 채용과 개인 능력개발 장려, 안식년 제공, 연 1회 가족 모임' 등은 (주)이장이 일반 기업과 다른 점이라 설명한다.

(주)이장의 주요한 활동은 마을가꾸기, 생태농장, 지역활성화사업, 생태교육 등에서 이뤄지는 컨설팅 활동, 부설 연구소인 '환경과 사람'을 통해서 이뤄지는 학술연구 및 용역활동, 그리고 자회사인 '자인건축'을 통해서 벌이는 생태건축 사업 등이다. (주)이장의 이와 같은 활동은 네트워크형 조직 형태를 통해서 이뤄진다. 각 사업을 하나의 팀으로 설정하고 있으며, 이 팀들은 매우 높은 수준의 자율성을 지닌다. 그리고 이 각각의 팀을 대표+실장+기획담당 실무자로 구성되는 운영지원팀이 지원하는 구조를 취한다. 또한, 직원들의 급여는 전체 가이드라인 내에서 자율적으로 팀이 결정하고,

팀의 예산도 자율적으로 정하고 있다.

한편, 대부분의 컨설팅 회사가 지역과 직접적인 관계가 없는 가운데 컨설팅을 하고 이를 통해 수익을 발생시키는 것을 목적으로 하는 데 비해 본사가 안성인 (주)이장은 춘천, 홍성 등에 지사를 두고 있으며, 최근까지도 서천에 지사를 두는 등 지역에 지사를 두면서 실무자들이 지역에 거주하거나 지역의 생산품을 소비하는 등 지역과 깊은 관계를 맺어 가려고 노력하고 있기도 하다.

(주)이장은 현재 농산어촌지역의 상황은 '이농→지역침체→인구 감소의 악순환'을 겪고 있으며, 취약한 인구와 지역경제의 침체로 내수기반의 악화를 경험하고 있다고 보고 있다. 여기에 단순하고 기형적인 산업구조와 취약한 외부 투자는 농산어촌의 미래를 더욱 어둡게 하고 있다고 (주)이장은 바라본다. 농산어촌의 이러한 문제를 극복하기 위한 방법으로 (주)이장은 지역의 발전전략에 따라서 지역순환경제시스템을 만들어 농산어촌의 지역공동체를 활성화하는 것을 설정하고 있다.

높은 수준의 자율적인 조직 운영, 기업을 통해서 공동체운동을 실현해 나가려는 시도, 취약한 농산어촌의 역량 강화를 위한 시도, 그리고 사회적 기업 간 네트워크 구축을 위한 시도 등 (주)이장의 활동은 사회적 기업의 활동에서 여러 부분에 걸쳐 중요한 시사점을 제공해 주고 있다.

3. 국제연대 운동 – 국제민주연대

『인권과 평화를 위한 국제민주연대(이하 국제민주연대)』는 인종, 종교, 성, 민족을 뛰어넘어 지구상의 모든 사람이 인간으로서의 소중한 권리를 존중받고 평화를 누릴 수 있는 세상을 만드는 데 있어 작은 밀알이 되겠다는 희망을 가지고 2000년 2월에 창립한 단체이다. 우리는, 오늘날 전 지구적인 차원에서 빈곤과 인권침해, 환경파괴, 인간 소외를 심화시키는 '자본의 세계화'와 군사패권주의에 맞서기 위해서는 인간으로서의 존엄을 지켜 나가기 위해 싸우고 있는 모든 세계 민중들과의 연대라는 '운동의 세계화'를 실현하는 것이 필수적이라는 생각을 가지고 있다.

〈표 4〉 인권과 평화를 위한 국제민주연대 활동연혁

활동연도	활동내역
1999년 9월	- 참여연대에서 독립해 명륜동에서 사무실 마련
1999년 10월	- '기업의 사회적 책임과 역할'에 관한 워크숍 개최
2000년 1월	- 청소년 '겨울인권평화마당' 개최
2000년 2월	- 대학생 대상 '한반도 분쟁지역 체험여행'-창립총회(26일)
2000년 3월	- 격월간 인권평화매체 『사람이 사람에게』 창간호 발간 - 청소년 NGO탐방반 인권교육시작(대영중, 영남중, 2001년 배재고 추가) - 베트남전 민간인학살 자료집 '부끄러운 우리의 역사, 당신들에게 사죄합니다'
2000년 5월	- <신문으로 읽는 전쟁과 평화-아시아분쟁지역 보고서> 기획 강좌
2000년 7월	- 1회 한-베트남 평화문화제 '사이공 그날의 노래' 개최
2000년 8월	- '아시아를 알자' 대학생 체험 여행(중국, 베트남)
2000년 9월	- 한미주둔군 지위협정(SOFA) 개정을 위한 방미 투쟁단 조직 및 참가
2000년 10월	- 영문 『KOREA REPORT 21』 발간 - '다국적기업과 사회경제적 권리' 워크숍(ASEM2000 민간단체 포럼 중) - 교육용 자료집 '베트남전 바로 알기' 발간
2000년 11월	- 베트남전쟁 당시 한국군 학살에 대한 미군 보고서 공개 기자회견

2000년 12월	- 『다국적기업과 인권통신』 합본호 발간 - (군사평론가협회와의) 공동토론회 '한국군의 베트남 참전 재조명'
2001년 1월	- '미안해요, 베트남' CD 제작 및 발매
2001년 3월	- 멕시코한국기업「국동」에서의 노동쟁의 현지조사 및 국영문 보고서 발간
2001년 6월	- 세계 각국의 인권과 평화를 주제로 한 회원마당 시작(월 1회)
2002년 2월	- 베트남전 참전군인 증언록 발간
2002년 5월	- '노동자·아동노동착취 월드컵 후원 초국적 기업 반대' 캠페인 공동추진
2002년 6월	- 2회 한-베트남 평화문화제 '평화의 손 맞잡고' 개최
2002년 7월	- '한국현대사에 미친 베트남전의 영향과 갈등해소' 논문공모 사업
2002년 8월	- '아시아를 알자' 대학생 체험 여행(중국 연변, 한신대와 공동)
2003년 2월	- '해외한국기업감시운동 어떻게 할 것인가' 동아시아 워크숍 공동주최
2003년 7월	- 인도네시아(자카르타, 보고르), 필리핀(가비떼) 해외한국기업 현지방문 조사
2003년 10월	- '해외한국기업 인권현황 백서' 발간
2003년 11월	- 미국평화운동가 새라플라운더스 초청공동토론회 '이라크전과 열화우라늄 　탄으로 인한 피해' - <평화박물관 건립 추진위원회>가 독립적인 평화운동단체로 출범(이후 　2004년 12월 종로구 견지동 사무실로 분리 이전)
2003년 12월 2004년 1월 2004년 3월	- '단속추방 반대 및 고용허가제 쟁취를 위한 이주노동자 농성' 대책위결성 - 인도세계사회포럼에서의 이주노동자 캠페인 및 다국적기업감시 워크숍 　참가 - '글로벌 민주주의를 위한 아시아 부시낙선네트워크' 참여
2004년 4월	- 방글라데시 소수민족 줌마 난민들과의 '보이샤비' 축제 개최 - 『사람이 사람에게』 발행 중지 결정
2004년 6월	- 국제민주연대 발전을 위한 기획모임 시작 - 아시아 사회민중운동 회의 기간 중 '부시와 네오콘에 맞서는 아시아 민중 　의 전략' 워크숍
2004년 6, 7월	- 해외한국기업노동자인권워크숍 주최 및 귀환이주노동자와 만남 참가
2004년 9월	- '아시아인들과 함께하는 한가위 한마당' 개최
2005년 4월	- 토론회 '버마가스개발, 무엇이 문제인가' 주최
2006년 6월	- 한국의 버마가스개발 관련지역난민 실태조사
2006년 11월	- 다국적기업 관련 국제기준 자료집 발간 및 워크숍
2007년	- 해외한국기업 감시, 버마프로젝트를 통한 민주화운동지원, 아시아인권과 　평화활동을 통한 필리핀의 민주화와 인권문제를 국내에 소개 - 다국적기업, 해외에 투자한 한국기업에 의해 일어나는 각종 반인권, 반노 　동, 반환경적인 행위 고발, 기업의 태도를 바꾸기 위한 운동 - 베트남전쟁 기간 동안 한국군에 의해 저질러진 민간인 학살의 진실을 규명 - 한국체류 난민과 이주노동자에 대한 지원 활동 - 다양한 인권, 평화 운동의 영역에서 국내외 단체들과 함께 연대

2008년	- 전 세계 민중들의 삶에 막대한 영향을 끼치는 다국적기업들의 인권과 사회적 책임을 준수하도록 하는 방안을 찾는 작업 - 해외 한국기업들에 의한 각종 인권침해를 해결하고 예방하기 위한 제도의 마련, 해외 단체들과의 공동 조사 및 캠페인, 시민 교육 등을 계획, 진행 - 한국기업의 버마 가스전 개발 사업에 대한 대응활동을 통해 기업의 이윤 추구 행위는 투자 대상국의 민주주의 개선과 민중들의 인권 존중과 보호를 최우선적으로 고려해야 한다는 원칙을 한국 사회에 제시 - '아시아의 민주주의와 인권'이라는 과제에 한국 시민사회운동이 보다 적극적으로 기여해야 한다는 인식에 기반, 버마 민주화 운동 단체들과의 직접적인 연대
2009년	- 2009년에는 '윈난 소수민족 문화체험 공정여행'을 통해서 공정여행
2011년	- '아시아지역 한국기업의 인권침해 사례 및 대응방안 모색 – 해외한국기업 피해사례 증언' 공동주최 - 제13~26차 공정여행 진행

2007년 사업보고를 통해서 나타난 사업추진체계를 보면, 해외한국기업 감시, 버마프로젝트를 통한 민주화운동지원, 아시아인권과 평화활동을 통한 필리핀의 민주화와 인권문제를 국내에 소개하였다. 이들은 다국적기업, 특히 해외에 투자한 한국기업에 의해 일어나는 각종 반인권, 반노동, 반환경적인 행위들을 고발하고 기업의 태도를 바꾸기 위한 운동과, 베트남전쟁 기간 동안 한국군에 의해 저질러진 민간인 학살의 진실을 규명하고 전쟁으로 인해 필연적으로 일어나는 인간성과 삶의 파괴에 주목함으로써 평화의 소중함을 전달하는 운동을 펼쳐 왔다. 그 외에도 한국에 체류 중인 난민들과 이주노동자들에 대한 지원 활동, 다양한 인권, 평화 운동의 영역에서 국내외 단체들과 함께 연대해 왔다.

2008년 진행하였던 사업으로는 전 세계 민중들의 삶에 막대한 영향을 끼치는 다국적기업들의 인권과 사회적 책임을 준수하도록 하는 방안을 찾는 작업과, 해외 한국기업들에 의한 각종 인권침해를 해결하고 예방하기 위한 제도의 마련, 해외 단체들과의 공동 조사 및 캠페인, 시민 교육 등을 계획, 진행하고 있다. 또한 한국기업의 버마 가스전 개발 사업에 대한 대응활동을 통해 기업의 이윤추구 행위는 투자 대상국의 민주주의 개선과 민중들의 인권 존중과 보호를 최우선적으로 고려해야 한다는 원칙을 한국 사회에 제시하려고 한다. 이 활동은 '아시아의 민주주의와 인권'이라는 과제에 한국 시민사회운동이 보다 적극적으로 기여해야 한다는 인식에 기반해 버마 민주화 운동 단체들과의 직접적인 연대를 통해 이루어지고 있다.

2009년에는 '윈난 소수민족 문화체험 공정여행'을 통해서 공정여행은 기존의 여행이 관광지의 문화를 만든 현지인이 아닌 여행자본, 즉 항공사와 다국적 호텔체인, 여행사들, 외지자본으로 운영되는 대규모 식당에 돈을 지불하게 되는 대신 여행의 대가를 현지인에게 직접 지불하고, 그냥 관광지만 둘러보고 오는 것이 아니라 현지인과 직접 접촉하는 기회를 만들기 위해 기획됐다.

2011년에는 제13~26차 공정여행 진행, 버마간담회 진행, '아시아지역 한국기업의 인권침해 사례 및 대응방안 모색 ─ 해외한국기업 피해사례 증언' 공동주최, '아시아 한국기업 인권피해자 희망찾기 프로젝트' 진행, '해외자원개발, 문제와 대안모색을 위한 토론회' 공동주최 등을 추진하였다.

국제민주연대는 앞으로 기업인권에 대해서는 해외 한국기업 감시사업을 통해 한국기업이 연관된 인권침해를 예방하기 위한 제도마련과 피해자들을 위한 연대활동을 지속적으로 펼쳐 나갈 예정이며, 특히 대규모 자원개발 사업으로 발생되는 인권 및 환경침해에 대응하기 위한 아시아 지역 연대를 강화할 것을 추진하고 있다. 지구촌 연대로는 아시아의 인권과 평화를 위하여 한국 사회에 적극적으로 아시아 인권문제를 소개하고 연대를 조직해 나갈 것이라 한다. 그리고 국가인권기구에 대해서도 올바른 국가인권기구가 한국뿐 아니라 아시아의 민주주의와 인권을 증진하는 데 필수조건이라는 인식하에서 한국 국가인권위원회를 모니터링하고 그 결과를 아시아 시민사회와 공유함으로써 국제민주연대에 주어진 책임을 완수하겠다는 일을 추진하고 있다.

국제민주연대는 인권과 평화를 위한 한국인의 해외활동을 감시함으로써 우리들의 자기성찰과 국제사회의 건전한 일원으로서 활동하게 함으로써 우리 국민이 외국에서 당할 수 있는 위협을 사전에 교육함으로써 새롭고 건전한 삶의 방안을 모색하고자 한다.

4. 영성수련공동체 운동

영성(divine nature, spirituality)교육은 공동체로 귀화시키기 위한 수단으로 이용되고, 좀 더 근검절약적이고 절제된 삶, 고르게 가난한 사회를 만들기 위한 방안을 고민하던 끝에 일부 공동체들이 참여함으로써 '성찰'의 과정을 만들어 주는 중요한 매개 수단이 되었다. 그 예로는 스코틀랜드의 핀드혼 공동체, 일본의 야마기시즘사회실현지, 호주의 크리스탈 워터즈, 캘리포니아의 오자이, 매사추세츠의 시리어스 등이 성찰을 도와주는 프로그램을 운영하고 있으며, 국내는 종교성을 띠는 집단(천주교, 아바타, 원불교 등)에서 대부분 진행하고 있으며, 그 현황은 아래 <표 5>와 같다.

<표 5> 국내 영성수련공동체 현황

프로그램	주 소	기 간
정토회 깨달음의 장	경북 문경시 가은읍 원북1리	4박 5일
위빠시나	서울 동대문구 용두동 보라수선원 경기 남양주군 진건면 봉안사	-
동사섭	충남 논산군 벌곡면 삼동원	5박 6일
천주교 예수회 말씀의 집 영신수련	경기 수원시 장안구 파장동	8일, 30일
예수살이 공동체 배동교육	서울 마포구 합정동	3박 4일
장신대 경건훈련원 영성수련	경기 포천군 화현면 화현2리	-
야마기시즘 사회경향실현지 특별강습연찬회	경기 화성시 향남면 구문천 3리	7박 8일
예수원	강원 태백시 하사미리	-
마음수련교육원	충북 논산시 상월면 상도리	7일
아봐타 마스터 코스	경기 안양시 만안구 안양4동	9일

영성수련공동체가 추구하는 목적은 기존의 사회질서를 극복하는 삶, 즉 소비지향적이며 친자본주의적인 삶을 탈피하고 정신적인 풍요로움을 느낄 수 있는 삶을 꾸리는 것이다. 이를 위해서는 '영성'이 필요하며 그것은 교육을 통해 가능하다고 보는 과정에서 나타난 것이 영성수련공동체이다

조연현의『나를 찾아 떠나는 17일간의 여행』(2001)에서 밖의 존재를 찾던 것을 내면으로 돌려 자기를 성찰하는 것이며 이것을 수행할 수 있도록 도와주는 곳을 영성수련공동체라고 표현하고 있다. 그는 깨달음 속에서 얻는 영성에 대해 "편협한 나에서 벗어나 전체 생명으로 거듭나는 깨달음은 우리 사회와 인류의 행복을 위해 필수적인 생명과 평화의 모태이므로 아무리 명분이 좋다 하더라도 인간 자체가 변화되지 않으면 그 명분도 편협한 것이 되며 아집과 욕심에서 벗어나지 못한다. 따라서 이를 위해 영성수련공동체를 통해 행복한 삶을 가꾸는 인간으로 변화되는 깨달음을 얻는 것이다"

라고 설명하고 있다. 이렇게 영성수련공동체는 기존의 인류 문명사적 패러다임에 대한 내면의 성찰적 과제를 극복하기 위한 공동체의 한 유형이라고 분류할 수 있다.

영성수련공동체는 교육자와 피교육자의 관계로 일방적으로 설정된 이분법적 이해가 아니라, 통합적, 민주적, 다양성을 토대로 한 공동체의 특성을 지니고 있다. 주요 공통된 수련과정을 살펴보면 다음과 같다. 첫째, 자기변화의 단계를 거친다. 이 단계에서는 자아(ego)를 내려놓는다. 그 방법으로 '가령 당신이 더 큰 목적을 가지고 사는 이유는 무엇입니까? 당신이 말하는 것을 멈추고 듣는 것을 시작할 수 있겠습니까?'라는 식의 질문으로 시작한다. 둘째, 정직의 단계이다. 이 단계에서는 정직을 유지하고 상호 간의 존재를 이해하게 된다. 셋째, 겸손의 단계다. 이 단계에서는 미래나 과거에 대해 아는 것은 그리 중요한 것이 아니며 경험, 능력 등도 중요사항이 아니다. 여기서 중요한 점은 사람들이 사랑의 단계로 올라설 수 있게 하는 것이다. 넷째, 처분의 단계다. 라마에서는 마음을 통해 관계가 이루어진다고 보고 있어서 열린 마음을 전제로 한다. 빗대어 말해 물이 위에서 아래로 흐르는 것처럼 그렇게 자연스럽게 느껴야 하며(水有六德), 한 번 마음의 문을 열면 타인의 아픔과 같은 감정을 느끼게 된다. 다섯째, 포용의 단계이다. 이 단계에서는 서로 닮은 점을 찾고, 다르다고 느끼는 것에 참견하지 않는다. 우리는 서로를 사랑하고 받을 수 있는 존재로 거듭나고 용서, 양육, 격려 등을 실천할 수 있도록 한다. 위의 5가지 단계를 통해 공동체 내부의 단합과 동시에 영적 깨달음을 도모하는 것이다.

1) 야마기시즘과 특별강습연찬회

사회는 각기 다른 문화와 성향을 지닌 구성원들이 모여 있기 때문에 서로 간의 의견 조율이 얼마나 어려운지 모두가 느낀다. 따라서 사회와 같은 공동체에서의 삶은 상대에 대한 이해와 배려, 즉 마음 나누기와 자아성찰이 전제가 되어야 조화롭게 공존할 수 있다. 그리고 마음 나누기와 자기성찰은 근본적으로 소유에 대한 물음으로 타인과의 관계 속에서 발생되고, 이를 위해서는 자신에 대한 반복되는 물음이다. 이의 대표적인 영성수련공동체는 야마기시(山岸)즘 사회실현지이다. 이곳에서는 철저한 자기물음이 시작된다. 그리고 더 나아가 필연적으로 더불어 살아야 하는 것에 대한 가르침으로 발전한다. 그 수련방법으로는 가부좌나 누워서 하는 등 가장 자신이 편하다고 생각하는 자세를 취한 뒤 특별강습연찬회가 시작된다.

〈표 6〉 마음 나누기와 자아성찰

마음 나누기	자아성찰
"가방은 누구의 것입니까?" "돈을 주고 샀으면 당신의 소유입니까?" "가방은 누구의 것입니까?"	"화가 난 적이 있습니까?" "화가 난 경우를 말씀해 보세요." "그때 당신은 왜 화가 났습니까?" "당신은 왜 화가 납니까?"

이곳에서의 영성교육 과정은 7박 8일로 특별강습연찬회와 14박 15일의 연찬학교, 아이를 대상으로 하는 낙원촌이 있다. 연찬회에는 평생 1회로 한정하고, 연찬학교는 연찬회 수료자로 한정하고 있다. 그리고 낙원촌은 제한이 없다. 연찬학교는 무아집을 체득하는 과정으로 더욱 심도 있는 자기성찰을 통해 마을 사람들과 같이 일

하고 생각하는 시간을 갖는다. 여기에는 예과, 본과, 전과가 있다. 산안마을 사람들은 자체 연찬학교에 입교하기도 하지만, 일본 토요 사토 실현지에 개설되는 연찬학교에 입교하기도 한다. 이곳은 세계 적인 모임으로 1~2년에 1회 입교하도록 하고 있다. 낙원촌은 일반 인들이 참여하는 프로그램으로 '사이좋음의 마음', '자라는 생활 실 물에 접하는 기쁨', '아이 사회에서 자란다' 등의 목표를 갖고 진행 된다. 대상으로는 일반인, 비회원 가족의 어린이 및 중고교생을 대상 으로 여름방학과 겨울방학에 7박 8일간 정기적으로 개최하고 있다.

이처럼 야마기시즘 사회실현지에서 묻는 물음들은 고정관념을 깨고 자신의 진정한 의미를 깨우치게 하는 영성교육 과정이다. 즉, 철저하게 자기를 되돌아보게 하여 '나만 옳다'라는 식의 사고를 지 양하고 더불어 사는 삶의 가치를 느끼게 함으로써 자아성찰의 과 정을 만들어 내는 것이다.

2) 스코틀랜드의 핀드혼 공동체

이 공동체에서의 마음 나누기는 타인과의 관계에 많은 비중을 둔다. 그것은 나 이외의 것들이 서로 기대어 존재한다는 것을 느끼 도록 하는 자기 성찰적 영성수련 프로그램이다. 여기서는 튜닝(조 율)을 통해 마음 나누기를 한다. 이는 상대의 따스한 느낌을 상상 하여 자신을 성찰하고 상대를 체득하는 일련의 과정이다. 어렵지 않고 몇십 초의 시간을 통해 나와 분리되어 있다고 생각되는 다양 한 존재들과의 느낌을 호흡하는 과정이다. 주로 엔젤카드를 이용한 영성교육인데, 이는 자신의 과거를 회상하는 명상을 시작한 후에 여러 장의 엔젤카드 중에서 하나를 선택한다. 이 카드에는 자비, 아름다움, 용기, 정화, 정직, 믿음 등의 단어들이 적혀 있다. 그리고 뽑은 카드에 적혀 있는 단어와 연관 지어 명상과 결부 짓는다. 이를 통해 마음공부를 하여 개인적 선택과 인식의 전환 과정을 보여 주고자 하는 것이다. 또한 가톨릭 예배 형식인 민튼하우스의 프로그램에서는 명상, 노래, 춤, 요가 등을 같이 함으로써 타인과의 교감을 만들고자 노력한다.

핀드혼 공동체는 일주일 동안에 다양한 체험 과정을 통해 자아 성찰, 마음 나누기, 타자와의 관계를 느끼게 하는 영성교육을 하고 있다. 여기서 가장 중요한 것은 누구의 가르침에 의해서 느껴지는 것이 아니라 자기 스스로 타인과의 관계를 느끼게 하는 과정이라는 점이다.

3) 예수살이 공동체

소비지향 사회에서 영성의 강조는 초근검절약의 생활화를 바탕으로 하는 공동체의 영성적 삶의 실천이다. 이들은 소비 지향적 사회에 대한 비판의 목소리로 초근검절약을 외치고 있다. 이 공동체는 SO(shopping-off)/TO(tv-off)/HO(handphone-off)/CO(credit-off) 운동 등의 소비문화를 거부하는 운동을 일상생활 영역에서 전개하고 있다. 각 운동은 서로 실천하고 생활의 경험을 나누면서 자신의 생활이 어떻게 변화되는지에 대한 모임을 구성함으로써 실행한다(<표 7> 참조).

<표 7> 예수살이 공동체의 소비지양운동

운 동	내 용
SO	▶ 쇼핑을 하지 않은 모임 ▶ '내가 구입한 물건이 내게 얼마나 필요한 것인가?'라는 질문으로 소비에 대한 절제를 유도함. ▶ 아껴 쓰고, 고쳐 쓰고, 나누어 쓰고, 만들어 쓰는 과정이 순환되어 결국 나눔의 지혜 습득
TO	▶ TV를 시청하지 않는 모임 ▶ 반드시 필요한 프로그램만 공동시청 하는 것을 원칙으로 함. ▶ 영상을 통해 인간관, 자연관, 소비관이 왜곡되어 가는 것을 인지하고 인간적인 삶을 목적으로 함.
HO	▶ 휴대전화를 사용하지 않는 모임 ▶ 휴대전화를 사용하는 시간을 정해 사용함. ▶ 반드시 필요한 전화만 하고, 주로 유선전화기 이용을 권장함.
CO	▶ 신용카드를 사용하지 않는 모임 ▶ 신용카드를 더 이상 만들지 않고, 갖고 있는 신용카드 절단식 감행함. ▶ 최대 1개의 소유까지 인정
AO	▶ 대중교통만 사용하는 모임
PO	▶ 가공식품, 패스트푸드, 탄산, 캔음식 등을 거부하는 모임 ▶ 치약, 샴푸 대신 죽염과 비누를 사용함. ▶ 재배하여 마련할 수 있는 식재료는 직접 재배를 원칙으로 함.

4) 정토회 수행공동체

불교계에서 수행하는 정토회 수행공동체로써, '장바구니 속 비닐 쓰레기 제로'와 '음식물 쓰레기 제로'를 목표로 '쓰레기 제로 1080 운동'을 추진하고 있다. 이 운동은 한 달 회비 10,800원을 내는 회원 1,080명이 모여 일상생활 속 쓰레기 줄이기를 실천하는 것이다. 그리고 '발우공양 체험' 프로그램을 통해 위생적인 청결공양과 조금의 낭비도 없는 절약공양을 체득하기 위한 프로그램이다. 구성원들이 각자의 분량에 맞춰 자기 그릇에 담아 먹고, 여럿이 함께 식사하는 과정에서는 찬이 모자라면 서로가 나누어 주면서 공평한 생활을 한다. 이러한 수행 프로그램을 통해 영성적 삶의 근본 의미를 배우게 된다. 그 외의 프로그램들로서는 다음의 <표 8>과 같은 활동 사례들이 있다.

〈표 8〉 해외의 영성수련활동 사례

프로그램	내 용
인도 순례	인도의 영성적 지도자들이 있는 곳을 방문하고 오로빌 등의 공동체를 방문해 내면세계를 찾는 프로그램
네팔 깨닫기	티베트 불교의 명상여행을 체험하는 티베트 순례 프로그램
카일라스 산으로 성지 순례	티베트의 성스러운 산이자 힌두인들이 시바신의 고향으로 여기는 카일라스 산을 순례하는 프로그램
러시아의 영성	상트페테르부르크의 영성공동체 네트워크인 리브라와, 고아들을 위해 세워진 영성공동체 키테쉬를 방문하여 각 프로그램과 봉사를 하는 프로그램

Ⅲ. 운동의 새로운 과제

앞 장에서 우리는 지금까지 새로운 방향의 시민운동의 사례들을 살펴보았다. 앞으로의 한국 시민운동의 방향을 위해서 논의해 온 시민운동들을 정리, 요약하면 아래 표와 같은 시민운동의 지향목표를 얻을 수 있다.

〈표 9〉 삶의 패러다임 변화를 위한 대안 시민운동의 방향

운동유형	대표사례	활동내역	지향목표
나눔 공동체	푸드뱅크	* 전국, 광역, 기초단체와 기업, NGO 가 협력, 1998년 외환위기란 사회적 배경에서 사회적 약자와 소외계층에 식품서비스 제공 * CJ기부-밀가루, 설탕, 고추장, 스팸 등	* 더불어 삶 * 제2의 수확
	아름다운 가게	* <함께 나누는 세상 만들기> - 아름 답게 돈 쓰기 * 2002 서울특별시장 이명박 등불기 금 조성 * 2003 장서희 출연료 1% 기부 * 2003 하인즈 워드 다민족 가정 아동 기금 조성	* 기부문화확산 * 시민의식, 공동체 발전 * 정치적 중립
사회적 기업	(유)나눔푸드	* 전북 진안 지자체, 정부, NGO, 기업 협력모델	* 지역재생실천
	(주)이장	* 임경수 대표 NGO방식과 회사방식 결합-농산어촌 지역공동체 산업 * <자인건축> - 생태건축 사업	* 공동체활성화
국제 인권	다국적기업	* 해외 한국기업에 의한 각종 인권 침 해 해결·예방-반인권, 반노동, 반 환경적 행위 고발	* 인권과 평화
	베트남 전쟁	* 한국군에 의한 민간인 학살 진상규명	* 평화의소중함
	SOFA 불균등	* 한미주둔군지위협정개정을 위한 방 미투쟁단 조직	* 불공정시정
	버마프로젝트	* 민주화 운동 지원	* 아시아민주화
	필리핀 민주화	* 필리핀의 민주화와 인권 운동 국내 에 소개	* 아시아민주화
	난민 이주노동자	* 지원활동, 다양한 인권 평화운동을 위해 국내외 단체 연대	* 국제연대활동
	공정여행	* 원난소수민족 문화체험 공정 여행 -현지인과 직접 접촉 기회 마련	* 반거대자본화
영성 수련	야마기시즘 연찬회	* 특별강습연찬회-사회구성원 간 의 견조율, 철저한 자기 물음과 성찰	* 고정관념타파 * 참 자기발견
	핀드혼공동체	* 엔젤카드-자비, 아름다움, 용기, 정화 * 민튼하우스-명상, 노래, 춤, 요가	* 타인과 교감
	예수살이 공동체	* 소비문화 거부운동-SO, TO, HO, CO 등	* 근검절약생활
	정토회수행 공동체	* 쓰레기 제로 1080운동-장바구니 속 비닐 쓰레기 제로, 음식물 쓰레 기 제로 등 * 발우공양체험-청결과 절약 공양	* 청결과 절약

1945년 8월 15일 대한민국의 탄생은 바로 대한민국 '근대화 혁명'의 출발점이었다. 1945년 이후 독립 건국한 140개 가까운 비(非)서양 제3세계 국가 중에서 정치민주화, 시민자유, 근대경제성장, 교육과 과학기술의 고도화, 사회문화적 다양성, 개방과 해외진출이라는 근대화의 요소들을 완벽하게 성취한 나라는 대한민국밖에 없다. 중국, 인도 등 인구대국의 절대가난 탈출은 역사적인 것이지만, 이들의 근대화 진입, 즉 입세(入世·중국은 WTO가입을 '입세'라 부른다)는 에너지, 환경, 인구구조변화, 물, 전염병 등 '문제군(問題群)의 대국'이 된다는 뜻이지 문명적 선진지향과는 거리가 멀다. 싱가포르가 경제가 최선진인 듯 보이지만 정치, 언론자유는 후진 중의 후진이어서 부자세습 정권이 끝난 뒤의 운명은 불투명하다.[5]

우리 대한민국 근대화 혁명 60년을 넘은 오늘은 영국의 산업혁명, 프랑스의 공화정혁명, 미국의 대중사회혁명에 비견할 우리의 20세기 디지털 혁명(Digital Revolution)이라는 문명사적 성취를 축하할 가치가 있다. 이제 이 동양의 전통문명에서 2000년 이상 성숙했던 한인(韓人)이 서양 중심의 근대화에도 성공했다는 사실은, 그것도 일본 같은 제국주의가 아닌 평화의 방식으로 성공했다는 사실은 문명사적 기록이다.

최근 중국과 일본에서 동시에 일고 있는 대한민국을 향한 영토적 제국주의적 구시대 작태들로 해서 불현듯 일종의 포위감, 폐쇄감, 고립감 같은 것을 느끼는 징후들이 보인다. 한반도를 대륙과 해양, 동양과 서양, 전통과 미래가 충돌하고 대결하는 단층(斷層)으로만 본다면 그럴 수 있고 그런 운명일 수밖에 없다. 그것은 또한

---

5) 김진현, 2009, "지구촌 세 가지의 복합위기와 한국의 갈 길", 2009.6.19. 제113차 희망포럼정책 토론 자료.

1948년 이전의 우리 역사이기도 했다.

그러나 역사의 대세는 '근대화의 세계화' '해양화의 세계화'이고 중국, 인도, 북한도 결국 이 근대화, 해양화 세계로 흡수되는 것이지 대륙의 부활, 대륙중국의 부활은 아니다. 더 정확히는 중국의 홍콩화, 대만화, 해양화에 의한 것이지 중국에 의한 '세계의 대륙화'는 아닌 것이다.

우리가 할 일은 '대한민국 근대화 혁명'을 세계 보편적 모델로 승화시켜 21세기에 전개될 지구촌 인류사회의 새 질서를 창조하는 일이다. 중국과 일본을 넘어 지구 차원에서 대륙과 해양, 동양과 서양, 지역과 지구촌, 전통과 근대의 접점·융합점이 되는 것이다. 그것은 진정한 의미에서의 '대한민국 근대화 혁명'을 승화, 세계적 '한국문명' 창조로 승격시키는 것이다. 반도는 힘이 없으면 단층이지만 대한민국 근대화 혁명처럼 힘을 키우면 접점이 되기도 한다.

1945년 이전처럼 불행하지 않기 위해서는 필요하면 전쟁도 불사한다는 의지가 분명하고 그런 의지가 국민적 통합과 국력 키우기로 응집하면 진짜 전쟁 없는 평화가 가능하다. 단층, 단절의 반도운명을 거부하고 전쟁을 각오할 만큼 성실하면 지구촌 평화의 선도역할도 충분히 가능하다. 그것이 새로운 삶의 길을 모색하는 대한민국의 도전이고 지향이어야 한다.

Ⅳ. 결론

첫 번째의 나눔을 통해서는 존 롤스의 제2의 자유에 해당하는 선천적 자유보다는 후천적 차등의 문제를 해결하는 남을 배려하는 마음을, 두 번째의 사회적 기업에서는 시민, 지방정부, 기업, NGO 등이 협력적 방법을 통해서, 세 번째 국제인권에서는 국제사회의 일원으로서 정당한 인권적 활동을, 네 번째 영성에서는 고정관념의 타파와 참된 자기 자신의 발견을 새로운 삶의 대안으로 이르는 길임을 확인하였다.

이 글을 시작하면서 언급한 바와 같이 한국의 시민운동은 이제 6, 70년대의 산업화, 8, 90년대의 민주화에 이어서 21세기 이제는 새로운 정신적 기반을 만든다는 자세에서 마음 나누기 운동을 통해서 사회운동의 내실화와 공고화를 다져 나가야 한다는 생각이다.

중요한 것은 대한민국의 근대화 혁명과 지금까지 제기된 문제의 쟁역을 어떻게 구성적(constructive)으로 연계하여, 이를 추진하는 동력생성에 어떻게 그 난관을 극복하고 새로운 길(the third new way)을 찾을 것인가이다. 이는 분명 공동선을 추구하는 변화에 대처하는 대안운동으로서 우리의 "마음 나누기(shared mind) 공동체"를 형성하는 길이다. 한국 시민운동의 대안은 마치 부모와 자식 사이에 무언의 교감으로 자식이 어버이의 마음을 말하지 않아도 알아듣고, 가까이 계시지 않아도 마음으로 보는(聽於無聲, 視於無形)[6] 그런 '마음 나누기 공동체' 운동이라고 할 수 있다.

---

6) 『禮記』「曲禮篇」, "爲人子者 居不主奧 坐不中席 行不中道 立不中門 食饗不爲槪 祭祀不爲尸 聽於 無聲 視於無形 不登高 不臨深 不苟訾 不苟笑" (남의 자식 된 자는 거처함에 아랫목을 차지하지 않으며, 앉음에 자리 한가운데에 앉지 않으며, 길을 감에 길 한가운데를 가지 않으며, 섬에 문 한 가운데에 서지 않는다. 음식을 대접하고 향연하고 제향함에 한정을 하지 않으며, 제사에 시동이 되지 않는다. 소리가 없는 데서도 듣는 듯이 하며, 형체가 없는 데서도 보는 듯이 한다. 높은 데에 올라가지 않으며, 깊은 곳에 임하지 않으며, 구차히 꾸짖지 않으며, 구차히 웃지 않는다.)

(참고문헌)

김병준, 2014, "지방자치와 공동체의 미래", 『대한민국의 미래와 거버넌스』, 도서출판 휴머니즘, 9-36쪽.

김성균·구본영, 2009, 『에코뮤니티』, 이매진.

김영래, 2014. "제4의 물결시대의 공동체와 시민사회", 『대한민국의 미래와 거버넌스』, 도서출판 휴머니즘, 37-58쪽.

김용우, 2009, "욕망의 노동과 충족의 삶을 자족과 자립의 삶의 공도에 노동으로"(2009년 경제위기와 민의대안토론회 발제문).

김진현, 2009, "지구촌 세 가지 복합위기와 한국의 갈 길", 한국NGO학회 『가교』(2009.6.19. 제113차 희망포럼정책토론자료).

박상필, 2005, 『NGO학-자율, 참여, 연대의 동학』, 서울: 도사출판 아르케.

이종식, 2009, "대안사회", 『한국시민사회연감 2010』, 서울: 시민운동정보센터.

이종태, 1998, 『대안학교의 운영』, 교육진흥(10권 4호).

임윤옥, 2009, "실직빈곤여성의 자립적인 삶은 어떻게 가능한가?"(2009년 경제위기와 민의대안토론회 발제문).

임현진·공석기, 2014, 『뒤틀린 세계화: 한국의 대안 찾기』, 서울: 나남.

조연현, 2001, 『나를 찾아 떠나는 17일간의 여행』, 한겨레신문사.

녹색사회연구소, 2009, '개발주의 비판과 대안적 지역발전 방안 모색' 녹색사회포럼

예수살이 공동체, 2002, 『산 위의 마을』 겨울호.

핀드혼 공동체, 조하선 역, 1999, 『핀드혼 농장 이야기』, 씨앗을 뿌리는 사람들.

사회운동포럼, 2007, "사회운동의 대안이념과 변혁의 전망은 무엇인가?"(2007년 8월 30일 소통·연대·변혁 사회운동포럼 토론문).

Gramsci, Antonio. 1971. *Selection from Prison Notebooks,* New York: International Publishers.

Habermas, Jürgen. 1987. *The Theory of Communicative Action, V.2. Lifeworld and System - a Critique of Functionalist Reason.* Boston: Beacon Press.

Rawls, John. 1971. *A Theory of Justice,* Cambridge Mass.: Harvard University Press.

Smith, Steve. 2001. "Reflectivist and Constructivist Approaches to International Theory", *The Globalization of World Politics: An Introduction to International Relations Second Edition* edited by John Baylis & Steve Smith. Oxford University Press.

이종식(李鍾植) ───────────────

경북대학교 사범대학 일반사회전공 졸업(문학사)
경북대학교 대학원 정치학과 졸업(정치학 석사)
아주대학교 대학원 정치학전공 졸업(정치학 박사)
(주)대한항공 25년간(1978~2003) 근무
현) 아주대학교 사회과학연구소 전임연구원
  아주대학교, 한국항공대학교에서 정치학개론, 한국정치의 이해, 국제관계론,
  현대민주주의와 시민사회, NGO와 지역사회의 이해 등 강의 중

주요논저

『NGO와 지역사회의 이해』(2009)
『한국정치의 이해』(2008)
『현대민주주의와 시민사회』(2008)
『국제항공체제의 변화와 전망』(2007)
『국제항공기구론』(공저, 2006)
『한국시민사회연감』(2010/2012)
『한국민간단체총람』(2009/2011/2012)

"Restyling of International Aviation Regimes: From International Law &
Organization Regimes Perspective", *Journal LuchtRecht Special Edition Nr. 9/10*
for the Liber Amicorum in Honour of Prof. Dr. I.H.Ph. Diederiks-Verschoor, Sdu
uitcevers in the Hague, Netherland, December 2005.
"Change of International Aviation Order: From International Regime Perspective",
The Korean Journal of International Relations, Volume 45 Number 5, 2005.
"Freedoms of the Air and Global Aviation Regimes: Beyond Chicago Convention
on International Civil Aviation of 1944", 『21C항공우주산업, 정책, 법적 주요과제』
서울: 평창기획, 2007.

"국제항공레짐의 변화에 관한 연구, 1919~2003", 박사학위논문, 2004.
"국제항공레짐의 변화유형과 전망: 한미항공협정을 중심으로", 『한국정치학회보』
제40집 제2호, 2006.
"유럽연합(EU) 통합과 제3국과의 항공관계", 『항공우주법학회지』 제21권 제1호, 2006.
"한국의 전통적 거버넌스의 시원적 모델: 호계 이을규의 혁신정치의 가설과 실천모
델", 『NGO연구』, 2006.
"효율적인 거버넌스 형성을 위한 문제점과 방향", 『NGO연구』, 2007.
"한국 대안사회운동의 현황과 과제", 『한국시민사회연감2010』 (사)시민운동정보센
터, 2009.12.30.
"네트워크혁명과 6.2지방선거: 정치질서의 변화", 『내나라』 제19호. 내나라연구소,
2010.11.30.

"언론: 보수언론과 진보언론의 입장," 『한국시민사회연감2012』. (사)시민운동정보센터, 2011.12.30.

"시민사회단체 분석을 통해 본 시민정치의 문제점" 『내나라』 제20호. 내나라연구소, 2011.11.30.

"이명박 정부 시민사회정책 평가" 『내나라』 제21호. 내나라연구소, 2012.11.30.

"시대정신에 맞는 새로운 시민상의 모색" 『내나라』 제22호. 나라연구, 2013.11.30.

"시민운동 무엇이 대안인가?" 『내나라』 제23호. 내나라연구소, 2014. 6.30.

글로벌시대와
시민사회

초판인쇄 2015년 4월 10일
초판발행 2015년 4월 10일

지은이 이종식
펴낸이 채종준
펴낸곳 한국학술정보㈜
주소 경기도 파주시 회동길 230(문발동)
전화 031) 908-3181(대표)
팩스 031) 908-3189
홈페이지 http://ebook.kstudy.com
전자우편 출판사업부 publish@kstudy.com
등록 제일산-115호(2000. 6. 19)

ISBN 978-89-268-6929-1 93340